KUNST DER WELT

HOLLE

KUNST DER WELT

IHRE GESCHICHTLICHEN, SOZIOLOGISCHEN

UND RELIGIÖSEN GRUNDLAGEN

HOLLE VERLAG · BADEN-BADEN

ROM UND SEIN IMPERIUM

VON

HEINZ KÄHLER

HOLLE VERLAG · BADEN-BADEN

UMSCHLAG: Bildnis des G. Julius Caesar.
1. Jahrhundert n. Chr. *Rom, Museo Capitolino*

Zuerst veröffentlicht 1962
Paperback-Ausgabe 1976 (Unveränderter Nachdruck)
Zweite Auflage 1978
Dritte Auflage 1979
Vierte Auflage 1980
ISBN 3-87355-120-9

Printed in Spain - Emograph, S. A. - Barcelona
D. L.: B. 12.062-1980

WESENSZÜGE RÖMISCHER KUNST

Der »Römer«

Wir sprechen im allgemeinen von römischer Kunst so, als handle es sich bei ihr um die Kunst eines Volkes. In Wirklichkeit ist aber ein »Römer« etwas anderes als etwa ein Grieche oder ein Ägypter. Er ist nicht ein Glied eines in einem klar bestimmten Raum ansässigen Volkes wie der Bewohner des Niltals zwischen dem vierten Katarakt und dem Delta, dem Arabischen Meer und der Libyschen Wüste. Er gehört auch nicht wie der Grieche nach Eigenarten seiner Abkunft, Sprache, Kultur und Religion zu einer größeren völkischen Einheit, deren Ausbreitung zwar keine klaren Grenzen kennt, da sie wohl den Süden der Balkanhalbinsel und die östlich angrenzende Inselwelt mit der Westküste Kleinasiens als einen zusammenhängenden Bereich bewohnt, anderenorts aber, etwa in Unteritalien und Sizilien, nur Küstenstreifen besiedelt hat. Ein Römer ist zunächst Bürger der Stadt Rom. Aber in der Epoche, die in diesem Buche zu behandeln sein wird, der Zeit zwischen dem Tode Caesars im Jahre 44 v. Chr. und der Einweihung von Konstantinopel im Jahre 330 n. Chr., durch das Rom, die alte Hauptstadt des Reiches, endgültig entthront wurde, ist dieser Bürger längst nicht mehr das, was er ursprünglich einmal war, Bürger der Stadt, deren Namen er trägt.

Der römische Bürger

Im Zuge der Ausweitung des römischen Machtbereiches waren auch andere in die römische Bürgerschaft aufgenommen worden. So lebten bereits in der Zeit, als die Unterwerfung Italiens durch Rom zum Abschluß kam (um 267 v. Chr.), in den zahlreichen Kolonien viele ehemalige Soldaten als römische Bürger, die das Bürgerrecht mit der Quittierung des Dienstes erhalten hatten. Auch manchen Verbündeten, ja selbst manchen Besiegten muß damals schon das Bürgerrecht verliehen worden sein. Dieser Prozeß kam nach der Überwindung Karthagos zwar zu einem vorläufigen Abschluß, und die anfangs allzu freigebig gehandhabte Verleihung des Bürgerrechts wurde nun eingeschränkt. Doch hatte die kriegerische Auseinandersetzung Roms mit seinen Bundesgenossen in Italien (91–88 v. Chr.) schließlich zur Aufnahme der Italiker überhaupt in die römische Bürgerschaft geführt. Römischer Bürger zu sein, bedeutete nun nicht mehr allein, Bewohner Roms zu sein, sondern Angehöriger eines »Municipium civium Romanorum«, eines nach römischem Muster organisierten eigenständigen städtischen Gemeinwesens.

Romanisierung der Provinzen

Unter Augustus und seinen Nachfolgern weitete sich dann die Verleihung des Bürgerrechts auf große Teile des von Rom beherrschten Reiches aus. Mußte bis dahin derjenige, der in einer der römischen Legionen Dienst tat, freier römischer Bürger sein, so war dieses Prinzip schon in der ersten Hälfte des 1. Jahrhunderts v. Chr. insofern abgewandelt worden, als auch die Provinzialen, aus denen sich das römische Heer vor allem seit Augustus in zunehmendem Maße rekrutierte, mit ihrem Eintritt in die römischen Legionen den Anspruch auf das römische Bürgerrecht erwarben. Nach Ableistung ihrer Dienstzeit, die auf zwanzig Jahre festgesetzt war, wurden sie dann als römische Bürger in einer der vielen Veteranenkolonien angesiedelt. Im Jahre 48 n.Chr. wurde unter dem Kaiser Claudius, der selbst in Lyon geboren war, den Bewohnern Galliens als erster Provinz mit der Verleihung des Bürgerrechts das »Ius honorum« zuerkannt, das ihnen den Zutritt zu den höchsten Ämtern des Staates öffnete. Im Jahre 75 folgte Spanien und im Jahre 98 wurde erstmalig ein römischer Bürger dieser Provinz, der aus Italica gebürtige Trajan, römischer Kaiser. Unter Hadrian erhielten die Griechen das Bürgerrecht, und schließlich verlieh im Jahre 212 der aus Nordafrika stammende Caracalla überhaupt allen freien Reichsangehörigen das römische Bürgerrecht.

IMPERIUM ROMANUM

Obwohl weder der Römer, das heißt, der Bewohner der Stadt am Tiber, noch der römische Bürger schlechthin identisch ist mit dem Träger der römischen Kunst, bekundet sich doch natürlich in Rom selbst und in seinen Kolonien und Munizipien das »Römische« in der künstlerischen Hinterlassenschaft klarer als an anderen Orten des weiten Reiches, das in der mittleren Kaiserzeit vom Firth of Forth in Nordengland, vom Lauf des Rheins und der Donau bis zum Rande der afrikanischen Wüste, von der Westküste der Iberischen Halbinsel bis zum Roten Meer und dem Zweistromland in festem Besitz Roms war.

Korinth

Noch heute spürt der Reisende beispielsweise in der römischen Kolonie, die Caesar an der Stelle des 146 v.Chr. durch Mummius zerstörten Korinth gegründet hat, einen anderen Geist als in den übrigen Städten des griechischen Festlandes. Nur in Korinth findet er eine Tempelform, die typisch römisch ist, die sich auf hohem Podium erhebende Cella mit der tiefen Vorhalle, zu der eine Freitreppe hinaufführt. Nur in Korinth gab es auf griechischem Boden etwas wie einen Triumphbogen, ebenfalls eine typisch römische Schöpfung. Selbst in den Ornamentformen, den Ranken oder Kapitellen der Bauten dieser Stadt, lassen sich im Unterschied zum übrigen Griechenland greifbare Beziehungen zu Rom nachweisen. Die hier Lebenden waren eben im Unterschied zu den Bewohnern anderer Städte Griechenlands in einem anderen Sinn Römer. Nicht viel anders ist es an den Orten des Ostens, in denen römische Bürger den Ton angaben – im syrischen Baalbek oder im nordafrikanischen Leptis Magna. Überall wo wir in römische Munizipien oder Kolonien kommen, begegnen wir römischen Eigenformen.

Die Idiome

Ohne Zweifel hat der Assimilierungsprozeß, der in der allmählichen Durchdringung des vielgestaltigen Weltreiches und seiner zahllosen

Völker mit römischen Bürgern besteht, entscheidend dazu beigetragen, aus der Vielfalt eine Einheit zu schaffen, nicht nur auf politischem, militärischem oder verwaltungstechnischem Gebiet, sondern auch in kultureller Hinsicht. Doch wie es nie gelungen ist, der lateinischen Sprache im Osten den Vorrang vor der griechischen zu verschaffen, ja, wie selbst in Nordafrika in offiziellen Inschriften das Numidische neben dem Lateinischen steht, so bleiben die Idiome der zahlreichen Völkerschaften auch unter der römischen Herrschaft bestehen, mag die offizielle Sprache auch das Latein sein und mag im Laufe der Zeit auch noch soviel von lateinischem Sprachgut in die Sprachen der einzelnen Völkergruppen eingedrungen sein. Die Vielfalt der heute lebendigen Sprachen in dem Raum, den Rom einst beherrschte, legt zur Genüge Zeugnis ab von dem Weiterleben provinzieller Eigenarten.

Was sich in der Verschiedenheit der Sprachen in diesem Raum ausprägt, war auf dem Gebiet der bildenden Kunst ganz gewiß nicht anders. Auch hier steht »Römisches« neben Einheimischem, Althergebrachtem. Je stärker dieses bereits Vorhandene geprägt ist und selbst eigene, zu monumentaler Gestalt drängende Schöpferkraft entfaltet, desto geringfügiger ist hier der römische Einfluß. Vor allem im griechischen Bereich des Festlandes, der Inseln und des westlichen Kleinasiens, von dem auch nach der Gründung der beiden römischen Provinzen Macedonia und Asia im Jahre 148 und 133 v. Chr. immer noch, wie seit dem Beginn der griechischen Kolonisation, die entscheidenden künstlerischen Impulse ausgingen, spürt man kaum eine Wirkung der römischen Herrschaft, außer den erwähnten römischen Kolonie- und Städtegründungen.

Athen und Rom

Was etwa der Kaiser Hadrian in Athen hat bauen lassen, ist in seinem künstlerischen Charakter so unterschieden von allem, was um die gleiche Zeit in Rom selbst entsteht, zeigt so sehr die besonderen Eigenarten griechischer Architektur, daß man nicht berechtigt wäre, es als römische Leistung zu bezeichnen, mag auch der Bauherr ein Römer sein. Und als die Athener dem großen Philhellenen zum Dank für seine ihnen so übermäßig erwiesene kaiserliche Gunst einen Ehrenbogen errichten, dort wo die Hauptstraße aus der der Sage nach von Theseus gegründeten Altstadt in die von Hadrian geschaffene Neustadt eintritt, da wird aus dem römischen Triumphbogen ein hellenistisches Festtor. Die Bogenöffnung sitzt in einer nur zwei Fuß starken Quadermauer, war beiderseits von Säulen auf hohen Sockeln und unter Gebälkverkröpfungen flankiert und trägt als ein zweites Geschoß eine tabernakelähnliche Ädikula, in der wohl auf der Seite zur Altstadt eine Statue des Theseus, auf der zur Neustadt die des Kaisers stand. Der Bau ist im Grunde nichts anderes als eine vereinfachte Variante des annähernd um die gleiche Zeit entstandenen Markttors von Milet.

Hellas

Hellas hat sich, obwohl es in dem römischen Reichsverband keine Sonderstellung einnahm, kulturell und künstlerisch stets seine Unabhängigkeit bewahrt, eben dank der Tatsache, daß diese seine Eigenart längst ihr weltgültiges Gepräge gefunden hatte, ehe es dem römischen Imperium eingegliedert wurde. Ja, diese sein Gesicht formenden Kräfte erwiesen sich auch nach dem Verlust der politischen Unabhängigkeit noch als so stark, daß es nicht nur allen Einwirkungen von außen widerstand, sondern selbst den entscheidenden Einfluß auf die Kunst derer gewann, die es nun beherrschten.

Die Provence

Gallien hingegen, dessen südöstlicher Teil, die heutige Provence, erst ein Menschenalter nach der Eingliederung Griechenlands in das Imperium Romanum römischer Besitz wurde, hat schon ein Jahrhundert später seine künstlerische Selbständigkeit so vollkommen aufgegeben, daß derjenige, der römische Eigenart kennenlernen will, sie in keinem anderen Teil des Reiches so unvermischt mit Fremdem findet wie etwa in Arles, Nîmes, St. Remy oder Vienne. Schon in augusteischer Zeit findet sich hier nichts mehr von der durchaus eigenwilligen Kultur der Kelten und Ligurer, die sich den Eroberern des Landes weit hartnäckiger widersetzt hatten als die Griechen. Ihrem künstlerischen Schaffen fehlte eben jene Endgültigkeit, die der griechischen Kultur ihren weiterwirkenden Bestand sicherte. So wie in Gallien ist es in allen jenen Bezirken des Reiches gewesen, wo die Römer auf vergleichsweise prähistorische Kulturen trafen, in Germanien, den Donauländern, in Spanien, zum großen Teil auch in Nordafrika.

Das Römische in der Kunst

Was aber ist dieses Römische? Gibt es überhaupt etwas, das man im künstlerischen Bereich als römisch bezeichnen kann? Ist nicht vielleicht das Römische, wenigstens was die Kunst selbst anbelangt, letzten Endes eine späte, gewissermaßen provinzielle Erscheinungsform des Griechischen?

Bis zum Beginn unseres Jahrhunderts war man durchaus dieser Ansicht,

Anonymität der römischen Kunst

und sehr vieles schien für diese Auffassung zu sprechen. So fehlt für die römische Kunstgeschichte jeder Name eines großen Bildhauers. Ja, selbst die wenigen Namen von Bildhauern der römischen Kaiserzeit, die wir, mehr durch Zufall, kennenlernen, sind Namen von Griechen und scheinen die Annahme nur zu bestätigen, daß es sich bei ihren Werken eigentlich nur um die Spätphase griechischer Kunst handle. Mehr

Fehlen originaler römischer Plastik

noch: bei näherem Hinsehen gibt es unter der statuarischen Hinterlassenschaft aus der römischen Kaiserzeit eigentlich kaum etwas, das man als wirklich originale römische Schöpfung ansprechen könnte. Selbst wenn man die Fülle der Kopien nach griechischen Vorbildern beiseite läßt, so ist für die römische Kaiserzeit eine geradezu erschreckende Verarmung an Themen freiplastischer Gestaltung kennzeichnend. Das

Schaffen römischer Bildhauer, sofern diese überhaupt Römer sind – was bei dem Fehlen von Signaturen kaum entschieden werden kann –, beschränkt sich auf ganz wenige Typen, die, kaum abgewandelt, heute das Bild der Römersäle in den großen Museen bestimmen: die gleichförmig wirkenden Statuen der Togati, der gepanzerten Feldherren, der Reiter. Die wenigen römischen Götterbilder, die wir besitzen, verdienen kaum das Prädikat des Originals. Sie sind mehr oder weniger geglückte Abwandlungen griechischer Vorbilder.

Die Statuenfülle der römischen Kunstsammlungen

Dabei herrschte, wie die unübersehbare Fülle von Kopien griechischer Statuen lehrt, ein erstaunlicher Bedarf an Bildwerken. Die Riesensäle der römischen Thermen, die Fassaden der römischen Theater und Fontänen, die Säulenhallen der Palaestren hatten den Charakter von Kunstsammlungen, und nicht nur die Prachtvillen der Großgrundbesitzer enthielten eine Unzahl von Statuen, auch die einfacheren Häuser der Bürger, wie wir sie vor allem in Pompeji, Herkulaneum, in Glanum oder Vaison la Romaine kennenlernen, waren mit Bildwerken geschmückt. Ebenso hatten die Tempel, vor allem die der Stadt Rom, nach den Berichten aus dem Altertum geradezu den Charakter von Museen.

Die Kennerschaft

Man kann also nicht sagen, daß es an einem Interesse für das plastische Kunstwerk als solches gefehlt habe. Ja, nach den Briefen Ciceros, aber auch nach dem Bestand mancher Privatsammlungen zu schließen, den wir einigermaßen übersehen können – wie etwa den der großen Villa am Stadtrand von Herkulaneum oder den des Kaisers Hadrian bei Tivoli –, gab es durchaus wirkliche Kennerschaft, die auf kunstgeschichtlicher Forschung und kritischer Betrachtung beruhte; eine gewisse Vorstellung davon können wir uns auch aus den Schriften des jüngeren Plinius machen. Und trotz allem diese scheinbare Armut an eigener Schöpferkraft!

Die künstlerische Situation im späten Hellenismus

Um sie zu verstehen, ist es zunächst einmal notwendig, die Römer selbst aus dem Spiel zu lassen und den Blick in jenen Bereich zu richten, aus dem die Römer jene Werke bezogen, die vereinzelt als Originale, in der Mehrzahl aber als Kopien ihre öffentlichen und privaten Sammlungen füllten. Da wird man die überraschende Feststellung machen, daß auch in Griechenland die schöpferische Kraft nachgelassen hatte.

Der hellenistische Barock

Seit dem Tode Alexanders des Großen beobachtet man, wie die Quelle, die in den vorausgehenden drei Jahrhunderten den ungeheuren Reichtum bildnerischen Schaffens hervorgebracht hatte, weniger reich fließt. Zwar hatte es auch im 3. und im 2. Jahrhundert v. Chr. Künstler gegeben, in deren Werken noch nichts davon zu spüren ist. Ein Werk wie der sterbende Gallier oder die Gruppe des Galliers, der sein Weib in der Ausweglosigkeit des Kampfes erstochen hat und nun sich selbst den Tod gibt, die Siegesgöttin im Heiligtum von Samothrake, die, sich gegen den Fahrtwind anstemmend, von der Höhe des Vorschiffs die Siegesfanfare erschallen läßt, die Gestaltenfülle der Gigantenschlacht am großen Altar von Pergamon oder auch der verzweifelte Kampf Laokoons und seiner Söhne gegen die Schlangen Apolls sind solche Höhepunkte, die aus der Masse dekorativ gewordener Werke herausragen. Sie sind vielleicht auch nicht zufällig Werke, von denen wir wissen, wie ihre Künstler hießen, während sonst das bildnerische Schaffen zunehmend anonym wird. Aber diese Werke können doch nicht darüber hinwegtäuschen, daß die Höhe plastischen Schaffens, die selbst handwerklichen Arbeiten der vorausgehenden Zeit ihre wie selbstverständlich wirkende Sicherheit gegeben hatte, überschritten ist. Gerade in ihrem Pathos spürt man die künstlerische Bewußtheit, den Protest gegen das Herkömmliche, in dem das übrige Schaffen zu erstarren beginnt. Denn

Der Klassizismus

neben diesen großartigen Entladungen schöpferischer Kräfte, ja sie selbst schon zum Teil mitbestimmend, kennzeichnet das künstlerische Schaffen dieser Zeit der nun immer offenkundigere Rückgriff auf die vorgeprägte Form. Zur gleichen Zeit, in der der große Fries am Altar von Pergamon entsteht, wird für die berühmte Bibliothek, die mit dem Athenaheiligtum von Pergamon verbunden war, die Athena Parthenos des Phidias kopiert, sicher zunächst als Bekundung einer besonderen Verbundenheit des attalischen Königshauses mit dem klassischen Athen, aber doch auch als ein Zeichen dafür, daß man sich selbst nicht mehr im Stande fühlt, im schöpferischen Agon dem Werk des Phidias eine ebenbürtige Leistung an die Seite zu stellen. Man verzichtet zum ersten Male gegenüber der Vergangenheit auf die eigene Originalität und erkennt eine in jener geschaffene Form als vorbildlich an. Indem man dieses Vorbild als klassisch empfindet, wird man selbst zum Klassizisten.

Was zunächst noch wie ein Bekenntnis zum großen Vorbild wirkt, ein Heraufbeschwören nicht nur der Form, sondern auch des ihr innewohnenden Geistes, verliert rasch seine Ursprünglichkeit. Schon die zweite Hälfte des 2. Jahrhunderts v. Chr., die Zeit also, in der Rom überhaupt erst beginnt, mit eigenen künstlerischen Leistungen hervorzutreten, ist in Griechenland gekennzeichnet durch den Durchbruch dieser klassizistischen Gesinnung, die dann die künstlerische Leistung des 1. Jahrhunderts v. Chr. entscheidend bestimmt. Die Griechen selbst also weisen den Weg, den Rom dann in der Folgezeit beschreitet.

Die Kopie

Mit diesem Klassizismus aber verbindet sich noch etwas anderes. Indem man Werke der Klassik als vorbildhaft anerkennt und nachbildet, entfremdet man sie, ohne sich dessen wohl bewußt zu werden, ihrem ursprünglichen Wesen.

Wesen der klassischen Kunst

Jene Bildwerke, die man nun kopiert, verdankten ihre Gestalt einer einmaligen, unwiederholbaren schöpferischen Situation; sie sind das Ergebnis eines Ringens um die Formung eines ganz bestimmten geistigen Gehalts. Sie hatten ihren Ursprung im kultischen Bereich gehabt, waren Götterbilder oder Weihungen an die Gottheit. Ihre Vollkommenheit beruhte eben darin, daß ihre Form Ausdruck ihrer besonderen Wesenhaftigkeit war. Diese aber ist auch in der vollkommensten Kopie unwiederholbar, da sie immer nur das Erscheinungsmäßige reproduzieren kann. So verlagert sich in der Kopie das Gewicht vom Wesen auf die Form. Je genauer sie ist, desto mehr läuft sie Gefahr, sich gewissermaßen an etwas Sekundäres zu verlieren. Indem sich der Kopist vom Erscheinungsmäßigen der Form seines Vorbildes abhängig macht, wird das, was er schafft, dekorativ.

Die Kunstsammlung

Diesem dekorativen Charakter der Kopie entspricht es, daß sie in zunehmendem Maße nach dem Formwert des Vorbildes in Auftrag gegeben wird, wenn auch die Sinnentleerung nicht so weit geht, daß neben rein ästhetischen Gesichtspunkten nicht auch der Sinngehalt des Werkes den Auftraggeber bei seiner Wahl bestimmt hätte. Dies geht beispielsweise sehr deutlich aus den Briefen Ciceros an seinen Freund Atticus in Athen hervor, in denen er ihn bittet, dort ganz bestimmte Figuren für den Schmuck seiner Villa zu erwerben.

Zunächst mag sogar das inhaltliche Moment ausschlaggebend gewesen sein, so, wenn man für den Schmuck hellenistischer Theater sich die Kopien der Statuen der neun Musen beschafft oder die der großen Tragiker und Komödiendichter. Wenn aber die Könige Eumenes und Attalos in den Hallen des Athenaheiligtums auf der Burg von Pergamon Schöpfungen der großen Bildhauer der klassischen Zeit, eines Myron oder Praxiteles, aufstellten und auf den heute allein noch erhaltenen Sockeln die Signaturen dieser Künstler anbringen ließen, wobei es in diesem Fall an der Beurteilung des Vorganges nichts ändert, ob es sich um Originale oder Kopien handelt, so bedeutet das doch nichts anderes, als daß man diese Werke nach ihrem Kunstwert, nicht nach ihrem Sinngehalt beurteilte. Indem man Kunstwerke sammelt, löst man sie aber aus ihrem ursprünglichen Seinsbereich. Ihr neuer Platz steht nicht mehr in einem inneren Sinnzusammenhang zu diesen Statuen, die einmal ohne Ausnahmen Weihungen in Heiligtümer waren. Denn auch die klassischen Ehrendenkmäler auf den Märkten der Städte standen an geweihter Stätte, und es hatte auch zuvor weder etwas gegeben wie privaten Kunstbesitz noch Sammlungen, in denen die Dinge etwa nach ihrem Kunstwert vereinigt waren. Das Herauslösen aus ihrem ursprünglichen, geistigen Bereich begann also mit dem scheinbar äußerlichsten Vorgang – mit der Entfernung von der Stätte, für die diese Werke geschaffen waren. Denn nur in den seltensten Fällen fanden die so entführten Werke eine ihrem eigentlichen Sinn entsprechende Aufstellung.

Mochte man sie auch noch so sehr um ihrer Schönheit willen schätzen oder auch der in ihnen dargestellten Gottheit seine Verehrung zollen, indem man ihre Statue etwa als Schmuck einer Bibliothek aufstellte – das Werk wurde entwurzelt und trat in eine neue Sphäre, die des Geschmacks, der ästhetischen Wertschätzung.

Das Kunstwerk als Dekoration

Mit dieser äußeren wie inneren Entwurzelung hängt es auch zusammen, daß diese Werke allmählich immer stärker nach dekorativen Gesichtspunkten aufgestellt wurden. Man reihte sie vor den Wänden der Hallen auf, ordnete sie in die Zwischenräume zwischen den Säulen ein; man brachte sie in Nischen unter; sie erhielten ihren Platz in Gärten, indem man sie mit Büschen umgab.

Dies alles, das dann so überaus charakteristisch wird für die Verwendung der Kopie in der römischen Kaiserzeit, ist nicht primär römisch, sondern beginnt in Griechenland selbst lange, ehe die Römer Herren Griechenlands werden und nun den griechischen Kopistenwerkstätten ihre Aufträge erteilen, wenn es ihnen nicht gar gelingt, das Original zu erwerben. Es braucht daher nicht zu überraschen, wenn die Söhne der vornehmen Republikaner, die etwa die Universitäten in Athen, Rhodos oder Alexandria besuchten, sich dem Geschmack ihrer Gastländer anpaßten und sich, in die Heimat zurückgekehrt, selbst befleißigten, ihre Häuser und Villen in gleicher Weise zu schmücken.

Noch etwas anderes wirkt sich bei dem dargestellten Vorgang für die

Die Einansichtigkeit der späthellenistischen Plastik

Plastik im besonderen aus. Indem man die Statuen in Nischen oder Baumgruppen einfügte, vor Wänden oder zwischen Säulen aufreihte, richtete man sie gleichsam auf eine Ansichtsseite aus. Die Werke, die einst als allseitig vollendete Gebilde frei im Raum gestanden hatten, die Plastik schlechthin gewesen waren, verlieren damit ihre Autonomie, werden in Beziehung gesetzt zu etwas, in das sie sich einzuordnen haben. Als Nischenfiguren werden sie Teile der Wände, in denen ihre Plätze als Nischen ausgespart sind, zwischen den Säulen Teile der Hallen, in den Bosketts Teile der Gartenarchitektur. Durch diese Eingliederung in eine ihnen übergeordnete Architektur verlieren sie an Substanz. Ja, nicht selten erspart man sich die Ausführung ihrer Rückseite, da sie in der ihnen zugedachten Aufstellung doch nicht sichtbar wird – ein Vorgang, der sich nicht nur bei den Kopien beobachten läßt, sondern spätgriechischer Plastik ganz allgemein eigen ist. Ganz grob könnte man sagen, daß die Dinge in ihrer Einansichtigkeit und in ihrem In-Beziehung-Treten zu der sie aufnehmenden Architektur einen Reliefcharakter entwickeln.

Das Relief

Eben in dieser Vorliebe für das Relief, das in der römischen Kaiserzeit dann zu der eigentlichen künstlerischen Aussage wird, setzen die Römer nur das fort, was sich im Hellenismus vorbereitet. Wenn es im Relief in einem ganz anderen Maße als in der statuarischen Plastik schon relativ früh zu wirklich originalen Leistungen der Römer kommt, so hat das allerdings seinen besonderen Grund in einer ganz neuen Thematik, die den Griechen bis zuletzt mehr oder weniger fremd geblieben ist. Soweit wir nach dem Erhaltenen heute urteilen können, hat es in der bildenden Kunst der Griechen nichts gegeben, was den großen historischen Kompositionen der Römer, etwa den Friesen der Ara Pacis, den Ehrensäulen für Trajan oder Marc Aurel, den Zyklen der Triumph- und Ehrenbögen an die Seite gestellt werden könnte. Der erste ein geschichtliches Ereignis darstellende Fries der griechischen Kunstgeschichte, der sicher von Bildhauern griechischer Herkunft ausgeführt wurde, schmückte bezeichnenderweise das Denkmal für einen römischen Feldherrn in Delphi. Er ist eine Darstellung der Schlacht bei Pydna, die den Kampf der Griechen gegen die Römer unter der Führung des Mazedonenkönigs Perseus beendete.

Man kann sich fragen, ob es, wenn mit dem Verlust der Freiheit nicht auch eine selbständige griechische Geschichte ihr Ende gefunden hätte, nicht auch in Griechenland zu historischen Darstellungen gekommen wäre. Ansätze dazu könnte man etwa in den Bildern und Reliefs mit Darstellungen von Schlachten Alexanders des Großen oder in den Figuren der Gallier erkennen, die König Attalos nach seinen Siegen am Ende des 3. Jahrhunderts zum Dank in das Athenaheiligtum auf der Burg von Pergamon weihte, wie es ja auch im Späthellenismus in der griechischen Porträtkunst zu einem sehr bezeichnenden Wandel in der Richtung auf das »historische« Bildnis kommt.

Das Individualporträt

Hier im Bildnis des Einzelnen spielen die geschichtlichen Ereignisse, die 168 und vor allem 148 v. Chr. mit dem endgültigen Zusammenbruch des griechischen Widerstandes gegen Rom das Schicksal einer selbständigen griechischen Geschichte besiegelten, keine Rolle. Und in der Entwicklung des griechischen Bildnisses in der Zeit nach dem Untergang der griechischen Freiheit beobachten wir allerdings einen entscheidenden Umbruch, für den die ersten Ansätze bis in die Alexanderzeit hinauf zu verfolgen sind. An die Stelle des Idealporträts der klassischen Zeit, das heißt, einer Wesensschau des Dargestellten, nicht eines Abbildes seiner zufälligen leiblichen Erscheinung, tritt im Laufe des Hellenimus das Individualporträt, das in zunehmendem Maße zur Wiedergabe des Menschen in seiner Einmaligkeit, zeitlichen Gebundenheit und auch Vergänglichkeit wird. Sicher waren es zunächst auch griechische Künstler, denen die vornehmen Römer, wie L. Aemilius Paullus die Darstellung seines Sieges bei Pydna, die Schaffung ihrer eigenen Bildnisse und der bedeutenden Persönlichkeiten des römischen Staates anvertrauten, wie ja dann auch später die Bildnisse der römischen Kaiser weitgehend von Griechen geschaffen wurden. Wenn sich auch die spätgriechische Bildniskunst nicht bruchlos in der der römischen Kaiserzeit fortsetzt, wenn auch besondere Eigenarten des römischen Bildnisses, etwa der Brauch, von dem Antlitz eines Verstorbenen eine Maske abzuformen und danach ein Porträt zu schaffen, einen eigentümlichen Verismus gerade der römischen Bildniskunst bewirkt haben, so wird doch eben in der Entwicklung des Porträts deutlich, wie eng die künstlerische Symbiose zwischen Griechen und Römern im Laufe der Jahrhunderte der Kaiserzeit geworden ist. Vorzüglich vom Bildnis her könnte man in der Tat versucht sein, in dem künstlerischen Schaffen der Römer nur die Spätphase der griechischen Kunst zu erkennen.

Wo liegt denn eigentlich bei der mit so viel Unklarheiten, Hypothesen und Verflechtungen verquickten Problemstellung der römischen Kunst das eigentlich Römische? Offenbar läßt sich weder mit Bestimmtheit sagen, wer eigentlich unter einem Römer zu verstehen ist, noch läßt sich anscheinend die künstlerische Produktion der beiden die Geschichte des Altertums so entscheidend prägenden Komponenten – Griechen und Römer – klar voneinander abgrenzen.

Römische Architektur

Wer des eigentlich Römischen habhaft werden will, wird sich zunächst an die Architektur wenden, schon weil diese in ganz anderem Maße als die Werke der bildenden Kunst an ihren Ort gebunden ist. Man kann in der Baukunst zwar fremde Typen und Formen übernehmen, so wenn etwa in augusteischer Zeit sich ein Römer sein Grabmal in Gestalt einer Pyramide errichten läßt, aber man kann Architektur nicht importieren wie Statuen, Reliefs, Gemälde, Vasen oder Schmuckgegenstände – Dinge, die als integrierender Bestandteil griechischen Kunstschaffens nach dem römischen Westen kommen, die also ihrer Herkunft nach nicht römisch sind, wenn sie auch von den Römern erworben und zu einem nicht unwesentlichen Bestandteil ihrer Welt gemacht wurden.

Das Fehlen der Architekturkopie nach griechischen Vorbildern

Architektur ist als solche unbeweglich. Wir kennen aus dem klassischen Altertum keinen Fall, daß etwa ein griechischer Bau in der römischen Kaiserzeit abgebrochen und nach Rom oder dem lateinischen Westen verfrachtet wurde. Wohl hat man nach der Eroberung Athens durch die Soldaten Sullas einzelne Bauglieder nach Rom entführt. So soll Sulla beispielsweise Säulen des noch unfertigen Tempels für den Zeus Olympios in Athen nach Rom gebracht haben, um den im Jahre 83 v. Chr. abgebrannten Tempel des Jupiter auf dem Kapitol mit ihnen auszustatten; aber ein derartiger Vorgang hat nichts zu tun mit irgendeiner Anpassung des römischen Baues an den griechischen. Der Tempel des höchsten römischen Staatsgottes blieb, auch wenn man für seinen Wiederaufbau den Tempel Athens plünderte, in seiner ganzen Erscheinung durchaus römisch. Er hatte eine gedrungene dreiteilige Cella für die

FIG. I

Fig. 1 – Der Plan des Jupitertempels auf dem Kapitol in Rom.

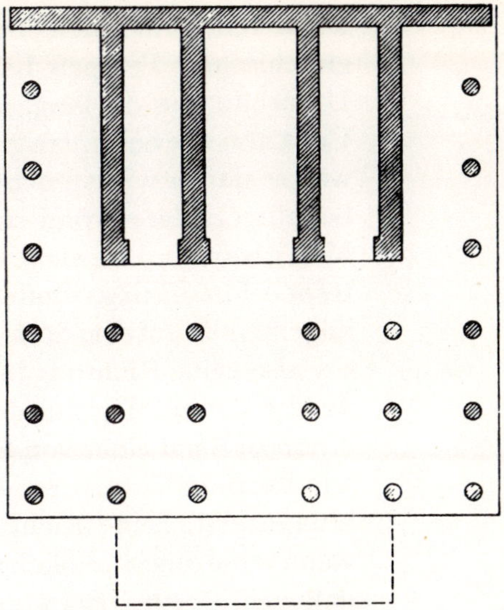

Bilder Jupiters, Junos und Minervas, davor eine tiefe Vorhalle, zu der auf das hohe Podium, das ja eines der besonderen Charakteristika italischer und römischer Tempel bis in die späte Kaiserzeit bleibt, eine breite Freitreppe von der Front hinaufführte.

In dem ausgedehnten Villenkomplex, den der große Verehrer Griechenlands, Kaiser Hadrian, unweit von Tivoli anlegen ließ, findet sich neben den zahllosen Kopien griechischer Statuen, die seine Räume und Gärten schmückten und die jetzt über die Museen der ganzen Welt verstreut sind, nicht ein einziger Bau, den man als die Kopie eines griechischen Vorbilds ansprechen könnte. Dabei soll der Kaiser Teilen seiner Villa Namen der berühmtesten Plätze zugelegt haben, die er auf seinen ausgedehnten Reisen im Osten besucht hatte. So gab es dort das Lykeion, die Akademia, das Prytaneion, die Poikile, aber sie hatten nur die Namen von den gleichnamigen Anlagen in Athen, hatten in ihrer Erscheinung mit diesen nichts zu tun, geschweige denn, daß sie Kopien davon gewesen wären.

Der Venus- und Romatempel in Rom

Soweit wir den allerdings sehr lückenhaften Bestand überblicken können, gab es in dem lateinisch sprechenden Westen trotz der Vorliebe für griechische Kunstwerke im allgemeinen nicht einen einzigen Bau, den man nach einem Vorbild des griechischen Ostens kopiert hätte. Ja mehr noch: obwohl die Vorbilder hierfür nicht nur im griechischen Osten, sondern auch in den zahlreichen griechischen Kolonien auf dem Boden Italiens, wie in Paestum, Agrigent oder Selinunt, den römischen Architekten sichtbar vor Augen standen, kennen wir unter den Tempeln aus der römischen Kaiserzeit in der lateinisch sprechenden Westhälfte des Reiches nur einen einzigen, der die so überaus markante Form des griechischen Tempels hatte: eine Ringhalle auf einem mehrstufigen Unterbau, die die langgestreckte Cella umschließt. Dieser Bau, dessen Cella also wie bei einem griechischen Tempel rings von Säulen umgeben war, so daß er wie ein plastischer Körper erschien, ohne daß an ihm, wie bei allen anderen römischen Tempeln, etwas wie eine Rückseite ausgebildet war, und zu dem man nicht nur von der Front über eine Freitreppe hinaufstieg, sondern der sich, wie ein griechischer Tempel im allgemeinen auf drei Stufen, auf einem Unterbau von sechs Stufen erhob, der also keine Richtung im Sinne des römischen Tempels hatte, stammt wohl nicht zufällig aus der Zeit des großen Philhellenen Hadrian. Er erhob sich auf einer von Säulenhallen umschlossenen Plattform an der Via Sacra in Rom, dort, wo diese vom Kolosseum her zum Titusbogen hinaufsteigt. Seine Richtungslosigkeit wurde noch dadurch verstärkt, wenn seine ungewöhnliche Form nicht überhaupt dadurch bedingt war, daß zwei Gottheiten in ihm verehrt wurden, Roma und Venus, jede in einem Raum für sich. Wie allerdings diese Zellen je mit ihrer Apsis für die in ihnen stehenden Kultbilder gegeneinander stoßen, das wäre bei einem griechischen Tempel kaum denkbar.

ABB. 45 · FIG. 2

Römische Architekturkopien

Diese einzige Ausnahme, die nur in hadrianischer Zeit verständlich wird, läßt die besondere Eigenart des römischen Tempelbaues nur um so deutlicher hervortreten. Dabei gab es unter den Architekten Roms Männer, die sich, wie etwa der in augusteischer Zeit lebende Vitruv in seinem Werk »de architectura«, mit dem griechischen Tempelbau sehr ausführlich beschäftigt haben. Nicht, daß man Bauten prinzipiell nicht kopiert hätte. In Benevent steht beispielsweise ein Ehrenbogen für den Kaiser Trajan, der sich den etwa zwanzig Jahre vorher in Rom errichteten Bogen für den Kaiser Titus so genau zum Vorbild nimmt, daß die Übereinstimmung bis in die Details des Ornamentes geht; die berühmte Maison carrée in Nîmes, die im vorletzten Jahrzehnt v.Chr. erbaut wurde, ist nur eine geringfügig abgewandelte Wiederholung des etwa ein Jahrzehnt vorher errichteten Tempels für Apollon, der sich in Rom hinter dem Marcellustheater erhebt. Es gab also bei den Römern etwas wie eine Architekturkopie, aber auffallenderweise kopierte man keine griechischen Bauten; denn auch der Tempel für Venus und Roma ist ja im eigentlichen Sinne keine Kopie. Obwohl man sich, wie Vitruvs

ABB. 2 · ABB. 34 · ABB. 12 · FIG. 11 · ABB. 3 · FIG. 3

ABB. 1 – Das Hadrianstor in Athen. Um 128 n. Chr.

ABB. 2 – Der Trajansbogen von Benevent. 114 n. Chr. *Siehe oben.*

1

2

3

4

5

Regelwerk lehrt, durchaus der exemplarischen Bedeutung der griechischen Architektur bewußt war, ist es weder im Tempelbau noch bei einer anderen architektonischen Gattung zur Nachahmung griechischer Vorbilder gekommen.

Das griechische und das römische Theater

Auch das Theater, das auf seinem Siegeszug von seinem Ursprungsort Athen über den hellenistischen Osten auch nach Italien und Rom gelangte, verwandelte sich hier zu etwas, das sich in seiner Erscheinung so grundsätzlich von dem griechischen Theater unterscheidet, daß man es als eine durchaus selbständige römische Ausbildung der Gattung neben das griechische stellen kann. Dieses hatte seinen Ursprung in der kreisrunden Tenne, der Orchestra, dem Tanzplatz des Chores. Die dem Tanz Zuschauenden hatten sich zunächst an einer Berglehne niedergelassen, die sich im Laufe der Entwicklung in die muschelförmige Mulde von sich übereinander staffelnden Sitzreihen, die Cavea, verwandelt hatte; ihr gegenüber bildete ein zunächst niedriges einstöckiges, dann zweigeschossiges Gebäude den Hintergrund, das zugleich dem erst allmählich sich aus dem Chortanz herauslösenden Schauspieler als Raum zum Umkleiden diente. Als letzte Phase der Entwicklung war vor diesem Bau, der sogenannten Skene, dann die niedrige Estrade einer Bühne entstanden. Aber Bühnengebäude und Sitzreihen für die Zuschauer waren nie zu einer architektonischen Einheit zusammengewachsen, wie sich auch der Zuschauerraum nie von seiner Gebundenheit an einen Berghang gelöst hatte.

Für das römische Theater aber ist gerade der architektonische Zusammenschluß von Cavea und Szenengebäude das Charakteristische. Ein großer Teil der römischen Theater steht zudem frei auf ebenem Gelände. Den Berghang ersetzt hier ein kunstvolles System von sich übereinander lagernden, ringförmig angeordneten Arkaden und Korridoren, wie etwa beim Marcellustheater in Rom oder dem Theater von Sabratha in Nordafrika. Die Anlage für dramatische Aufführungen verwandelt sich so auf dem Boden Italiens in einen architektonisch geformten Baukörper, bei dem das Bühnengebäude in seiner Höhe dem

FIG. 3
ABB. 3, 4

ABB. 3 – Das Marcellustheater in Rom und die Reste des sosianischen Apollotempels, 23 v. Chr. *Vgl. S. 16, 21.*

ABB. 4 – Die Bühnenfront des Theaters von Sabratha. Zweite Hälfte des 2. Jahrhunderts n. Chr. *Vgl. S. 16.*

ABB. 5 – Die Augustusstatue aus der Villa von Primaporta bei Rom. Um 14 n. Chr. *Marmor. Höhe 2,04 m. Rom, Museo del Vaticano. Vgl. S. 27.*

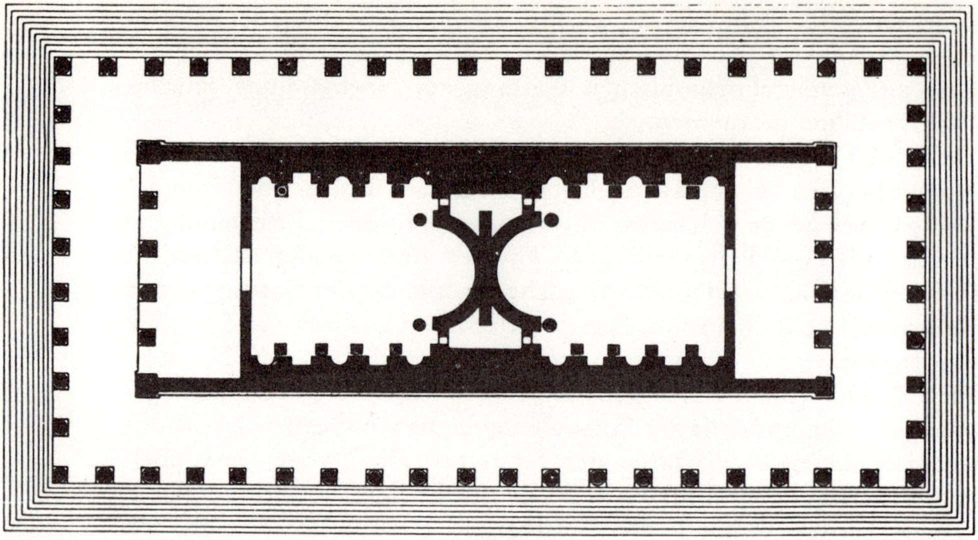

Fig. 2 – Plan des Roma- und Venustempels in Rom.

Fig. 3 – Plan des Marcellustheaters, des Apollontempels und des Janustempels in Rom. Letztes Viertel des 1. Jahrhunderts v. Chr.

obersten Rang der Cavea entspricht, die mit ihren von Toren durchbrochenen Flügeln an das Bühnengebäude anschließt. Von seiner Erscheinung vermag am ehesten die von den italienischen Archäologen wieder aufgebaute Bühnenfront des Theaters von Sabratha in Tripolitanien eine Vorstellung zu geben.

ABB. 4

Die architektonische Ordnung

Sicher verdankt die römische Baukunst der griechischen die grundlegende Voraussetzung ihrer Monumentalität, vor allem das, was man unter der architektonischen Ordnung versteht. Diese Ordnung, das ebenso rationale wie lebendige Zusammenstimmen von Stütze und Last, von Säule und Gebälk, in dem Maß und Proportion aller antiken Architektur verwurzelt sind, ist in ihrem Ursprung und ihrer vollendeten Form griechisch. Ohne die Übernahme dieser großartigen Gesetzmäßigkeit der Ordnung, der Abstimmung der Verhältnisse auf die Einheit des Baues wäre auch römische Baukunst unvorstellbar. Sie bindet das Einzelne in das Ganze, schafft aus der Vielheit der Glieder den Organismus des Baues, sichert mit ihrem unabdingbaren Gesetz die künstlerische Geschlossenheit seiner architektonischen Gestalt. Aber auch sie verwandelt sich in der römischen Architektur. Indem ganz neue, der griechischen Baukunst unbekannte Gestaltungsprinzipien, vor allem Bogen- und Gewölbekonstruktionen, die typisch römisch sind, mit ihr in Verbindung gebracht werden, entsteht ein neues architek-

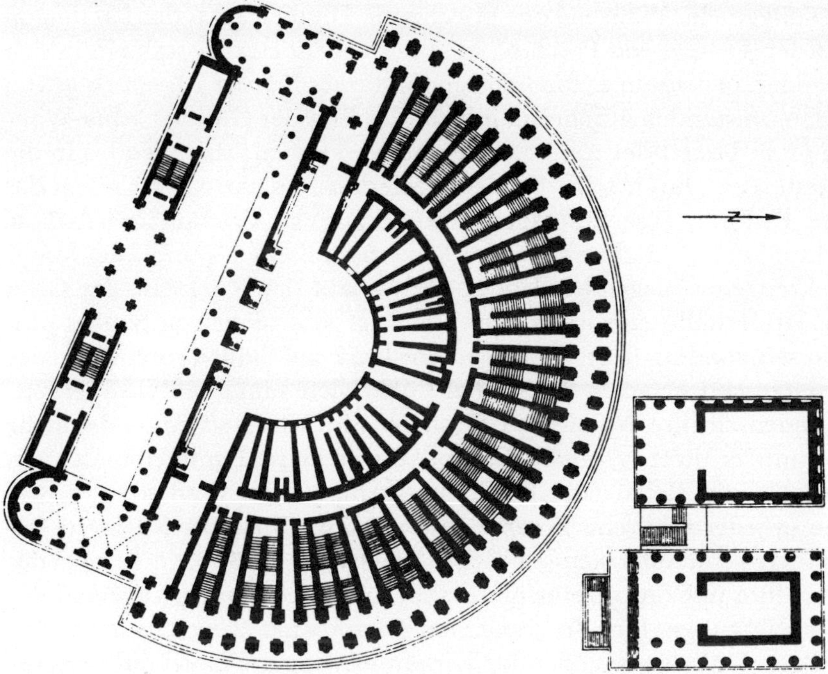

tonisches System, ohne das die abendländische Architektur undenkbar wäre: die Arkade mit ihrer charakteristischen Doppelschichtigkeit von Bogen und ihn übergreifendem Gefüge von Halbsäule und Gebälk, eine Wandgestaltung, die die Außenfassaden römischer Theater, Amphitheater, Basiliken und Hallen bestimmt; ferner das auf Säulen und Gebälkkröpfen ruhende Kreuzgewölbe, die Voraussetzung für die großen Raumschöpfungen der römischen Kaiserzeit, ihre weiten rechteckigen Säle, die mannigfachen ein- und mehrstöckigen Hallenbauten. Während also in der bildenden Kunst die Grenzen zwischen griechischem Erbe und römischer Aneignung auf der einen Seite, eigener römischer Leistung auf der anderen viel schwerer zu ziehen sind, scheint in der Architektur das Römische an sich leichter faßbar zu sein, auch dann, wenn es sich mit griechischer Gestaltungskraft unlösbar verbindet, wie eben die Übernahme der architektonischen Ordnung lehrt, die ja nicht bloß ein Hinnehmen vorgebildeter Form ist, sondern einer der bedeutsamsten Assimilierungsprozesse der Kunstgeschichte überhaupt.

Der römische Tempel

Da ist zunächst – griechischer Architektur fremd, die in einem besonderen Maße in ihrer Blüte nach einer körperhaften Absolutheit der Gestalt strebt –, eine Eigenart römischer Baukunst, ihr unverkennbares Verhältnis zum Raum: Raumgestaltung durch die Architektur im besonderen, aber auch ein In-Beziehung-Setzen der Architektur zum Raum ganz allgemein. Während der griechische Tempel, etwa der Parthenon oder der Tempel von Paestum, in seiner vollendeten Gestalt ein in sich ruhender, gleichsam autonomer und autarker Körper ist, ein rings von Säulen umstandener Schrein, in dem das Bild der Gottheit seine Wohnung hat, besitzt der römische Tempel von seinen Anfängen bis in die späteste Zeit durch seine bereits skizzierten Eigenarten, vor allem das hohe Podium, eine ausgesprochene Richtung. Verstärkt wird diese Richtungnahme dadurch, daß bei keinem römischen Tempel der hinter der Freitreppe liegenden Vorhalle etwa auf der Rückseite der Cella eine Hinterhalle entspricht. Die Cella ist also nicht von Säulen umschlossen, sondern liegt, auch wenn ihr Dach auf Säulen ruht, die in der Fortsetzung der Säulen der Vorhalle über diese hinaus auf sie übergreifen, indem sie ihre Wände als Halbsäulen gliedern, stets hinter der mehr oder minder tiefen Vorhalle. Es gibt also ein klares Hintereinander von Vorhalle und Cella, das als Richtung empfunden werden kann, wie denn ja jeder römische Tempel etwas hat, was man als Rückseite bezeichnen wird, auch wenn er nicht, wie etwa der mächtige Tempel des Mars Ultor in Rom, an eine hinter ihm aufragende Mauer angelehnt ist.

ABB. 10
FIG. 10

Diese Richtungnahme des römischen Tempels hat an sich nichts zu tun mit Fassadenhaftigkeit oder der Verkümmerung des Baues auf eine Ansichtsseite, wenn sie natürlich auch die Herausbildung einer Fassade unterstützt. Die Richtung als solche gehört seit den Anfängen römischer Baukunst vielmehr zum Wesen des römischen Tempels. Noch ehe ein solcher Tempel erbaut wird, ist sie bereits gegeben. Livius und Varro berichten uns über die besondere Form der Zeremonie bei der Gründung eines der ältesten und vornehmsten römischen Tempel, des Jupitertempels auf dem Kapitol.

Das Auspizium

An der Stelle, an der später der Tempel stehen soll, errichtete man zunächst eine ihn vertretende, aus Brettern zusammengezimmerte Hütte. In ihrer Tür nahm der Priester am Gründungstag bei Morgengrauen Platz, um aus dem Flug der Vögel nach altem Brauch den Willen der Götter zu erkunden. Ehe er mit seinem Auspizium begann, nahm er den Lituus, eine Art von Krummstab, in die Hand und bezeichnete mit ihm, indem er dazu eine ganz bestimmte Formel sprach, den Bereich vor der Hütte, für den seine Beobachtungen gelten sollten. Er legte durch Angabe von besonders markanten Punkten, wie Bäumen, Felsen oder Berggipfeln, die Grenzen seines Beobachtungsfeldes zur Rechten wie zur Linken fest und schloß zugleich das, was in seinem Rücken, also hinter der den zukünftigen Tempel vertretenden Hütte lag, als nicht zum Auspizium gehörig aus. Das heißt also, er ordnete mit diesem Akt dem zu errichtenden Tempel, in dem dann sein Platz vom Bild des Gottes eingenommen wurde, den vor ihm liegenden Raum zu.

Zum Wesen des römischen Tempels gehört somit die Eigenart seiner Gestalt und seines Gerichtetseins, die ihn so auffallend von dem griechischen Tempel unterscheiden. Zugleich aber bedeutet die Gestalt des Tempels noch etwas viel Wesentlicheres. Er tritt durch sie in Beziehung zum Raum vor ihm, beherrscht ihn. Wenn daher in den Gestaltungen römischer Heiligtümer der Kaiserzeit, etwa dem Forum des Augustus oder dem Vespasians, das der Kaiser Nerva beenden ließ, der Tempel in ganz auffälliger Weise an das Ende eines Platzes gerückt erscheint, manchmal nur noch mit seiner Front in diesen hineinragt, so wäre es falsch, das etwa so verstehen zu wollen, als sei der Tempel damit zu einem bloßen Annex des Platzes degradiert und gleichsam dem auf diesem Platz stehenden Beschauer gegenüber zur bloßen Fassade entwertet. Er steht vielmehr am Platz, weil er ihn so als Raum, als von Hallen oder Mauern umschlossene Leere beherrscht. Herrschaft über den Raum, zu dessen Räumlichkeit die klare Begrenzung gehört, Richtungnahme, Achsialität sind in seinen Ursprüngen verwurzelte Eigenschaften des römischen Tempels und Heiligtums.

FIG. 10

ABB. 32

FIG. 22

Diese Struktureigenarten, die zugleich Wesenszüge des Volkes offenbaren, das sich in seinem Sakralbau manifestiert, haben durch die Schöpfungen der römischen Baukunst entscheidend das mittelalterliche und moderne Weltbild bestimmt. Wenn beim spätantiken und mittelalterlichen Kirchenbau dem Gotteshaus ein Hof vorgelagert wird, das sogenannte Atrium, und wenn der Eingang zu diesem seinen Platz in der Achse der hinter dem Hof liegenden Kirche hat, wenn der Kirchenraum selbst dann in dem Halbrund der Apsis kulminiert, in deren Kuppelmosaik über dem Altartisch und dem Bischofsstuhl der Weltenheiland thront, so reichen die Wurzeln dieser Anordnung des Bauganzen auf eine beherrschende Achse zurück bis in die Anfänge des ältesten Monumentalbaues der römischen Architektur, den altitalischen Tempel.

Das römische Haus

Wenn in ihrer Gottesvorstellung sich die Eigenarten der Völker manifestieren, dann überrascht es nicht, daß die Eigentümlichkeiten der sakralen Architektur in der profanen wiederkehren. Wie der Tempel sich zu dem Ganzen des Heiligtums und zu dem ihm zugeordneten Wirkungsbereich der in ihm wohnenden Gottheit verhält, so sind auch etwa dem römischen Wohnhaus, natürlich nicht dem vielstöckigen, entpersönlichten Wohnhaus der Großstadt, sondern dem charakteristischen Einfamilienhaus, das diesem vorausgeht, dem ebenerdigen Hofhaus der Städte, wie wir ihm etwa in Pompeji begegnen, oder auch der allein liegenden Villa, die Achsialität, die Beherrschung des von Zimmern umschlossenen Hofes durch ein sich ihnen überordnendes Gemach und das In-Beziehung-Setzen des Wohnkomplexes zum Raum eigentümlich.

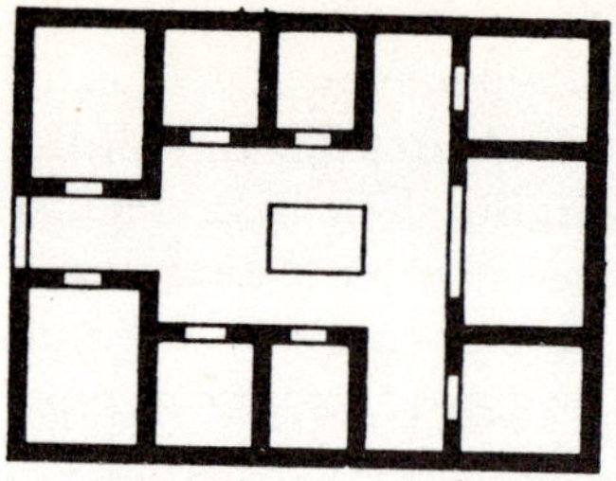

Fig. 4 – Plan des italischen Atriumhauses.

Ganz im Unterschied zum gleichzeitigen Haus im griechischen Osten, dessen Räume sich ohne klare Herausbildung einer besonderen Richtung um einen Säulenhof gruppieren und das gewissermaßen ganz nach innen gewandt ist, richtet sich das typisch römische Haus auf eine Achse aus. Durch die in der Mitte der Straßenfront liegende Tür betritt man einen kurzen Korridor, der in einen Lichthof führt, das sogenannte Atrium, das seinen Namen von dem Herd und seinem Rauche hat, der im ältesten Haus an dieser Stelle seinen Platz hatte. Ein steinerner Tisch erinnert in vielen römischen Häusern noch an ihn, der selbst im Haus der Kaiserzeit in einen besonderen Küchenraum verwiesen ist, möglichst so, daß die Gerüche der Küche den Bewohner nicht stören. Um das Atrium legen sich oft in symmetrischer Entsprechung die einzelnen Gemächer. In der Achse des Hauses, dem Eingang gegenüber, so daß der Blick durch die Tür ins Freie geht und der Eintretende den Herrn des Hauses im Hintergrund auf seinem Ruhebett erblickt, wie dieser ihn, liegt der Hauptwohnraum, das Tablinum. Dieser einfache Grundtypus kann in der mannigfaltigsten Form variiert werden, indem er mit weiteren Höfen oder Terrassen, oder mit beidem, verbunden wird. Charakteristisch bleibt die Richtungnahme des Hausgebildes auf die durch Tür, Atrium und Tablinum gelegte Achse.

Daß diese den Grundrissen römischer Häuser und Villen ablesbare Achsialität zugleich auch als Richtungnahme auf den Raum empfunden wurde, bekundet sehr eindrucksvoll die Beschreibung, die der jüngere Plinius von einer seiner Villen gibt, die unweit von Rom am Meer gelegen war. »Kommt man von Osten her zu dem Haus, so tritt man zunächst in ein einfaches, doch auch nicht allzu bescheidenes Atrium. Es folgen (in der Achse) Säulenhallen, die ähnlich einem großen lateinischen D einen kleinen reizvollen Hof umgeben. In ihrer Mittelachse schließt sich ein freundlicher Saal an und an diesen ein Raum für drei Ruhebetten, der aus dem Massiv der Villa gegen den Strand vortritt. Nach allen Seiten hat dieser Doppeltüren oder Fenster von Türgröße, so daß man von hier nach allen Seiten gleichsam auf drei Meere schaut. Nach innen, in das Haus jedoch sieht man hintereinander den Saal, eine

Säulenhalle, den kleinen Hof, wieder eine Säulenhalle, das Atrium und schließlich (durch die Tür) die Wälder und fernen Berge.« Zahlreich sind die Überreste derartiger Landhäuser der römischen Kaiserzeit, die das besitzen, was Plinius als den besonderen Reiz seiner Villa bezeichnet und was wir an griechischen Häusern und Villen, wie gesagt, nicht kennen: den Durchblick in der Achse.

Das Primat der Architektur

Natürlich läßt sich ein solches in der römischen Architektur – in Tempel, Heiligtum und Haus – sich manifestierendes Verhältnis zum Raum nicht ohne weiteres auf die Plastik übertragen, um so weniger als offenbar Plastik im Sinne der griechischen Kunst den Römern – wie oben ausgeführt wurde – fremd gewesen zu sein scheint. Wenn die griechische Statue wie der griechische Tempel ein autonomer Körper ist, der so auf seinen Kern konzentriert ist, daß er aus seiner plastischen Kraft sich dagegen sträubt, größeren Zusammenhängen ein- und untergeordnet zu werden, so hat in der römischen Kunst, vor allem in der Epoche, die uns hier beschäftigt, die Architektur mit ihrem Bemühen um die Gestaltung des Raumes ohne Zweifel das Primat. Plastik, auch die griechische Plastik – sei es das als Beute entwendete Originalwerk, sei es die Kopie –, hat sich bei der Aneignung durch die Römer dieser Vorherrschaft der Architektur anzupassen, gegebenenfalls unterzuordnen; sie verliert durch die Einfügung in den architektonischen Zusammenhang, in Nischen oder Säulenhallen, ihre Autonomie; in den Schmuckfassaden der Theater, Thermen und Fontänen bekommt sie fast den Charakter des Reliefs, wenn wir unter diesem in der eigentlichen Wortbedeutung des erst in der Renaissance aufkommenden Begriffs »rilievo« den Bezug auf einen der plastischen Form sich zuordnenden Grund als eine Eigentümlichkeit dieser Kunstgattung ansehen. Das für die römische Kunst so außerordentliche Überwiegen des Reliefs überhaupt findet seine Erklärung sicher in der gleichen Richtung, in der sich aller plastischen Form überordnenden Vorherrschaft der Architektur.

Das Wesen der römischen Statuen

Wo es einmal in der römischen Kunst zu einer wirklich statuarischen Schöpfung kommt, etwa in der Porträtstatue, wird man beobachten, daß auch in ihr jenes Verhalten zum Raum wirksam ist, das in der Architektur so charakteristisch ist. Eine Statue wie die des Augustus von Primaporta, die unmittelbar nach dem Tode des Kaisers auf der Gartenterrasse der Villa aufgestellt wurde, die seine Gemahlin hier unweit Roms besaß, möge dies verdeutlichen. ABB. 5

Charakteristisch ist schon die Art ihrer Aufstellung. Ihrem statuarischen Aufbau liegt ein griechisches Werk der klassischen Zeit zu Grunde, der Speerträger des Polyklet aus Argos, eine Figur, die etwa um 440 v. Chr. geschaffen wurde und die sich bei den Römern, wie zahlreiche Kopien lehren, einer besonderen Beliebtheit erfreute. Die Kaiserstatue stand aber nicht, wie einst der Doryphoros, frei im Raum, sondern vor der Stützmauer einer weiteren Terrasse, an der sie durch einen Eisendübel befestigt war. Sie hatte also das weite, auf zwei Seiten von Hallen eingefaßte Rechteck vor sich, ähnlich wie vor dem römischen Tempel der Hof liegt. Und wie dem Tempel der vorgelagerte Platz als Wirkungsbereich zugeordnet ist, so beherrschte auch die Kaiserstatue den ihr zugewiesenen Raum; sie griff mit mächtiger Gebärde in ihn hinaus, zwang jeden, der ihn betrat, durch diese majestätische Geste in den Bann ihres hoheitsvollen Antlitzes. Man braucht nur einmal die Stellung der Füße der beiden Statuen, der des griechischen Jünglings, der seinen Speer schultert, und der des römischen Kaisers, miteinander zu vergleichen, um ihr ganz anderes Verhältnis zum Raum zu erfahren. FIG. 5, 6 Schon aus der Richtung des fast geradeaus auftretenden rechten Fußes und des dicht an die Körperachse herangezogenen, aber weit zurückgesetzten linken wird deutlich, daß der Doryphoros mit großem, ruhigem Schritt dahinschreitet, während der Kaiser schon in dem eigenartig verkürzten Schritt und dem im Verhältnis zum ausruhenden rechten weit zur Seite gesetzten linken Fuß eher steht, als daß er sich bewegt. Die Stütze neben dem rechten Fuß verstärkt den Eindruck des Zum-Stehen-Kommens. Sie fehlte dem griechischen Vorbild, während sie bei der römischen Umbildung mit ihrer Ausgestaltung zu einem Delphin, auf dem ein kleiner Eros reitet, ein ganz wesentlicher Teil der Gesamtkomposition ist. Sie weist den Dargestellten als Abkömmling der meergeborenen Venus aus. Die großen Flächen des Muskelpanzers, der sich quer um den Körper und den linken Arm schlingende Mantel, das steil gehaltene Szepter unterstützen die Ausbreitung der Figur, in deren statuarischer Erscheinung, selbst wenn sie als Vollplastik ausgebildet ist und wohl auch nicht, wie jetzt im vatikanischen Museum, in einer Nische stand, gewissermaßen der Hintergrund mitgestaltet ist, von dem her sie in den Raum vor ihr wirkt.

Selbst die Fußspuren lassen erkennen, wie der Grieche gelassen in sich ruhend durch die Welt dahinschreitet, wie er im Schreiten den Raum

ABB. 6 – Bildnis des Augustus. Um 14 n. Chr. *Bronze. Höhe 0,38 m. Rom, Biblioteca Vaticana. Vgl. S. 34 f.*

ABB. 7 – Bildnis des Augustus aus Meroë. Um 14 n. Chr. *Bronze. Höhe 0,43 m. London, British Museum. Vgl. S. 35*

ABB. 8 – Bildnis eines alten Mannes aus Caere-Cerveteri. Letztes Drittel des 1. Jahrhunderts v. Chr. *Terrakotta. Höhe 0,33 m. Rom, Museo di Villa Giulia. Vgl. S. 35.*

6

7

8

9

10

11

als etwas ihn Umgebendes, ihn aber nicht Bindendes durchmißt, indem das hinter ihm Liegende gleichsam als etwas hinter ihn Zurücksinkendes die gleiche Unendlichkeit hat wie das, was sich vor ihm auftut. Der Römer dagegen steht dem, was vor ihm liegt, mit seinem Herrschaftsanspruch gegenüber, verwandelt eben dadurch dieses in Raum und zwingt in dieser Bezugnahme auf den Raum zugleich jeden, der ihn betritt, Stellung zu nehmen. Indem der vor dieser Statue liegende Raum ihr zugeordnet wird, wird derjenige, der ihn betritt, ihr zwangsläufig untergeordnet. In einer großartigen Konsequenz wird durch derartige, zunächst geringfügig erscheinende Veränderungen das griechische Vorbild in der römischen Umbildung zu etwas vollkommen Neuem, trotz der Anlehnung an das griechische Vorbild in seiner Eigenart, die bis in die einzelnen Abmessungen geht, echt Römischem.

Römische Originalität

Natürlich hat nicht jede römische Umbildung einer griechischen Schöpfung den Rang dieser Kaiserstatue, die wohl im Auftrag der Gemahlin des Augustus, vielleicht auch auf Veranlassung des Senats an der Stelle, an der man sie 1863 fand, ihren Platz erhielt. Aber wenn man Grundsätzliches erkennen will, empfiehlt es sich, dieses in exemplarischen Werken zu suchen, nicht in der oft geistlosen und unwesentlichen Massenproduktion. Dann aber wird im besonderen Maße evident, daß es, auch bei Vorliegen eines griechischen Vorbildes, im bildnerischen Schaffen des Römers wirkliche Originalität geben kann, genau so, wie niemand bestreiten wird, daß Vergils Aeneis ein großes und echt römisches Werk ist, wenn auch der Dichter Homers Odyssee zum Vorbild für sein Epos vom Ahnherrn der Römer nahm.

Das römische Bildnis

Was für die Statue des Augustus aus der Villa bei Primaporta als Ganzes gilt, tritt in ihrem Kopf noch vergeistigter in Erscheinung. Er ist ein Bildnis desjenigen Mannes, in dem römisches Wesen einen weit über die Lebenszeit dieses Menschen wirkenden Ausdruck gewonnen hat. Augustus, wie wir ihn mit den Römern nennen, die mit diesem ihm im Jahre 27 v. Chr. verliehenen Ehrennamen sowohl das Ehrwürdige dieser Gestalt wie die besondere Hoheit seiner Stellung bezeichnen wollten, ist, so möchte man sagen, der römische Kaiser schlechthin. Sicher nicht gedankenlos haben seine Nachfolger im Amte in ihrer Titulatur diesen

ABB. 9 – Raum im Haus des Augustus auf dem Palatin in Rom. *Vgl. S. 40.*

ABB. 10 – Das Augustusforum in Rom. *Vgl. S. 24, 43.*

ABB. 11 – Das Mausoleum des Augustus in Rom. Um 27 v. Chr. *Vgl. S. 39.*

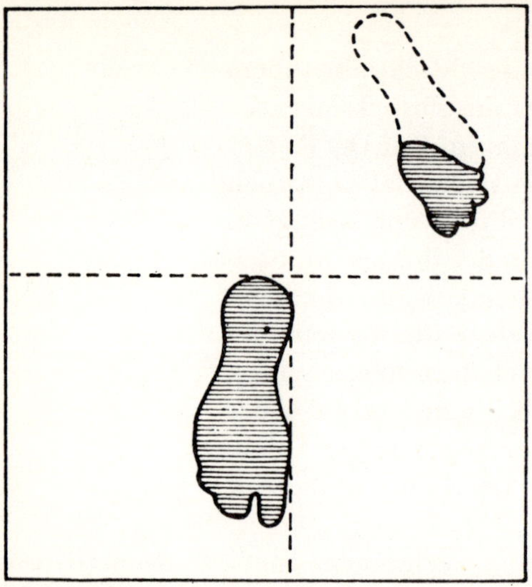

Fig. 5 – Die Standspuren des Doryphoros.

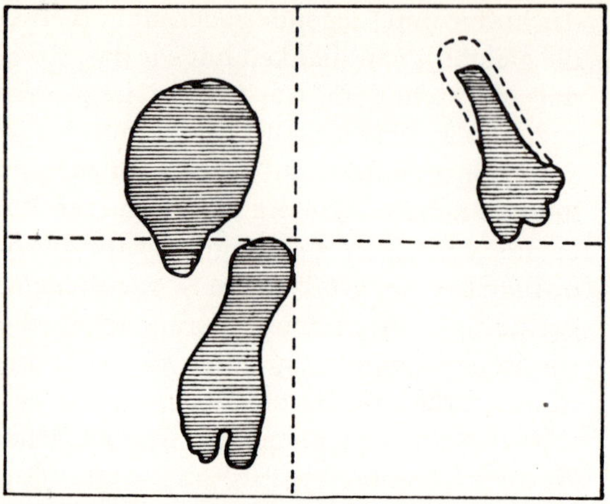

Fig. 6 – Die Standspuren der Augustusstatue von Primaporta.

Namen mit dem Caesars übernommen, wie ja auch die Kaiser des Mittelalters ihn geführt haben.

ABB. 6 Was diesem Kopf eigen ist und vielleicht noch um einen Grad stärker dem etwa um die gleiche Zeit, also ebenfalls wohl nach dem Tode des Kaisers entstandenen Kopf des Augustus in der vatikanischen Bibliothek, der hier aus der Fülle der erhaltenen Augustusbildnisse ausgewählt sei, um das Wesentliche dieses Porträts darzustellen, ist eine besondere willensmäßige Konzentration der Persönlichkeit im Ausdruck, der ein römisches Porträt ganz allgemein von einem griechischen unterscheidet. Die Augen scheinen auf ein Ziel gerichtet, den vor ihnen liegenden Raum zu durchmessen. Die Brauenlinie mit dem starken Schatten unter der vordachenden Stirn antwortet den Horizontalen des Mundes und des festen Kinns und bildet mit der Senkrechten der Nase ein alle entscheidenden Ausdrucksträger zusammenfassendes, mit Energie geladenes Gerüst. Natürlich ist der Kopf eines Kaisers etwas anderes als ein Privatporträt; er wird gewissermaßen aufgeladen mit einer besonderen Mächtigkeit, wie ja das Bildnis des Kaisers diesen selbst so vertreten kann, als ob er persönlich anwesend wäre. Zudem stellt dieses Bildnis wie auch das der Statue aus Primaporta ein Wesen dar, das mit seinem Tode unter die Götter des römischen Staates versetzt ist; es hat also eine besondere Hoheit. Aber eben weil es damit zu etwas wie einem Idealporträt wird, das von dem wirklichen Lebensalter des mit sechsundsiebzig Jahren Verstorbenen, von der Hinfälligkeit des Greises nichts erkennen läßt, wird offenkundig, wie anders ein Römer in der Welt steht, gerade dann, wenn man ein Bildnis desselben Mannes aus dem hellenistischen Osten daneben stellt, etwa den Kopf des Britischen Museums, der aus dem Königspalast der äthiopischen Hauptstadt Meroë am Oberlauf des Nils stammt.

In diesem Kopf und in anderen Bildnissen des Augustus aus dem Osten glüht, verglichen mit den Bildnissen aus der Westhälfte des Reiches, die möglicherweise auch von griechischen Bildhauern, aber für römische Auftraggeber geschaffen sind, ein anderes Pathos. Er ist erfüllt von Spannungen und Leidenschaften. Auch er stellt ein göttliches Wesen dar, aber in einer Weise, die es der Realität der Welt entzieht, in die dieser Mann einmal hineingestellt war und aus der er mit dem ganzen Einsatz seiner Persönlichkeit das römische Reich gebaut hatte. Was der Künstler aus diesem Bildnis macht, wirkt in der dem Kopf eigentümlichen Strahlungskraft fast wie eine Vision. ABB. 7

Man wird dieses in unserer Formulierung vielleicht überspitzt dargestellten Unterschiedes sofort inne, wenn man die beiden Köpfe, den in der vatikanischen Bibliothek und den aus Meroë, einmal mit einem römischen Privatbildnis vergleicht, etwa dem Kopf eines alten Mannes, den man vor einem halben Jahrhundert zusammen mit zahllosen Votivgaben in einem kleinen Heiligtum der alten Etruskerstadt Caere-Cerveteri, ungefähr 30 km nördlich von Rom, fand. Er ist sicher um drei bis vier Jahrzehnte vor den beiden Kaiserbildnissen entstanden und wurde wohl von dem in ihm Dargestellten der Heilgottheit, die dort in Caere verehrt wurde, als Dank für Genesung geweiht. Der Mann, ein Zeitgenosse Caesars, gehört nicht zu den Großen der römischen Geschichte, und seine Mittel erlaubten ihm nicht ein kostbares Werk aus Marmor. Er begnügte sich mit einem Bildnis aus Ton, dem der vielleicht in Caere ansässige Künstler eine lebendige Farbigkeit verlieh, indem er das graue Material mit einem rotbraunen Überzug versah, nur die Haare aussparend. Es ist ein Mann von gleichem Schlag, wie man ihn noch heute in der Gegend trifft, alt geworden in der Arbeit unter südlicher Sonne. Man möchte sagen, das Bildnis stelle, auch wenn es aus dem südlichen Etrurien stammt, einen echten Römer dar; denn das Gebiet der alten etruskischen Stadt, die seit der Mitte des 4. Jahrhunderts v. Chr. in Abhängigkeit von Rom stand, war in der Zeit, in der dieses Bildnis gearbeitet wurde, seit langem von Römern besiedelt, die ja selbst seit den Tagen, da etruskische Könige über die Stadt am Tiber herrschten, so stark mit etruskischem Blut sich vermischt hatten, daß man Etrusker und Römer nicht voneinander trennen kann. In dem Bildnis aus Caere haben wir ein Werk, das sicher nicht von einem Griechen geschaffen wurde und das nichts anderes sein will als das Abbild des Mannes, den es darstellt. Darin ist es ganz anders als die beiden Kaiserbildnisse, die in der Absicht geschaffen wurden, jeden, der sie erblickt, in den Bann einer Persönlichkeit zu zwingen, in der man schon

ABB. 6, 7

ABB. 8

zu ihren Lebzeiten ein fast übernatürliches Wesen erkannte. Gewisse Eigentümlichkeiten, die für das Gesicht des alten Mannes sicherlich bezeichnend waren, sind durch den Künstler festgehalten, so etwa die schiefe Nase, die er, wie noch deutlich aus den Fingerabdrücken zu erkennen ist, durch eine leichte Biegung des noch feuchten Materials nach rechts erreichte, als er mit der Modellierung des Kopfes schon fertig war. Wir wissen, daß eine große Gruppe römischer Bildnisse ihren Ursprung in der Maske hat, die man den Verstorbenen abnahm. Wenn etwas von diesem Charakter auch das Bildnis aus Caere hat, so hängt das nicht damit zusammen, daß auch dieser Kopf eine Abformung ist, sondern daß auch er eigentümlich »naturgetreu« ist, nicht etwa idealisieren will, ohne daß damit die Leistung des Künstlers herabgesetzt werden soll.

Wenn man nun diesem Kopf die beiden Kaiserbildnisse an die Seite stellt, so wird man spüren, daß das aus Rom stammende, mag es Augustus auch noch so stark idealisieren, in einem dem Bildnis aus Caere sehr viel näher steht als das aus dem griechischen Osten; nicht so sehr in einem stärkeren Verismus oder einer größeren Porträtähnlichkeit – denn wir wissen ja trotz der Fülle der von ihm erhaltenen Bildnisse nicht, wie Augustus wirklich ausgesehen hat –, sondern in der Art, wie es mit seinem Augenpaar ein bestimmtes Ziel erfaßt, sich in Beziehung setzt zu einem Gegenüber, blickt, nicht schaut, das vor ihm Liegende auf sich konzentriert, es durchmessend und beherrschend. Es ist in diesem Blick ein anderes, fast angreifendes Verhältnis zur Welt, ein anderer Grad von Wirklichkeit und Aktivität, auch ohne daß die Augen wie bei dem Kopf aus Meroë noch ihre einstige Leuchtkraft besitzen. Man könnte sagen, daß auch in diesem Kopf Raum verfestigt und damit gestaltet wird wie im italischen Tempel, in der Anordnung des römischen Hauses, in der Besonderheit der Statue.

Alles, was wir, um das Wesen römischer Kunst zu fassen, andeuteten, indem wir versuchten, es aus den besonderen Merkmalen einiger exemplarischer Leistungen beschreibend abzulesen, hat nur den Wert einer Annäherung. Es ist, ganz allgemein gesprochen, in dem, was wir als die Eigenart eines Kunstwerkes römischer Prägung erkennen, ein besonderes Verhältnis zur Realität, eine Gebundenheit an das Jetzt und Hier. Und dieser unmittelbare Bezug zur gegebenen Realität ist sicher nicht nur eine Besonderheit der römischen Kunst, sondern der Menschen, zu deren Umwelt diese Kunst gehörte. Er bestimmt ebenso das Verhältnis zu ihren Göttern, die eine ganz andere, seltsam diesseitige Gegenwärtigkeit besitzen, mit denen man etwa, wie mit einem Partner, Verträge abschließt, er prägt auch die Einstellung zum Staat, zum Mitmenschen, zum Gegner.

IMPERATOR CAESAR AUGUSTUS

27. v. Chr. – 14 n. Chr.

Man mag sich fragen, ob der Tod Caesars für die Geschichte der römischen Kunst wirklich einen so entscheidenden Einschnitt bedeutete, daß wir berechtigt sind, unsere Darstellung mit diesem Geschehen zu beginnen. Denn auch der Historiker erkennt nur zögernd in dem Ereignis an den Iden des März des Jahres 44 v. Chr. das Ende einer Epoche. Er ist vielmehr bestrebt, die Grenzen zwischen dem Ende der Republik und dem Beginn des Prinzipats fließend zu halten. Der eine versucht, in den Bemühungen eines Sulla, Pompejus und Caesar, die Staatsführung an sich zu reißen, die Voraussetzungen und Anfänge dessen aufzuspüren, was dann Augustus verwirklicht hat. Der andere zeigt mit nicht geringerem Erfolg, daß Augustus wirklich die republikanische Verfassung wiederhergestellt habe, als er im Jahre 27 v. Chr. auf seine Ausnahmestellung während der Bürgerkriege verzichtete.

Sicher ist das Ereignis, mit dem wir unsere Darstellung abschließen, ein viel sinnfälligerer Einschnitt. Historiker und Kunstgeschichtler sind sich durchaus einig, daß mit der Einweihung von Konstantinopel an der Stelle des alten Byzanz im Jahre 330 n. Chr. eine Epoche zum Abschluß kommt. Mit der Verlegung des politischen Schwergewichts wird Rom als Hauptstadt entthront und auch in der künstlerischen Entwicklung des Imperiums verliert es damals die führende Rolle. Mit Recht bezeichnen wir das, was nun beginnt, als byzantinische Kunst.

Wenn es dagegen dem Historiker schon schwer fällt, eine klare Entscheidung zu treffen, ob eigentlich der Tod Caesars der epochale Einschnitt in der Geschichte Roms gewesen ist, wieviel schwerer muß es für den Kunstgeschichtler sein, eine solche Grenze zu ziehen, die ihn berechtigt, hier einen Anfang zu setzen; denn weder wird Roms Vormachtstellung in seinem geschichtlich gewachsenen Imperium durch dieses Ereignis erschüttert, noch ändert sich Wesentliches in der künstlerischen Struktur, deren Besonderheiten wir in der Einleitung herausgestellt haben.

Der Restitutor rei publicae

Augustus selbst fühlte sich, als er am Ende seines Lebens (14 n. Chr.) den Tatenbericht – die res gestae – abfaßte, als Wiederhersteller des alten Zustandes, und auch in dem, was er für die künstlerische Gestaltung des Reiches und der Stadt geleistet hat, weitgehend als Testamentsvollstrecker Caesars. Er führt dessen unfertig gebliebene große Bauten zu Ende, das Forum Julium mit dem Tempel der Venus, den Neubau der Curie, des Sitzes des Senats, die Errichtung der großen Basilica Julia auf der Südwestseite des Forum Romanum. Dazu rühmt er sich der Wiederherstellung von 82 Tempeln der Stadt, die während der

Bürgerkriege in Verfall geraten waren, und der flaminischen Straße aus eigenen Mitteln, wie auch der Rückgabe all der Kostbarkeiten, die Marc Anton während des Kampfes mit ihm aus den Tempeln des Ostens entwendet hatte; vor allem aber hebt er hervor, daß 80 silberne Statuen, die ihm zu Ehren in der Stadt aufgestellt worden waren, auf sein Geheiß eingeschmolzen wurden, um aus dem Erlös goldene Geräte für Apoll in den von ihm errichteten Tempel auf dem Palatin zu weihen.
Gerade dieser letzte Vorgang wirft ein bezeichnendes Licht auf die Einstellung des Augustus zu der künstlerischen Situation der Zeit, in der er die maßgebende Person im Staate war. Wenn Privatpersonen oder auch Körperschaften dem jungen Mann, der einundzwanzigjährig die Caesarmörder bei Philippi besiegte und zehn Jahre später den Rivalen Marc Anton bei Actium schlug, außer zahllosen Bronzestatuen allein in Rom 80 silberne Standbilder, darunter auch Reiterstatuen und Viergespanne, errichtet hatten, so ist das nur ein Zeichen dafür, bis zu welchem Grade man sich in Rom, das mit allen persönlichen Ehrungen einst so zurückhaltend gewesen war, am Ende der Republik hellenistischen Gepflogenheiten angepaßt hatte. Denn in den Heiligtümern des griechischen Ostens hatte mit dem 3. Jahrhundert v. Chr., nach den vielen erhaltenen Sockeln der allerdings längst verlorenen Statuen zu schließen, geradezu ein Wettstreit eingesetzt, den Fürsten durch Aufstellung ihrer Statuen zu schmeicheln. Wenn Augustus diesem Treiben in Rom ein Ende machte, indem er durch sein Verhalten die Weihenden darüber belehrte, daß nicht ihm, sondern den Göttern die Ehre gebühre, dann wandte er sich ostentativ gegen die Gesinnung der Männer und damit auch gegen die Caesars, die durch persönlichen Ehrgeiz und Streben nach Macht immer wieder in Konflikt mit der traditionsgebundenen »res publica« der Römer geraten waren. Er stellt sich auch mit diesem Akt, den er noch am Ende seines Lebens der Erinnerung für wert hielt, gegen die Maßlosigkeit des späthellenistischen Persönlichkeitskults und bekennt sich selbst zu Sitte und Gesetz des alten Roms.
Wohl nicht ohne Absicht fallen gerade diejenigen Handlungen, in denen man einen ausgesprochen restaurativen Charakter erkennen kann – die Wiederherstellung der Tempel und Straßen, die Einschmelzung der Silberstatuen –, in die Zeit, in der Augustus auf die ihm eingeräumte Ausnahmestellung verzichtet und, nach seiner eigenen Formulierung in den res gestae, den Staat aus seiner Amtsgewalt dem Ermessen des Senats und des römischen Volks überantwortet. Das heißt, er selbst war der Überzeugung, daß er den Zustand des Staates wiederhergestellt habe, den dieser vor dem letzten entscheidenden Einbruch des Hellenismus hatte, der einsetzte, als Rom nach dem Tode des letzten pergamenischen Königs (133 v. Chr.) Erbe des westlichen Kleinasiens geworden war.

Das Mausoleum des Augustus

Man könnte es geradezu als einen symbolischen Akt ansehen, daß Augustus in der gleichen Zeit, in die diese restaurativen Handlungen fallen, draußen im Norden der Stadt, im Marsfeld, den großen Grabbau zu errichten begann, der die Toten des julischen Geschlechtes aufnehmen sollte, unter ihnen auch die Asche Caesars und später dann seine eigene – symbolisch insofern, als er diesem Mausoleum eine Gestalt gab, die nichts gemein hatte mit den prunkvollen hellenistischen Königsgräbern. ABB. 11
Es hatte vielmehr die Form der Gräber, in denen die Männer der Republik draußen an den Straßen, die nach Rom führten, bestattet waren FIG. 7
und denen wir schon im 7. und 6. Jahrhundert beispielsweise in der eindrucksvollen Nekropole von Caere-Cerveteri begegnen. Auch hier, in der persönlichsten Sphäre, bekannte sich Augustus zur Sitte der Väter. Lediglich durch seine Größe, nicht durch die Form, unterscheidet sich das Grabmal von seinen Vorbildern. Es war ein kegelförmiger Erdhügel von 87 m Durchmesser und einer Höhe von etwa 32 m, der sich über einer fast 12 m hohen zylindrischen Mauer erhob und mit Bäumen bepflanzt war und der nach dem Tode des Kaisers wohl mit seiner Statue bekrönt wurde. Viergeschossige, ringförmig angeordnete Gewölbe, die in der äußeren Erscheinung des Baues unsichtbar blieben, gaben dem Hügel Halt. Der innerste Ring, der sich um das zylindrische Fundament für die krönende Statue legte, bildete die eigentliche Grabkammer, in die man von Süden her durch einen 3,5 m weiten, überwölbten Gang gelangte. Es ist ein Bau, der trotz seiner Monumentalität von äußerster Schlichtheit ist. Und ebenso einfach war die Art, wie in diesem düsteren innersten Raum die Urnen mit der Asche der Verstorbenen aufgestellt waren. Zwar fand man, als es im Jahre 1519 dem Zeichner Baldassare Peruzzi gelang, in die Grabkammer einzudringen und einige dieser Urnen und der ihren Standort bezeichnenden Inschriften zu bergen, nicht mehr die des Augustus. Denn schon im Mittelalter hatte man – wie die seit dem 13. Jahrhundert auf dem Kapitol als Hohlmaß verwandte Urne der Agrippina, der Gemahlin des Germanicus, lehrt – die Kammer geplündert. Aber Urne und Inschrift des Erbauers unterschieden sich wohl kaum von denen, die erhalten blieben, etwa von der Inschrift für seinen Schwestersohn Marcellus, den er durch Adoption zu seinem Erben bestimmt hatte und dessen Asche als erste im Jahre 23 v. Chr. in dem Grabmal beigesetzt wurde, oder auch von der Inschrift und dem Marmorblock, in dem die Urne mit der Asche der Octavia geborgen FIG. 8
war. So einfach wie das Gefäß aus Marmor ist auch die Marmortafel mit ihrer Inschrift, die nichts enthält als die Namen der Toten und den des Vaters, nicht Angabe von Rang und Würden. Wenn irgendwo, dann erfährt man hier, was ein Römer unter dem Begriff »mos maiorum«, Sitte der Väter, verstand.

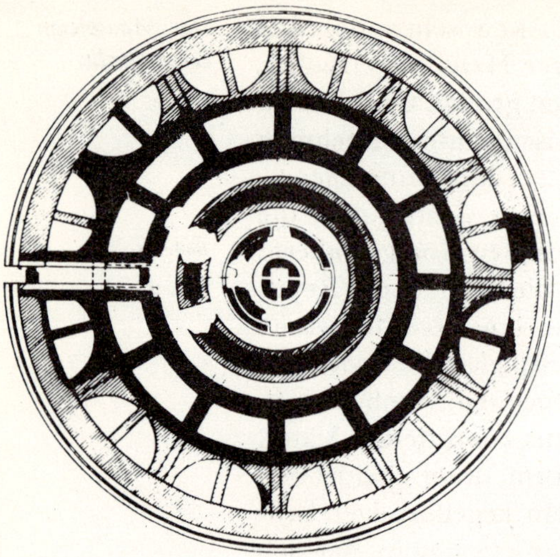

Fig. 7 – Plan und Schnitt des Augustusmausoleums.

Das Haus des Augustus

Römisch wie sein Grab draußen im Marsfeld war auch das Wohnhaus, das Augustus über vierzig Jahre bis zu seinem Tode auf dem Palatin (ABB. 9) bewohnte, und von dem wir Reste zu besitzen glauben. Zwischen den Palästen, mit denen dann Tiberius, Nero, Domitian und Septimius Severus auf dem Hügel südwestlich des Forum Romanum – der Legende nach hat Romulus die erste Siedlung, die Urzelle des späteren Rom, auf ihm gegründet – eine zusammenhängende Folge von monumentalen Kaiserwohnungen schufen, blieb durch die Jahrhunderte ein Wohnhaus erhalten, das in spätrepublikanischer Zeit entstanden sein muß. (FIG. 9) Es liegt unmittelbar nördlich eines großen Tempels der frühaugusteischen Zeit, in dem man mit guten Gründen den Tempel erkennt, den Augustus in der kriegerischen Auseinandersetzung mit Sextus Pompejus dem Apollo gelobt und den er im Jahre 28 v.Chr. geweiht hatte. Die erhaltenen Reste gehören zu einem sogenannten Atriumhaus, das heißt, zu einem Haus mit einem Lichthof, um den sich kleinere und größere Zimmer legen und an den sich im Nordwesten drei größere Gemächer anschließen. Die Anlage ist die gleiche wie bei zahlreichen Häusern am Fuß des Vesuv, die sich infolge der plötzlichen Verschüttung durch den Ausbruch des Vulkans am 24. August 79 n.Chr. in der Asche zum Teil noch wohlerhalten haben. Ähnlich wie die Häuser am südlichen Stadtrand von Pompeji das abfallende Gelände so ausnützten, daß sie die gegen das Tal des Sarno gewandten Wohngemächer auf gewölbte Räume legten, in deren Kühle man sich während der sommerlichen Hitze zurückzog, hat auch das Haus auf dem Palatin, das ebenfalls an einem Abhang liegt, im Nordwesten unter den heute fast völlig zerstörten Gemächern des Erdgeschosses solche gewölbten Räume. Jene »Kellerräume« sind das einzige, was sich von dem Haus noch ganz erhalten hat.

Ihre Wände tragen, wenn auch verblaßt, noch die Malereien, mit denen das Mörtelmauerwerk bedeckt war. Es ist eine Dekoration, die charakteristisch ist für die frühaugusteische Zeit. Im mittleren der drei Räume, sicher dem vornehmsten, gliedern gemalte Säulen auf Sockeln unter vorkröpfendem Gebälk die drei Wände, in deren Mitte sich je ein großes Bild mit Darstellungen aus der griechischen Mythologie befindet, während an den Enden der beiden Längswände sich dazu noch Durchblicke in Straßen öffnen. Es gibt in diesem Hause eigentlich nichts, was es vor den typischen Häusern Roms und anderer Städte auszeichnet. Ja, verglichen mit manchen Wohnpalästen der Zeit, die vermögende Bürger Pompejis oder Herkulaneums besaßen, wirkt es geradezu einfach; es ist das Haus eines Bürgers wie das jedes anderen.

»Große und prächtige Paläste konnte er nicht leiden«, schreibt Sueton in seiner Biographie des Augustus. »Das von seiner Enkelin Julia mit verschwenderischer Pracht erbaute Landhaus ließ er bis auf den Grund niederreißen.« Und von dem Hause auf dem Palatin, eben dem, das uns in den erwähnten Überresten wohl erhalten ist, heißt es bei Sueton: »Später wohnte er auf dem Palatin, aber auch dort nur in dem bescheidenen Haus des Hortensius, das weder durch seine Geräumigkeit noch durch seine Pracht in die Augen fiel, das vielmehr nur kurze Säulenhallen aus albanischem Peperin – ein vulkanisches Gestein – hatte und in den Zimmern weder Marmorschmuck noch prächtige Mosaikböden besaß. Und über vierzig Jahre bewohnte er sommers und winters ein und dasselbe Schlafzimmer.« Ebenso schlicht wie der Bau muß auch die Ausstattung des Wohnhauses gewesen sein, von der Sueton meint, sie sei kaum für einen gewöhnlichen Privatmann elegant genug gewesen, wie auch die Kleider, die Augustus trug, im Hause gewebt gewesen sein sollen.

Augusteische Architektur

Überall also spürt man in dem Verhalten des Mannes, den seine Zeitgenossen schon sehr bald wie ein höheres Wesen verehrten, das Bemühen, an das anzuknüpfen, was bis dahin als römisches Wesen gegolten hatte und das in der Erscheinung und dem Gehaben der eigenwilligen Männer, die in der ersten Hälfte des Jahrhunderts den Staat geführt hatten, so ganz in den Hintergrund getreten war.

Was berechtigt uns dennoch, in der augusteischen Epoche etwas grundsätzlich Neues zu erkennen?

Auch hier vermag die Architektur der augusteischen Zeit eine eindeutigere Antwort zu geben als die Leistungen auf anderen Gebieten der Kunst, wie überhaupt in der Architektur das eigentlich Römische leichter erkannt wird als in anderen Bereichen der Kunst.

Wenn Augustus ganz am Ende seines Rechenschaftsberichtes das Wesen seiner Stellung innerhalb des römischen Staates nach jenem Akt des

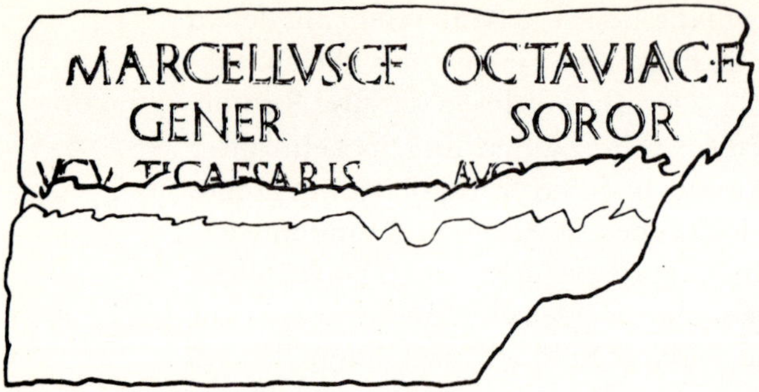

Fig. 8 – Inschrift mit den Namen des Marcellus und der Octavia aus dem Mausoleum des Augustus.

Auctoritas – potestas

freiwilligen Verzichts auf alle Vollmachten in dem lapidaren Satz zusammenfaßt: »Seitdem übertraf ich an Ansehen alle; an Amtsgewalt aber besaß ich nicht mehr als die übrigen, die mir in jedem Amt als Kollegen zugesellt waren« – dann stellt er damit zwei auch für die Architektur geltende Begriffe einander gegenüber, die »Auctoritas«, das innere Gewicht, das Gültige, Beispielhafte –, und die »Potestas«, das Machtvolle, Gewaltige.

Die spätrepublikanischen Voraussetzungen der augusteischen Architektur

Letzteres, so könnte man mit einem gewissen Recht sagen, kennzeichnet die großen architektonischen Leistungen der seinem Wirken vorausgehenden Epoche, etwa die eindrucksvolle Komposition des Fortunaheiligtums von Praeneste, durch das Sulla einen ganzen Berghang in eine vielstufige Terrassenanlage verwandelt hatte, die der Tempel der Göttin überragte – oder auch das auf steil abfallendem Hügel kühn sich erhebende Heiligtum des Hercules bei Tivoli, das um die gleiche Zeit entstanden war; vor allem aber war das erste steinerne Theater Roms, das Pompejus im Marsfeld errichtet hatte, ein Denkmal dieses persönlichen Machtwillens. Aus einem großen, von Hallen umgebenen Park trat man durch die Bühnenfassade wie durch ein riesiges Prunktor in die Muschel des Zuschauerraumes mit den gleich einer ungeheuren halbrunden Treppe aufsteigenden Sitzstufen, über denen sich hoch oben in der Achse der Tempel der Venus erhob. Diese Anlagen gehören zu den großartigsten Schöpfungen der Architektur überhaupt und sind in der Übersteigerung der Dimensionen und in ihrem Pathos nur vergleichbar mit den Bauleistungen des Barock; aber sie haben etwas Maßloses.

Demgegenüber haben die Schöpfungen der augusteischen Architektur einen ganz anderen Charakter. Natürlich sind sie nicht ohne die genannten Bauten der Vergangenheit zu verstehen und knüpfen in manchem an diese an. Aber verglichen mit dem Aufwand der spätrepublikanischen Großbauten herrscht in ihnen eine andere, strengere Gesinnung.

Vitruv hat in dem Vorwort zu seinen zehn Büchern über die Architektur, die er Augustus widmete, diesem Neuen mit folgenden Worten Ausdruck gegeben: Augustus habe nicht nur für das Zusammenleben aller

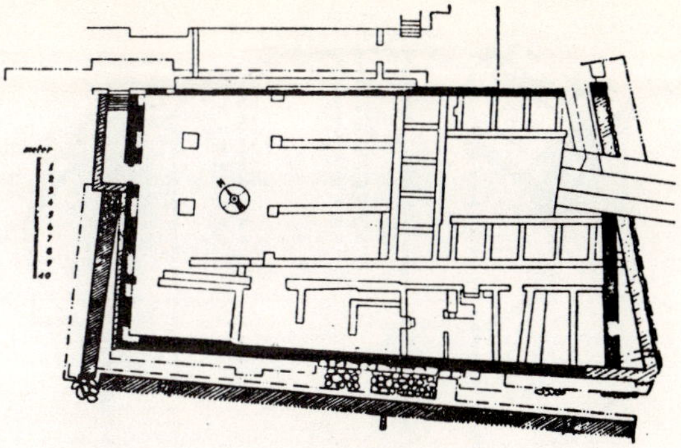

Fig. 9 – Plan des Hauses des Augustus auf dem Palatin in Rom.

wie für die Verfassung des Staates Sorge getragen, sondern auch für die günstige Anlage der öffentlichen Bauten, auf daß der Staat durch ihn nicht nur um den Erwerb neuer Provinzen gemehrt werde, sondern auch die Hoheit des Imperiums das besondere Gewicht durch seine öffentlichen Bauten erhalte. Auch hier fällt zur Bezeichnung dessen, was Architektur sein soll, das Wort Auctoritas, das ja auch im Namen des Augustus mitklingt – Würde, Gültigkeit, Beispielhaftigkeit.

Der augusteische Klassizismus

Man könnte sagen, schon im rein Materiellen komme dieses Neue zum Ausdruck. Wenn Augustus sich nach Sueton gerühmt haben soll, er hinterlasse Rom als eine Stadt aus Marmor, die er aus Backsteinen erbaut vorgefunden habe, so bedeutet das, auch nach dem, was wir über seine eigene Lebenshaltung erfahren, keineswegs einen äußeren Aufwand, sondern nichts anderes, als was auch aus Vitruvs Worten zu vernehmen ist. Die Verwendung von Marmor vorzüglich an den Großbauten, den Tempeln und Hallen, zwingt zu einer Gestaltung, die von der der vorausliegenden Epoche ganz entscheidend abweicht. Die Formen werden klarer, präziser. Mörtelmauerwerk und Ziegelbau waren die Voraussetzungen gewesen für die barocken Formen der spätrepublikanischen Zeit, die Bauten mit Arkaden, Gewölben, Rundungen und Exedren. Für die augusteische Architektur dagegen ist das strenge Gefüge von Säule und Gebälk, Stütze und Last charakteristisch. Bogen, Tonne, Gewölbe, die in konstruktiver Funktion notwendig werden können, treten nach außen in der augusteischen Architektur kaum in Erscheinung, während sie das Bild der vorausgehenden Epoche bestimmt hatten. Vorherrschend sind nun die strengen Vertikalen und Horizontalen der klassischen Ordnung.

Das Augustusforum

ABB. SEITE 10
FIG. 10

Am eindrucksvollsten bekundet sich die neue Gesinnung in der monumentalsten Anlage, die wir aus augusteischer Zeit besitzen, dem Forum des Augustus, gerade auch, weil es noch am ehesten aus den Bauschöpfungen der ihm vorausgehenden Jahrzehnte zu verstehen ist. In der entscheidenden Schlacht bei Philippi im Jahre 42 v. Chr. gegen die Caesarmörder Brutus und Casca hatte Augustus dem Rächergott Mars

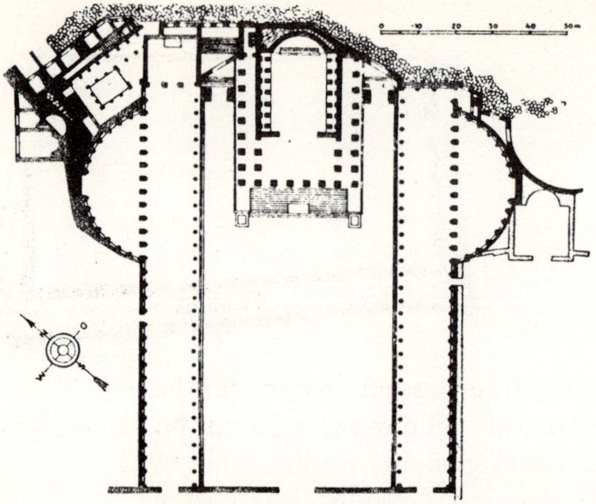

Fig. 10 – Plan des Augustusforums in Rom.

einen Tempel gelobt. Zwar verzögerten Schwierigkeiten, den für das Heiligtum erforderlichen Grund aus der Kriegsbeute zu erwerben, die Einweihung des Heiligtums bis zum Jahre 2 v. Chr. Ja, selbst damals war die Anlage noch unvollendet. Aber die Planung als solche gehört ohne Zweifel in die Frühzeit des Augustus.

Schon Caesar hatte im Jahre 54 v. Chr. auf der Ostseite des alten Forum Romanum, das sich längst als zu eng erwiesen hatte, ein nach ihm benanntes Forum zu bauen begonnen, einen rechteckigen, von Säulenhallen umgebenen Platz, an dessen Nordende sich ein Tempel der Venus Genetrix, der Stammutter des julischen Geschlechtes erhob; diesen hatte er in der Schlacht bei Pharsalus im Jahre 48 gelobt. Auch hier hatte die Enteignung der Bewohner des dicht besiedelten Gebietes hinter der alten Stadtmauer so lange Zeit in Anspruch genommen, daß er zwar den Tempel bereits im Sommer 46 einweihen konnte, daß das Forum selbst aber erst, wie erwähnt, nach seinem Tode durch seinen Erben fertiggestellt wurde. Daß Augustus sein Forum unmittelbar östlich an das seines Adoptivvaters anschloß, obwohl ihm die Enteignung des Bodens außerordentliche Schwierigkeiten bereitete und auch das schließlich zur Verfügung stehende Areal durch den weiter östlich ansteigenden Abhang des Quirinals eingeschränkt war, erklärt sich außer aus der Tatsache, daß lediglich in dieser Richtung eine Ausweitung des Forumsbereichs möglich war, wohl vor allem aus der Absicht, den Tempel des rächenden Mars in die unmittelbare Nachbarschaft zu dem der Venus zu bringen. Wie Ares und Aphrodite in der griechischen, so sind Mars und Venus in der römischen Götterwelt an sich schon eng miteinander verbunden. Sie sind es im Hinblick auf die Geschichte Roms noch im besonderen. War doch nach der Legende Aeneas, der Sohn der Venus, auf den die Julier und damit auch Augustus ihr Geschlecht zurückführten, der erste gewesen, der den Boden Italiens betreten hatte. Mars aber galt als Vater des Romulus, desjenigen also, dem die Stadt am Tiber Entstehung und Namen verdankte. So sind die beiden Heiligtümer den beiden Gottheiten geweiht, deren segnende Hand und schirmender Schild Rom seit seinem Anfang gefördert hatten.

Im Norden wurde das Forum des Augustus von der alten Stadtmauer begrenzt, die vom Quirinal durch die Senke zwischen den beiden Hügeln zum Kapitol zog. Im Süden lief eine noch ältere und wichtige Straße vom esquilinischen Hügel hinab zum Forum Romanum; im Osten bestimmten seine Ausdehnung der Abfall des dicht mit Häusern bebauten Quirinals, im Westen das Caesarforum. Auf dieses hin, die einzige Seite, die als eine klar gegebene architektonische Grenze angesehen werden kann, ist das Augustusforum gerichtet. Hier lag der eigentliche Zugang zu dem fast 90 m weiten Platz, der beiderseits von 20 m weiten Hallen flankiert wurde. Ihn beherrschte in der Achse der auf einem mächtigen Podium sich erhebende Tempel mit seiner achtsäuligen Front, der sich mit seiner Rückseite an eine 36 m hohe Mauer aus Tuffquadern lehnte. Sie schloß, einem mehrfach knickenden Straßenzug folgend, den heiligen Bezirk gegen das hinter ihm sich malerisch auftürmende Gewirr der Häuser ab, indem sie dieses den Blicken dessen, der das Forum von Westen betrat, verbarg und zugleich das Heiligtum mit seinen Schätzen vor den immer wieder in diesem Wohnquartier entstehenden Bränden schützte.

Im Inneren des Tempels wiederholte sich gewissermaßen noch einmal die Anlage des Forums, wenn hier das Bild des Gottes seinen Platz in einer apsidenartigen Ausweitung der Cella hatte, zu deren erhöhtem Boden man über eine breite Treppe hinaufstieg. Auch mit dieser Apsis greift der augusteische Architekt auf Älteres zurück. Auch schon der unmittelbar vorausgehende Venustempel in der Achse des Pompejustheaters hatte eine solche Apsis. Wie der Hof draußen von Säulenhallen eingeschlossen war, so standen im Innern der Cella Säulenreihen auf niedrigem Podium vor den Längswänden des heiligen Raumes, der als Schauplatz für einige der eindrucksvollsten Staatsakte der römischen Kaiserzeit diente, die bis dahin oben auf dem Kapitol im Tempel des Jupiter stattgefunden hatten. Im Tempel des Mars wurde als kostbarste Reliquie das Schwert Caesars aufbewahrt. Hier versammelte sich hinfort der Senat, um über Krieg und Frieden zu beschließen. Hier legten die römischen Feldherrn nach dem Triumph die Abzeichen ihrer Würde nieder. Hier erhielten die von ihnen eroberten Feldzeichen ihren Platz und hier wurden die römischen Knaben mit der Männertoga bekleidet. Zwischen den Säulen im Innern des Tempels wie zwischen denen der Hallen, die den Hof einschlossen, standen gleichsam als Zeugen dieser feierlichen Handlungen die Statuen derjenigen, denen Rom seine Größe verdankte – die Ahnen von den Tagen des Aeneas und Romulus an.

Für einen so weitgereisten und kenntnisreichen Mann wie den älteren Plinius, dessen ›naturalis historia‹ allerdings vor der Erbauung des Trajanforums entstand, hatte das Augustusforum nicht seinesgleichen auf der Welt. Einzigartig ist es, wie die Hallen des Hofes in ihrem östlichen Teil mit zwei großen, segmentförmigen Exedren hinterlegt sind. Durch sie wird die Anlage, die im übrigen als eine ins Monumentale gesteigerte Variante des Caesarforums gelten könnte, in dem Bereich des Tempels eigenartig transparent gegen hintergründige Räume. Denn der Bezirk zwischen den beiden großen halbrunden Ausweitungen in der Umfassungsmauer, in der übereinander zwei Reihen von Statuennischen sitzen, und den Hallen des Hofes, deren Rückwände an dieser Stelle in Pfeiler mit vorgelegten Halbsäulen aufgelöst waren, blieb offen. Daher drang das Licht, das in diese von den hohen Mauern umschlossenen segmentförmigen Höfe fiel, von außen her durch die Hallen, so daß sich demjenigen, der sich dem hoch aufragenden Tempel nahte, plötzlich Hintergründe öffneten, die auf eine höchst reizvolle Art zwischen Säulen und Pfeilern sichtbar wurden. Solche Exedren waren ein wirkungsvolles Kompositionselement der spätrepublikanischen Architektur gewesen. Hier aber im Augustusforum verlieren sie bezeichnenderweise ihren barocken Charakter als räumliche Ausnischungen; denn sie treten gegen den Tempelhof nur mehr als Raum- und Lichtfolien in Erscheinung, die durch die doppelten Reihen der Säulen und Pfeiler mit dem auf ihnen ruhenden horizontalen Gebälk vergittert und dadurch unfaßbar werden.

Denn eben das ist das Bezeichnende, daß alle räumliche Dynamik, die solche weiten Ausnischungen haben könnten, in das strenge System einer ausschließlich durch Horizontale und Vertikale bestimmenden Umgrenzung des Platzes gebunden wird, wie auch die Arkade, die für die spätrepublikanische Architektur eines der bestimmenden Kompositionselemente gewesen war, ja selbst die Rundnische in der künstlerischen Erscheinung des Augustusforums vollkommen vermieden werden. In klaren, strengen Graden fluchten die Stufen, auf denen die Säulen der Hallen sich erheben, die auf ihnen ruhenden Gebälke, die großen Flächen der Attiken, die darüber lagen, und die abschließenden Gebälke gegen die Tiefe des Platzes, aus der ebenso klar und mächtig der Tempel auf seinem hohen Podium gegen ihn vortritt. Gerade dadurch, daß die barocken Gestaltungsmöglichkeiten sich gewissermaßen in den Hintergrund zurückgezogen haben und nur im Plan in Erscheinung treten, wird die so ganz andersartige Baugesinnung demjenigen offenbar, der versucht, die einstige Gestalt des Augustusforums sich vorzustellen.

Fig. 11 – Plan der Maison carrée in Nîmes.

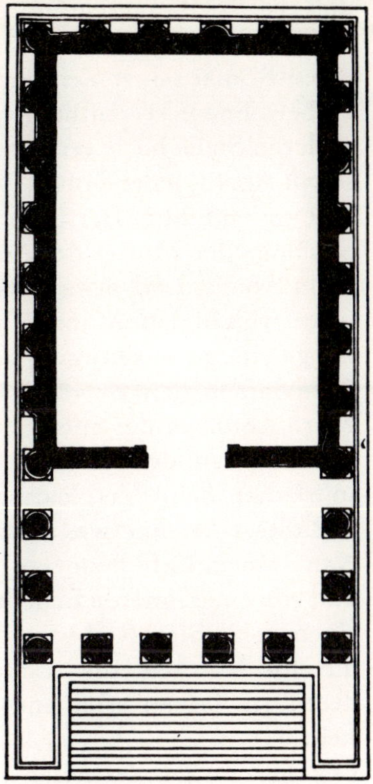

Der Apollontempel auf dem Palatin

Mit Ausnahme dieses Forums mit seinem mächtigen Tempel in der Achse, an dem mehr als 40 Jahre gearbeitet wurde, halten sich die übrigen Bauten des Augustus in Rom in bescheideneren Maßen. Von der Gestalt des zweiten großen Heiligtums, dem des Apollon auf dem Palatin, wissen wir zu wenig, als daß wir seine besondere Stellung innerhalb der römischen Architektur bestimmen könnten. Wenn der Tempel bereits im Jahre 28 v.Chr. geweiht werden konnte, so hängt das einmal damit zusammen, daß das Heiligtum mit seinem sich ebenfalls auf einem hohen Podium erhebenden Tempel wesentlich schlichter war als das Augustusforum, dann aber auch, daß Augustus den Bau oben auf dem palatinischen Hügel auf eigenem Grund und Boden errichtete, also ohne die Schwierigkeiten, wie sie beim Tempel des Mars Ultor auftraten. Das Heiligtum wurde in einem Gebiet eingerichtet, in dem Augustus mit dem Bau seines eigenen Hauses begonnen hatte, als ein Blitz in das Gelände fuhr. Dieses Zeichen wurde so ausgelegt, daß dieser Bereich den Göttern vorbehalten sei, so daß der Kaiser sich genötigt sah, mit seinen Plänen hinter den Ansprüchen der Gottheit zurückzutreten. Dieses Verhalten ist ebenso charakteristisch für seine Gesinnung wie die Tatsache, daß er selbst dann in unmittelbarer Nachbarschaft des Tempels das Anwesen des Redners Hortensius erwarb, um dieses bereits erwähnte, für einen Römer seiner Zeit an sich bescheidene Haus bis zu seinem Tode zu bewohnen. Wesentlicher als ein aufwendiger Palast, den er an jeder anderen Stelle hätte errichten können, war ihm offenbar die Nachbarschaft Apolls, jenes Gottes, dem er sich in einem ganz besonderen Maße verbunden fühlte. Der Legende nach hatte Apoll selbst in Gestalt einer Schlange der Mutter des Augustus beigewohnt, war Augustus also ein Sohn Apolls, und etwas Apollinisches empfanden seine Zeitgenossen schon früh in dem Manne, der dem Staat nach den Wirren der Bürgerkriege eine neue Ordnung gab. Unterhalb eines Apollontempels hatte Octavian in den Gewässern von Actium am 2. September 31 v. Chr. Marc Anton in der entscheidenden Seeschlacht besiegt. Schon in den

FIG. 46

Bildnissen auf den Münzen, die nach diesem Ereignis geprägt wurden, spürt man beim Vergleich mit den vorausgehenden Münzbildnissen, daß dieser Mann etwas anderes sein wollte als seine Vorgänger. Ohne Namensbeischrift steht sein Kopf mit dem übermächtigen Auge klar und von einer inneren Leuchtkraft durchdrungen in dem Rund, das von einem schlichten Reif wie von einer Aureole umschlossen wird. Es ist dieselbe Klarheit, die auch die Architektur seiner Zeit auszeichnet, deren am besten erhaltenes Denkmal, die Maison carrée, in Nîmes steht.

Die Maison carrée in Nîmes

ABB. 12
FIG. 11

Es kann kein Zweifel bestehen, daß dieser Tempel in engster Anlehnung an stadtrömische Vorbilder entstand. Etwa zwei Jahrzehnte vor seiner Errichtung hatte der Konsul C. Sosius in Rom westlich des Kapitols unweit der Tiberinsel mit dem Neubau eines hier stehenden Apollontempels begonnen, der kurz vor dem Baubeginn des Tempels in Nîmes fertig geworden war. Einzelheiten, wie die Akanthusranken, die den Fries dieses Baues schmücken, und bestimmte Eigentümlichkeiten des Gebälkes, aber auch der Plan als solcher weisen auf enge Beziehungen zur stadtrömischen Architektur.

In das hohe Podium schneidet an der Front die breite Freitreppe ein, deren beide oberste Stufen sich als eine Art von Schwelle unter die Cella selbst legen und sie zusammen mit den auf die Wände übergreifenden

ABB. 12 – Die Maison carrée in Nîmes. Vorletztes Jahrzehnt des 1. Jahrhunderts v. Chr. *Vgl. S. 16, 48.*

ABB. 13 – Der Pont du Gard. Letztes Viertel des 1. Jahrhunderts v. Chr.

ABB. 14 – Römischer Aquädukt bei Tarragona in Spanien.

12

13

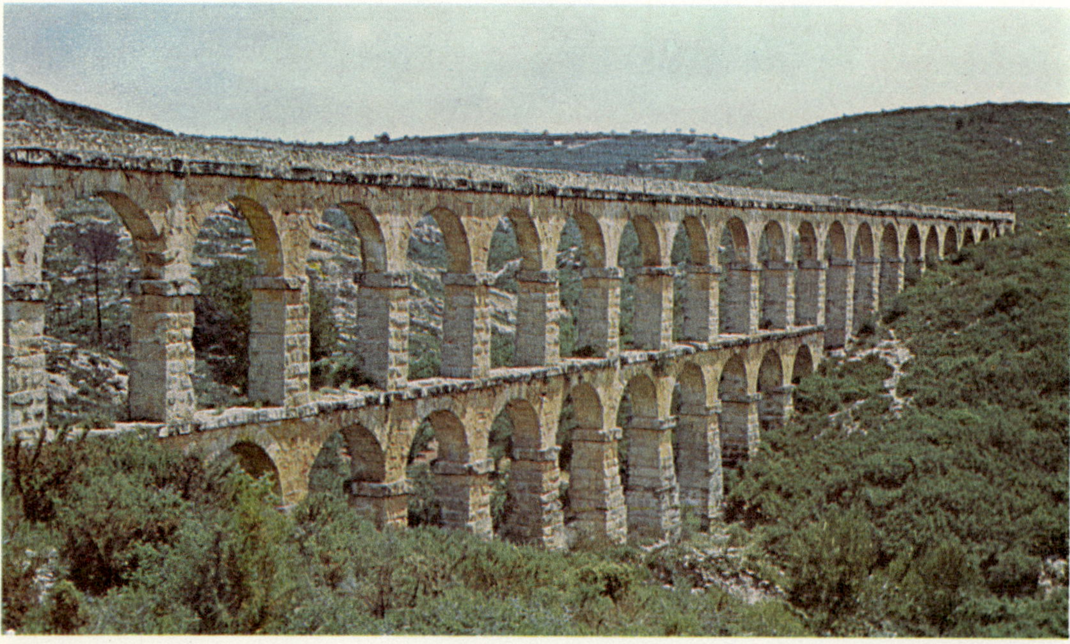
14

15

Basisprofilen der sie gliedernden Halbsäulen wirkungsvoll zusammenschließen. Wie beim Apollontempel am Tiber die Cella die gleiche Breite wie die drei Joch tiefe Vorhalle hatte, so ist sie auch in Nîmes ein die ganze Breite des Tempels einnehmender rechteckiger Saal, der sein Licht allein durch die große Tür empfing.

Obwohl der Tempel sich frei auf einem vielleicht erst nachträglich auf drei Seiten von Säulenhallen umschlossenen Platz erhob, und obwohl die Gliederung durch die Halbsäulen auch auf die Rückseite seiner Cella übergreift, ist er durch die Stellung in der Achse dieses Platzes wie durch die Aufeinanderfolge von Freitreppe, Vorhalle und Cella in jener eindeutigen Weise auf den vor ihm liegenden Platz hin gerichtet, die dem römischen Tempel seit seinen Anfängen eigen ist.

Die Maison carrée dürfte von M. Agrippa, dem im Jahre 12 v. Chr. verstorbenen Freund und engsten Mitarbeiter des Augustus, während seiner Statthalterschaft in der Gallia Narbonensis erbaut worden sein. Später, nach dem frühen Tode seiner beiden Söhne, scheint man die Namen dieser beiden Prinzen, die Augustus adoptiert und damit als seine präsumptiven Nachfolger bestimmt hatte, auf dem Architrav des Tempels mit Bronzebuchstaben befestigt zu haben; das läßt vermuten, daß der Tempel, der zunächst wohl dem Kult der Roma und des Augustus gedient hatte, dann auch diesen beiden Jünglingen geweiht wurde.

Augusteische Bauten in der Provence

Die Maison carrée, in der die augusteische Baugesinnung ihre reinste Prägung erfahren hat, ist nur einer der vielen Bauten, die Agrippa und Augustus in den Städten der Narbonensis errichten ließen. Die Orte Orange, Vienne verdanken diesen beiden Männern ihre Theater, Nîmes und Arles ihre Amphitheater, Mauern und Tore. In Orange, St. Remy, Carpentras, Vaison, Aix en Provence stehen noch heute die Bögen, die man diesen Wohltätern zu Ehren erbaut hat, so daß diese Landschaft wie keine andere Provinz des römischen Reiches auch ihr heutiges künstlerisches Gepräge der Tätigkeit dieser beiden Männer verdankt. Gerade die hohe Qualität der Bauten, die hier um die Zeitenwende entstehen, und die besonderen Bedingungen, unter denen sie in größerer Zahl als in anderen Gebieten durch das Mittelalter bis in unsere Tage erhalten blieben, haben es begünstigt, daß in der Provence früher als anderenorts, schon im beginnenden 12. Jahrhundert, die architektonische Hinterlassenschaft der Römer vorbildhaft zu wirken begann. Kirchenfassa-

ABB. 15 – Die Brücke von Narni. Um 27 v. Chr. *Vgl. S. 54.*

ABB. 16 – Der Bogen von Susa. 8. v. Chr. *Vgl. S. 56.*

den, wie die von St. Trophime in Arles und die von St. Gilles, die bekanntesten Zeugnisse dieser romanischen Protorenaissance, sind nur denkbar aus der Tatsache, daß Bauten von dem Rang der augusteischen Schöpfungen in diesem Gebiet erhalten blieben, unter denen noch ein zweiter, ganz anders gearteter Bau hier eine besondere Erwähnung verdient.

Der Pont du Gard

Es ist die dreigeschossige »Brücke« von 49 m Höhe und 273 m Länge, auf der der gemauerte Kanal eines römischen Aquädukts, der Nîmes mit dem Quellwasser aus der Gegend von Uzès versorgte, das Tal des Gardon überquert. Sechs Arkaden, deren Pfeiler gegen die Strömung des im Frühling oft reißenden Flusses durch Wellenbrecher verstärkt sind, bilden das unterste Geschoß. Aus zehn Arkaden, die den unteren entsprechen, besteht das zweite. Auch in ihm ist wie im untersten Geschoß der Bogen über dem Sommerbett des Flusses weiter gespannt, so daß seine Kämpfer tiefer liegen und die kleinen Arkaden des dritten Geschosses, die die eigentliche Wasserleitung tragen, an dieser Stelle aus dem Dreierrhythmus in den Viererrhythmus wechseln.

Was den an sich praktischen Aufgaben dienenden Pont du Gard über den reinen Zweckbau zu einem Kunstwerk von hohem Rang erhebt, ist die seine Erscheinung prägende kompositionelle Klarheit. Sie beruht sowohl auf der angedeuteten Entsprechung der Arkadenreihen wie in der Wirkung der Horizontalen, die durch Simse als Abschlüsse der drei Geschosse wie als Kämpfer unter den Bögen verstärkt wird.

Die Brücke von Narni

In der Aufgabe verwandt und als künstlerische Leistung diesem Bau ebenbürtig ist die Brücke, auf der die Via Flaminia bei Narni im südlichen Umbrien den Nar, einen Nebenfluß des Tiber, in etwa 30 m Höhe über dem Wasserspiegel überquert. Sie gehört zu jenen Bauten, die Augustus bei der Wiederherstellung des antiken Straßennetzes im Jahre 27 v. Chr. errichten ließ; sie entstand also etwa ein Jahrzehnt vor dem Pont du Gard. Manches spricht dafür, daß der Kaiser oder Agrippa sich für die südfranzösische Wasserleitung desselben Architekten bediente, der kurz zuvor diesen Viadukt geschaffen hatte, der unter den erhaltenen Brücken des Altertums selbst in seiner Zerstörung noch als die großartigste Leistung des Altertums gelten darf. Es herrscht in ihm, dessen einstige Erscheinung mit Hilfe der noch erhaltenen Brückenpfeiler wenigstens zeichnerisch wiedergewonnen werden kann, eine dem Pont du Gard durchaus verwandte Gesinnung. Nur ist diesem im Zuge einer der wichtigsten Reichsstraßen liegenden Bau, im Unterschied zu dem in der Einsamkeit eines Flußtals sich erhebenden südfranzösischen Aquädukt, durch die Ausbildung von Archivolten und pilasterartigen Lisenen unter den Kämpfergesimsen eine großformige Gliederung gegeben, die der ganz schlicht gehaltenen Wasserleitung

ABB. 15
FIG. 12

fehlt. Aber diese Gliederung ist bei der Brücke von Narni so verhalten, daß sie nicht die eindrucksvolle Gewalt des Steines beeinträchtigt; ähnlich wie bei dem Pont du Gard wird sie durch die aus ihren Pfeilern vorkragenden Blöcke verstärkt, auf denen einst die zu ihrer Errichtung benötigten Gerüste ruhten. Wie bei dem südfranzösischen Aquädukt haben auch hier die Bögen, deren Scheitel bis unmittelbar unter die Fahrbahn hinaufgezogen sind, verschiedene Spannweiten, um nicht einen der Brückenpfeiler in die Mitte des Stromes stellen zu müssen. Das führt auch hier dazu, daß die Kämpfer unter den Bögen in verschiedener Höhe liegen.

Augusteische Triumph- und Ehrenbögen

Obwohl wir aus der Überlieferung wissen, daß es seit dem Beginn des 2. Jahrhunderts v. Chr. in Rom Denkmäler in Bogenform gab, die, wie es bei Plinius heißt, dazu bestimmt waren, den, dessen Statue auf dem Bogen stand, »über alle übrigen Sterblichen zu erheben«, kann auch der sogenannte Triumphbogen als eine Schöpfung der augusteischen Zeit gelten. Von den Ehrenbögen der republikanischen Zeit sind uns nur die Reste des jüngsten von ihnen erhalten, des Bogens, der am Eingang zum Forum Romanum die Via Sacra überspannte und den Sieg des Q. Fabius Maximus über die Allobroger im Jahre 121 v. Chr. feierte. Dieser Bogen wurde um 60 v. Chr. von einem Mitglied der Familie des Geehrten erneuert. (FIG. 13) Wir dürfen mit ziemlicher Bestimmtheit annehmen, daß die ihm vorausgehenden Denkmäler in Bogenform in ihrer Erscheinung sich nicht wesentlich von diesem letzten republikanischen Triumphbogen unterschieden, ja vielleicht noch schlichter als dieser wirkten. Es waren einfache, aus Quadern errichtete Bögen, bei denen lediglich die Kämpferlinie durch ein Gesims markiert war und die auf einem Sockel, der sogenannten Attika, die Statue des durch die Errichtung des Monumentes Geehrten oder in älterer Zeit wohl auch Götterbilder trugen. Wenn diese älteren Bauten als Fornices, als Gewölbe, bezeichnet werden, so wird schon in diesem Namen etwas von der Schlichtheit des Baues spürbar. Erst die Ehrenbögen der augusteischen Zeit werden in den Quellen Arcus genannt, das heißt, man verwendet für sie das Wort, das seit der Kaiserzeit üblich ist, bisweilen mit dem Zusatz »triumphalis«. Schon in diesem Wechsel der Bezeichnung mag das zum Ausdruck kommen, was den »Triumphbogen«, der hinfort ein Denkmal zu Ehren des Kaisers oder doch eines dem Kaiserhaus angehörigen Feldherrn ist, von dem Bogen der älteren Zeit unterschieden haben muß – die besondere Monumentalität. Der allein in seinen Resten erhaltene Fornix Fabianus ist aber, verglichen mit dem Arcus triumphalis der Kaiserzeit, nicht nur von bescheidenen Ausmaßen, ihm fehlt auch das, was den Ehrenbogen der Kaiserzeit hinfort auszeichnet: die Gliederung des Baukörpers durch Säulen und Gebälk.

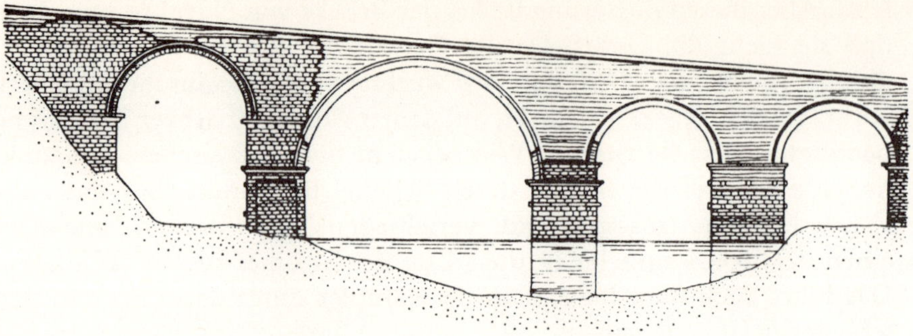

Fig. 12 – Die Brücke von Narni. Rekonstruktion des ursprünglichen Zustandes.

Der Bogen von Susa

ABB. 16

Im Jahre 8 v. Chr. errichteten die Völkerschaften der cottischen Alpen unter ihrem Gaufürsten M. L. Cottius bei Segusio, dem heutigen Susa, einen Bogen zu Ehren des Augustus über der großen Reichsstraße aus der Poebene ins Rhônetal. Wer ihn mit dem Fornix Fabianus in Rom vergleicht, empfindet ohne weiteres die entscheidende Veränderung des alten Bautypus. Vier Dreiviertelsäulen auf hohem Sockel gliedern die Kanten des Baukörpers und tragen das Gebälk, in dessen Fries das Opfer dargestellt ist, das die Alpenvölker der Gegend dem Kaiser zu Ehren veranstalteten. Auf diesem Gebälk ruht das mächtige Postament für das heute verloren gegangene Viergespann mit der Statue des Kaisers. Säulen und Gebälk rahmen an beiden Fronten die Wandfläche, in der die große Bogenöffnung auch ihrerseits eine Gliederung erhalten hat durch flache, unkannelierte Pilaster und einen sie miteinander verbindenden, zum Halbkreis sich spannenden Architrav, die Archivolte. Nur in der gemeinsamen Schwelle, auf der die Sockel der Ecksäulen und die Pilaster der Bogenleibung fußen, und in dem Punkte, wo der Scheitel der Archivolte die Unterkante des kräftig schattenden Gebälkes berührt, treten die beiden Gliederungssysteme miteinander in Verbindung. Aber das genügt, um diesem Bau die Geschlossenheit und Klarheit zu geben, die ihn zu einem der charakteristischen Vertreter der augusteischen Architektur machen. Wenn auch die ausführenden Handwerker sicher aus dem Gebiet von Susa stammten, was aus der etwas unbeholfenen Art hervorgeht, in der die Figuren des Frieses gearbeitet sind, als Bau kann das Denkmal nur von einem der großen stadtrömischen Architekten entworfen sein.

Die Augustusbogen auf dem Forum Romanum

Seit kurzem besitzen wir, wenn auch nur in der Rekonstruktionszeichnung, das Monument, das als die unmittelbare Vorstufe dieses Bogens gelten kann. Als Augustus mit dem Sieg über Marc Anton bei Actium den letzten Gegner aus dem Felde geschlagen hatte und nun am 14., 15. und 16. August 29 v. Chr. einen dreitägigen Triumph feierte, errichtete der Senat ihm zwei Ehrenbögen, einen in Brindisi, von wo er mit der Flotte ausgelaufen war, und einen am Eintritt der heiligen Straße in das Forum Romanum, neben dem Tempel für den nach seiner Ermordung zum Gott erhobenen Caesar. Den Bogen in Brindisi stellen möglicherweise kurz darauf geprägte römische Münzen dar, aus denen hervorgeht, daß dieser eine gewisse Ähnlichkeit besaß mit dem heute noch aufrecht stehenden Bogen, den ebenfalls der Senat am Ende der Via Flaminia in Rimini errichten ließ zum Dank für die Wiederherstellung der Straße nach den Bürgerkriegen durch Augustus im Jahre 27 v. Chr.

Von diesen beiden Denkmälern, in denen man noch ein gewisses Suchen nach einer endgültigen Form spürt, muß sich der Bogen am Forum Romanum dadurch unterschieden haben, daß auch er jene eindrucksvolle Klarheit besaß, die das reifaugusteische Denkmal in Susa auszeichnet. FIG. 14
Als ein altertümlicher Zug an diesem stadtrömischen Bau darf eine gewisse Schwere gelten, die dadurch entsteht, daß die Pilaster seiner Bogenleibung mit den seine Ecken gliedernden Dreiviertelsäulen auf gemeinsamem Sockel stehen. Dadurch wirkt die an sich schon breitere Bogenöffnung noch gedrungener als die sehr viel leichter sich über den schlankeren Pilastern aufwölbende Halbtonne des jüngeren Baues. Allerdings kann das Monument in Rom nur mit einer Einschränkung als die unmittelbare Vorstufe des Bogens in Susa gelten: als dieser errichtet wurde, hatte man den römischen Bau bereits wieder abgetragen. Die mächtigen Mauerpfeiler, auf denen die fast 9 m weite Tonne ruhte, drohten in dem sumpfigen Gelände des Forum Romanum auszuweichen. Als daher der Senat im Jahre 20 v. Chr. anläßlich der freiwilligen Rückgabe der römischen Feldzeichen, die einst Crassus und Marc Anton in den Kämpfen mit den Parthern an ihre Gegner verloren hatten, diesen die Macht Roms mehr als alle Siege manifestierenden politischen Erfolg durch einen Ehrenbogen für Augustus zu feiern beschloß, da bildete das auf festerem Grund wieder aufgerichtete ältere Denkmal für den Sieg bei Actium, allerdings mit weniger weit gespannter Öffnung, die Mitte dieses Monumentes, die beiderseits von niedrigeren Flügeln flankiert wurde, ädikulaartigen Gebilden, deren Giebeldächer von Statuen bekrönt wurden, wohl Parthern, die zum Viergespann mit dem Kaiser auf der Attika des Bogens die römischen Feldzeichen emporreckten. FIG. 15

Von diesem Denkmal, das auf der Rückseite einer im Jahre 16 v. Chr. geprägten Münze dargestellt ist, haben sich so viele Reste erhalten, daß eine zeichnerische Wiederherstellung möglich ist. Was ihm seinen besonderen Rang verleiht, ist nicht so sehr der architektonische Aufbau, dessen klare, fast ein wenig zu rationale Komposition als eine der bedeutendsten Schöpfungen des augusteischen Klassizismus gelten darf, als vielmehr das geistesgeschichtlich sehr aufschlußreiche Programm,

Fig. 13 – Der Fornix Fabianus auf dem Forum Romanum. Um 60 v. Chr.

Fig. 14 – Der ältere Ehrenbogen für Augustus auf dem Forum Romanum. Um 29 v. Chr.

zu dessen Träger er gemacht ist und das ihn in enge Beziehung zu dem gleichzeitig entstehenden Augustusforum stellt.

Wie in der Achse dieses Forums vor dem Tempel des Mars Ultor ein Ehrenbogen mit der Statue des Augustus in einer Quadriga sich erhob, und in den Nischen der dieses Forum einschließenden Hallen die Statuen all der Männer standen, denen von den Tagen des Romulus bis in die damalige Gegenwart Rom seine Größe verdankte, so war der Bogen am Eingang zum Forum Romanum weit mehr als ein Denkmal für Augustus allein. Ihm allerdings galt der Mittelbau, jener Bogen für den Sieg bei Actium und den dreitägigen Triumph, mit dem er die Bürgerkriege beendet hatte; wohl nicht ohne Absicht hatte man den Bogen für den Sieg über Marc Anton in das Denkmal für die freiwillige Rückgabe der von diesem verlorenen Feldzeichen an Augustus eingeschlossen. Aber diese Erfolge des Wiederherstellens der uneingeschränkten Größe Roms erschienen an diesem Bau nur als die letzte Ruhmestat der römischen Geschichte überhaupt; denn im Inneren des Bogens standen die Namen all derer, die vor dem, dessen Statue den Bogen krönte, das höchste Amt – das des Konsuls oder Diktators – innegehabt hatten. Ihre Listen, die Fasti consulares, hatte schon der Bogen für die Schlacht bei Actium getragen, wohl nicht ohne einen inneren Zusammenhang mit jenem Ereignis, das von uns zu Beginn dieses Kapitels erwähnt wurde; in dem

Fig. 15 – Der jüngere Ehrenbogen für Augustus auf dem Forum Romanum. Um 20 v. Chr.

gleichen Jahr, in dem dieser Bogen errichtet wurde, hatte der Erbe Caesars auf die Ausnahmestellung während der Bürgerkriege verzichtet und nach seiner eigenen Meinung den alten Zustand der res publica wiederhergestellt. Wenn in den Listen an dem Bau, der den triumphalen Abschluß der Bürgerkriege feierte, gerade die Namen der höchsten Beamten genannt werden, die seit dem Beginn der Republik den römischen Staat geführt hatten, dann ist das ohne Zweifel nur so zu verstehen, daß Augustus sich selbst im Jahre 27 in die Reihe derer einordnete, die als Beamte die vornehmsten Diener des Staates gewesen waren. Dieses Denkmal war gleichsam, obwohl es den feierte, der hinfort den Namen Augustus führte, das Bekenntnis zu der Wiederherstellung der res publica gewesen.

Wenn aber nun an dem Bogen für die Rückgewinnung der Feldzeichen zu den Beamtenlisten im Innern auf die Pilaster, auf denen die Archivolte fußte, die Namen all derer gesetzt waren, die seit dem ersten Siege des Romulus über die Bewohner von Caenina bis auf Augustus den Triumph gefeiert hatten, so spürt man, wie etwas sich zu wandeln beginnt. Ein Triumphator ist etwas anderes als selbst der höchste Beamte des Staates. Im Triumph ist der römische Feldherr ausgezeichnet mit den höchsten Insignien, die es im alten Rom gab, den Attributen des obersten Staatsgottes Jupiter. Wohl ruft der Staatssklave, der dem

Triumphator bei der Fahrt auf dem von vier weißen Pferden gezogenen zweirädrigen Wagen den goldenen Kranz über das Haupt hält, diesem zu »Gedenke, daß Du ein Mensch bist«. – Aber das bedeutet doch nichts anderes, als daß er im Augenblick seines Triumphes dem höchsten Staatsgott angeglichen ist. In dem Denkmal, das nur zehn Jahre nach dem Bogen für den Triumph am Ende der Bürgerkriege entstand, ist derjenige, der damals auf jede Ausnahmestellung verzichtet hatte, eingeordnet in die Reihe der Triumphatoren, und zwar als der Triumphator, der über alle vor ihm triumphiert. Hier im Jahre 17 v. Chr. zeichnet sich bereits die neue Stellung jenes Mannes ab, der seinen Namen mit dem des Caesar verband und dessen Nachfolger hinfort Caesars Namen gleich einem Ehrentitel führten. Kann der nach der Schlacht bei Actium errichtete Bogen am Forum Romanum als das letzte Denkmal der römischen Republik gelten, so ist der zehn Jahre später entstandene Bogen für die Rückgewinnung der Feldzeichen das erste Denkmal der römischen Kaiserzeit. Es wirkt fast wie ein Symbol, daß jenem älteren Denkmal der Boden zu entgleiten begann, daß man ihn aber in den neuen Bau, wenn auch in veränderter Form, eingliederte.

Die Ara Pacis

Man wird ganz im Gegensatz zur künstlerischen Hinterlassenschaft der Griechen allen großen Leistungen der römischen Kunst und insbesondere denen der augusteischen Zeit nur gerecht, wenn man ihren programmatischen Charakter in die Betrachtung miteinbezieht. Wie man das Mausoleum des Augustus, das Augustusforum oder die beiden Bögen für den Sieg bei Actium und die Rückgewinnung der Partherzeichen nur dann ganz begreift, wenn man seine Aufmerksamkeit nicht nur auf die künstlerische Form richtet, sondern zugleich auch auf das politische Programm, das die Gestaltung wesentlich mitbestimmt, so ist auch diejenige Schöpfung der augusteischen Zeit, in der das Wesen dieser Epoche wohl am klarsten ausgesprochen ist, die Ara Pacis Augustae, nur von diesem Hintergrund her zu verstehen.

ABB. 18
FIG. 16, 17

Unter den besonderen Ehrungen, die ihm während seiner Regierung erwiesen wurden, erwähnt Augustus in dem kurz vor seinem Tode den Vestalinnen übergebenen Bericht über sein Wirken, den res gestae, zwei Altäre. Der eine stand an der großen Südstraße, der Via Appia, in der Nähe des Stadttores. Man errichtete ihn im Jahre 19 v. Chr., als der Kaiser aus Syrien zurückkehrte, wo ihm damals die Parther die römi-

ABB. 17 – Blick auf die Südostecke der Ara Pacis in Rom. 13–9 v. Chr.

ABB. 18 – Ausschnitt aus dem Südfries der Ara Pacis. *Vgl. S. 78.*

17

18

19

schen Feldzeichen zurückgegeben hatten, aus dem gleichen Anlaß also, den auch der Bogen am Forum feierte. Dieser Altar, von dem sich nichts erhalten hat, war der Fortuna Redux, der die Heimkehr begünstigenden Glücksgöttin, geweiht. Alljährlich sollten auf ihm an dem Tage seiner Rückkehr die Priester und Vestalinnen ein Gedenkopfer vollziehen, das im römischen Kalender als die »Augustalia« bezeichnet wird. Den anderen Altar erbaute der Senat im Jahre 13 v. Chr. im Marsfeld nördlich der Stadt, an der nördlichen Ausfallstraße, der Via Flaminia, anläßlich der Rückkehr des Kaisers aus Spanien und Gallien. Er war der Pax Augusta geweiht, dem durch sein Wirken gesicherten Frieden. Das Opfer wurde auf ihm alljährlich durch die Magistrate, die Priester und die Vestalinnen vollzogen. Den Grundstein zu ihm legte man am 4. Juli 13 v. Chr. In der Nacht vor diesem Tage war Augustus, um allen Feierlichkeiten zu entgehen, in die Stadt eingezogen. Geweiht wurde der Altar dreieinhalb Jahre später am 30. Januar 9 v. Chr., dem Geburtstag seiner Gemahlin Livia.

Der Senat allerdings hatte zunächst einen ganz anderen Plan gehabt. Er wollte in seinem eigenen Sitzungssaal, der Curie, einen Altar für den Kaiser aufstellen; man war also selbst in Rom damals schon bereit gewesen, den Mann, der vierzehn Jahre zuvor auf jede Ausnahmestellung im Staate verzichtet hatte, gleichsam unter die Götter des Staates zu erheben. Augustus hatte sich noch einmal zu jenem Akt vom 13. Januar 27 bekannt und die ihm zugedachte Ehrung auf eine Gottheit abgewendet, die uns heute fast wie eine Allegorie anmutet. Denn der Friede, Pax, ist ja etwas, das die Götter verleihen, also Wirken der Götter, nicht aber ein göttliches Wesen.

In dem der Pax zugestellten Beinamen »Augusta« klang allerdings, jedem verständlich, der Name dessen mit, in dessen Wirken man diese göttliche Kraft spürte. Es ist bezeichnend für das Wesen dieser Gottheit, daß mit dem Altar nicht etwa ein Tempel verbunden war, in dem ein Bild der Pax stand, deren Kult in Rom überhaupt erst damals aufkam, ja daß sie als Gestalt in dem reichen plastischen Schmuck dieses Altares selbst vielleicht gar nicht in Erscheinung trat, daß vielmehr ihr Wesen die Summe all dessen war, was an diesem Bau Darstellung fand.

ABB. 19 – Die Gemma Augustea. Um 10 n. Chr. *Onyx. 19 x 23 cm. Wien, Kunsthistorisches Museum. Vgl. S. 69.*

ABB. 20 – Bildnis des Augustus aus der Kryptoportikus in Arles. 27 v. Chr. *Arles, Marmor. Höhe 42 cm. Musée archéologique. Vgl. S. 76.*

Der Altar, von dem man schon 1568 Reste gefunden hatte und dessen Fundamente 1936 freigelegt wurden, lag unmittelbar östlich der Via Flaminia in nächster Nachbarschaft der großen Sonnenuhr. Augustus hatte sie um die gleiche Zeit im nördlichen Teil des Marsfeldes schaffen lassen; als Zeiger diente ihr der 22 m hohe Obelisk Psammetichs II. aus dem Heiligtum von Heliopolis, der heute auf dem Montecitorio unweit der Markussäule steht. Sein Schatten fiel auf das mit einer bronzenen Skala versehene Marmorpflaster (Vgl. S. 168). Der rechteckige Altar der
FIG. 16 Pax Augusta stand auf einem vierstufigen Unterbau innerhalb einer annähernd quadratischen Umhegung aus Marmor, die sich gegen das tiefer liegende Marsfeld auf einem niedrigen Sockel erhob. Dieser fehlte im Osten gegen die höher gelegene Via Flaminia. Zwei Türen, eine im Osten und eine im Westen, führten in den heiligen Bezirk, in dem der marmorne Tisch so gerichtet war, daß der Priester von Westen her zu ihm hinaufstieg, um nach Osten gewendet, gegen Sonnenaufgang, das Opfer zu vollziehen, während die Festgemeinde unten im Marsfeld versammelt war. Die Schranken, die den heiligen Bezirk umhegen, ahmen, was vor allem im Inneren des Hofes deutlich wird, eine hölzerne Umzäunung nach, wie wir einer solchen schon im 5. Jahrhundert v. Chr. beim Altar der zwölf Götter auf der Agora in Athen begegnen. Über der Nachbildung eines aus Latten gefügten Gitters hängen zwischen den Pilastern, die das Gebälk tragen, an Stierschädeln befestigte Girlanden. Die Mannigfaltigkeit der in sie hineingewundenen Blumen und Früchte lehrt, daß sie nicht als eine Wiedergabe jener Gebinde anzusehen sind, mit denen man etwa am Tage der Grundsteinlegung den Platz geschmückt hatte. Wenn sich in ihnen neben Frühlingsblumen und Äpfeln, Birnen, Weintrauben, Ähren, Granatäpfeln auch Pinienzapfen finden, so kann das nur so verstanden werden, daß sie den Ertrag aller vier Jahreszeiten miteinander vereinigen, das heißt, daß sie den Segen der Pax Augusta, die Felicitas Temporum, symbolisieren.

Dem Lattengehege im Inneren entspricht auf der Außenseite ein wunderbares Geranke, das sich aus üppig wuchernden Kelchen entfaltet. Auch dieses ist in seinem Wachstum nicht eine einzige Pflanze, sondern bezeichnet in der mannigfaltigen Verbindung von Akanthus, Rosen, Efeu, Fruchtdolden, Weinlaub und Beeren etwas Ähnliches wie die Girlanden im Inneren: das unerschöpfliche Wachstum einer im Frieden frei sich entfaltenden Natur.

Über diesem Gebilde, das in Erfindung und Rhythmus zu den großartigsten ornamentalen Kompositionen überhaupt gehört, sitzen Reliefbilder: fast quadratische Tafeln im Osten und Westen zu Seiten der beiden Türen, figurenreiche Friese an den beiden geschlossenen Längsseiten. Wie in der Wandmalerei über einer Sockelzone Bilder ihren Platz

Fig. 16 – Ansicht der Ara Pacis von Nordwesten. Rekonstruktionsversuch.

haben, so sind auch sie an diesem Bau, eingefügt zwischen die Pilaster an den vier Ecken und neben den Türen, zunächst einmal als Bilder zu verstehen. Das wird nicht nur aus ihrer Anbringung deutlich, sondern auch aus dem, was in ihnen dargestellt ist. Zwar die beiden großen friesartigen Kompositionen an der Nord- und Südseite mit den feierlichen Prozessionen derjenigen, die einst dabei waren, als man den Altar an dieser Stelle gründete, könnten zu der Annahme verleiten, als zögen die Gestalten zum Opfer um den Altar herum, von Osten, von der Via Flaminia kommend zu dem Platz im Westen vor dem Bau: die Vertreter des römischen Senats auf der Nordseite, die Mitglieder des Kaiserhauses mit den hohen Magistraten und der Priesterschaft auf der Südseite. So mögen sie damals am 4. Juli 13 v. Chr. zum Marsfeld hinabgestiegen sein. Denn nur dieses Datum hätte für die Deutung der dargestellten Personen einen Sinn, da sich unter ihnen auch der Freund und Schwiegersohn des Augustus befindet, Agrippa, der bereits im Jahre nach dem Beschluß des Senats, diesen Altar zu errichten, starb.

Aber zugleich sind diese Gestalten hinaufgehoben in einen anderen, zeitlosen Zusammenhang. Sie müssen verstanden werden aus einer anderen Wirklichkeit als der des Augenblicks, in dem man sich hier zur Gründungsfeier für den Friedensaltar versammelte. Sie dürfen vor allem nicht

Fig. 17 – Die Ostfront der Ara Pacis. Rekonstruktionsversuch.

herausgelöst werden aus dem Zusammenhang mit jenen Bildern, die an gleicher Stelle wie sie über den großen Rankengebilden zu den Seiten
FIG. 17 der beiden Türen sitzen. Zur Linken der gegen die Via Flaminia liegenden Tür erscheint, gegen sie gewendet, die Mutter Erde, eine auf einem Felsen thronende Frau mit zwei Kindern auf ihrem Schoß. Zu ihren Füßen weidet friedlich das Vieh. Vom Lande und vom Meer her wehen die Winde, personifiziert durch zwei Frauengestalten, die von einem Schwan und von einem Seedrachen getragen werden. Diesem Bilde entsprach auf der anderen Seite der Tür, auf einem Waffenhaufen thronend, die Göttin Roma.

Zu beiden Seiten der vom Marsfeld in den heiligen Bezirk führenden Tür aber entsprechen diesen Tafeln zwei Bilder mit Darstellungen aus der römischen Gründungssage. In dem linken erscheint Mars, der herabblickt auf die von der Wölfin gehegten Zwillinge Romulus und Remus, im rechten der fromme Aeneas, der nach seiner Landung auf dem Boden Italiens den Göttern des Landes das erste Opfer darbringt. Zwischen das Opfer des Aeneas und das Bild mit der mütterlichen Verkörperung
ABB. 18 Italiens ordnet sich, beide verbindend, der Fries mit den Mitgliedern des julischen Geschlechts, das ja seinen Ursprung zurückführte auf Aeneas, den Sohn der Venus, zwischen die Tafel mit Mars und den Zwillingen und das Bild der Roma dagegen der Fries mit dem römischen Senatsadel, den Nachkommen des sagenhaften Gründers ihrer Stadt, Romulus.

FIG. 17 Am Altare selbst erblickte derjenige, der sich von der Via Flaminia der Ara Pacis näherte, übereinander drei Friese, zuunterst an dem auf vier Stufen ruhenden Sockel eine Reihe von ruhig stehenden Frauengestalten, von denen nur wenige Reste erhalten blieben. In ihnen darf man vielleicht die Personifikationen all der Tugenden erkennen, die zum Wesen der Pax Romana gehörten, wie Pietas, Clementia, Iustitia, Concordia und Aequitas. Den Körper des eigentlichen Altares schmückten die Gestalten der römischen Provinzen, die Stirnseite der Tischplatte schließlich als Hinweis auf das feierliche Opfer, das hier alljährlich vollzogen werden sollte, der Zug der Priester, der Vestalinnen und der Diener mit den Opfertieren.

Durch ihre Einordnung zwischen die beiden Personifikationen des Landes und der Stadt im Osten und die beiden Vorgänge aus der mythischen Vergangenheit Italiens und Roms im Westen, werden die beiden Prozessionen auf der Süd- und Nordseite über das einmalige Geschehen, das in ihnen zunächst dargestellt zu sein scheint, zu einer viel allgemeiner gehaltenen Gültigkeit erhoben. Sie sind im Ganzen nicht mehr nur Wiedergabe des feierlichen Zuges zum Gründungsopfer des Altars, sondern sind aus der Verhaftung an das einmalige historische Ereignis herausgehoben in einen geradezu mythischen Bereich, symbolisieren durch ihre Anwesenheit die entscheidenden Voraussetzungen der Pax Augusta, die Frömmigkeit und die Eintracht derer, die den römischen Staat führen.

So vereinigt sich alles, was an diesem Bauwerk erscheint, nicht nur die Gestalten, sondern auch der ornamentale Schmuck, zu einem Lobpreis des Friedens, den das Wirken desjenigen garantierte, dessen Name mit dem Namen der Pax verbunden war. Zum ersten Male in der Geschichte der römischen Kunst hebt man in der Ara Pacis die Darstellung eines historischen Geschehens auf eine höhere Ebene, indem man es deutet und seine geistigen Voraussetzungen offenbart. Was in der Dichtung dieser Zeit zur Sprache kommt, wird hier im Bilde sichtbar gemacht.

Die Gemma Augustea

Zu jenen Denkmälern der augusteischen Zeit, die künstlerisch besonders aufschlußreich sind und auch dadurch einen besonderen Rang einnehmen, daß sie sich wohl im persönlichen Besitz des Kaisers befanden, gehört ein Kameo im Kunsthistorischen Museum in Wien, ein zweifarbiger arabischer Onyx von besonderer Größe, aus dem eine Reliefdarstellung in der Weise geschnitten ist, daß die braunschwarze Unterschicht den Grund bildet, vor dem die Darstellung selbst in einer milchig-weißen, lichtdurchlässigen und daher stellenweise bläulich wirkenden Schicht steht. Daß der außerordentlich empfindliche Halbedelstein von 23 cm Breite und 19 cm Höhe sich überhaupt durch fast zweitausend Jahre seit der Ausführung des Reliefs bis in unsere Tage erhalten hat, läßt sich wohl nur so erklären, daß er bis zu dem Augenblick, in dem er in einen der mittelalterlichen Kirchenschätze gelangte, einmal zu den Kronjuwelen der römischen Kaiser gehörte. Einer der großen Conqui-

ABB. 19

stadoren der Spätantike, ein Mann etwa wie Theoderich der Große, mag ihn der Kirche geschenkt haben, wie auch andere Kameen von ähnlichem Wert, etwa der Adlerkameo im Kunsthistorischen Museum in Wien, die Grande Camée de France oder jener Kameo, der heute den Einband der Adahandschrift in Trier schmückt, nur dadurch erhalten blieben, daß sie bis zum Untergang der Antike im Besitz der römischen Kaiser waren. Bis zum Jahre 1523 befand sich der Wiener Kameo, die sogenannte Gemma Augustea, in der Abtei St. Sernin in Toulouse, dann kam er über den Besitz der französischen Könige zu Beginn des 17. Jahrhunderts in die kaiserliche Schatzkammer in Wien.

Nicht nur der hohe Wert des geschnittenen Steines, vor allem die Besonderheiten der Darstellung machen es so gut wie sicher, daß er einmal zum persönlichen Eigentum des Augustus gehörte, wenngleich es als ebenso sicher angesehen werden darf, daß nicht der Kaiser ihn in Auftrag gegeben hat, sondern daß er ihm geschenkt wurde. Denn schon nach dem Inhalt des subtil gearbeiteten Reliefs, das als eines der charakteristischsten Zeugnisse des augusteischen Klassizismus gelten kann, ist es undenkbar, daß der Kaiser selbst die Ausführung veranlaßte.

Ursprünglich muß der Stein etwas größer gewesen sein; deutlich fehlt am linken Rande des oberen Streifens eine Gestalt, wohl ein Mann, der dem vom Wagen Steigenden die Hand reicht und der nach den Resten, die zwischen den Speichen des Wagenrades sichtbar werden, mit der Toga bekleidet war. Wahrscheinlich hat man sie erst im frühen Mittelalter wegen einer Beschädigung des Steines an dieser Stelle beseitigt. Doch beeinträchtigt das Fehlen dieser Figur kaum den Eindruck der Komposition, die auch dadurch für uns von besonderem Wert ist, daß hier ein antikes Original, im Unterschied zu den meisten aus dem Altertum erhaltenen Arbeiten aus Marmor, noch seine ursprüngliche Farbigkeit besitzt. Gerade der Gegensatz zwischen der hellen Darstellung und dem dunklen Grund und die darin begründete Klarheit der Figuren ist ganz charakteristisch für den Klassizismus dieser Zeit, der in der Präzision der Kontur wohl nicht zufällig eine gewisse Verwandtschaft mit dem Klassizismus um die Wende vom 18. zum 19. Jahrhundert aufweist, mögen auch im einzelnen, vor allem im unteren Streifen, noch die hellenistischen Voraussetzungen der Komposition spürbar werden. Ihre besondere Bedeutung für die Kunstgeschichte erhält die Gemma Augustea zudem dadurch, daß sie als eines der am sichersten zu datierenden Werke der römischen Kaiserzeit gelten darf. Zum mindesten ist das dargestellte Ereignis auf den Tag genau zu bestimmen, mag die Ausführung der Arbeit auch einige Zeit in Anspruch genommen haben.

Allgemeiner gehalten und daher auch weniger aufschlußreich ist der untere Streifen, in dem römische Soldaten, unterstützt von Angehörigen der Hilfstruppen, die sich nach Eigentümlichkeiten ihrer Tracht wohl aus den Balkanvölkern rekrutierten, ein Tropaeum errichten, einen mit Waffen behängten Pfahl, zu dem sie Mitglieder der von ihnen unterworfenen Völkerschaften heranschleppen, allem Anschein nach auch sie Bewohner der Balkanhalbinsel. Ein einziges Indiz, das zunächst fast wie eine Nebensächlichkeit wirkt, gibt dieser Darstellung, die manche Kreuzaufrichtung der Renaissance und des Barock inspiriert hat, allerdings einen ganz bestimmten Sinn. Der fast wappenartig wirkende Schild trägt als Schmuck einen Skorpion, das Geburtszeichen des Tiberius. Ohne Zweifel ist er der Feldherr, dessen Sieg durch dieses Zeichen verherrlicht wird; schon nach den unverkennbaren Zügen des Gesichts zu schließen, ist er der mit dem Lorbeer bekränzte Mann in der Toga, der im oberen Streifen, ein langes Zepter in der Linken haltend, sich anschickt, von dem zweirädrigen Siegeswagen herabzusteigen. Die verlorene Gestalt links von ihm mag die Personifikation des römischen Senats gewesen sein, die mit der Toga bekleidet ihm die Hand reichte. Tiberius zugesellt ist in der Tracht des Feldherrn ein junger Mann, hinter dem sein Roß sichtbar wird. Beide wenden sich der Mitte des Bildes zu, wo zusammen mit Roma, der Göttin der Ewigen Stadt, Augustus auf einer Bank thront, auch er einem Gotte gleich. Wie der römische Jupiter ist er nur mit dem Mantel bekleidet, und Jupiters heiliger Vogel, der Adler, hockt unter seinem Thron. Zwischen ihm und Roma leuchtet am Himmel das Sternbild des Steinbocks, jenes Zeichen, das den Monat regiert, in dem ihm am 16. Januar 27 der Ehrenname Augustus verliehen war. Es war wohl auch nicht ohne Absicht damals dieser Tag gewählt worden; denn an eben diesem Tage soll ihn seine Mutter einst von Apoll empfangen haben. Und wie Jupiter in dem Tempel auf dem Kapitol einen goldenen Kranz trug, so wird auch dem Kaiser durch die Oikumene, eine Frau mit einer Mauerkrone, die die bewohnte Erde verkörpert, ein Kranz über das Haupt gehalten. An seinen Thron lehnt sich eine Frau, die Personifikation Italiens, als solche ausgewiesen durch das Amulett, das sie an einem Bande um den Hals trägt, die Bulla. Nur über die Benennung des bärtigen Mannes, der hinter ihr steht, kann man im Zweifel sein, da das Attribut, das er einst in seiner Linken hielt, einer späteren Überarbeitung zum Opfer gefallen ist. War es, wie man vermutet, ein Steuerruder, so wäre in ihm wohl Okeanos, der Herr des Weltenstromes, zu erkennen, dessen Fluten die bewohnten Gefilde umfließen.

Ein seltsames Gemisch also von historischem Geschehen und allegorischer Anspielung, beziehungsreich wie ein höfisches Gedicht, voll von Gestalten und Symbolen, die seit langem im hellenistischen Osten geläufig waren, die aber hier zum ersten Male in einem Werk der römi-

schen Kunst auftauchen. Denn wir kennen aus Rom zuvor nichts, was dieser Darstellung irgendwie vergleichbar wäre, während sich im Osten, in den Residenzen der Diadochen, der Nachfolger Alexanders des Großen, unschwer Vorstufen und Voraussetzungen nachweisen ließen. Sicher ist dieser Kameo auch nicht in Rom selbst entstanden. Vielleicht wurde er in Alexandria gearbeitet, wohin ihn manche Eigentümlichkeit verweist. Gleichwohl saß der Auftraggeber, wer immer er gewesen sein mag, kaum in Ägypten. Zu vieles läßt darauf schließen, daß man das Programm dieses kostbaren Geschenks an den Kaiser wenn nicht in Rom, so doch in Italien entworfen hat.
Dargestellt ist, wenn auch in allegorisierendem Gewande, ein ganz bestimmter Vorgang der römischen Geschichte, den so nur jemand gestalten konnte, der mit den Ereignissen vertraut war, die sich damals in Rom abgespielt hatten. Im Jahre 9 n. Chr. hatte C. Nero Tiberius, der Sohn der Livia aus ihrer ersten Ehe mit dem römischen Ritter T. Claudius Nero, nach hartem dreijährigen Krieg zusammen mit seinem Neffen Germanicus, der in dem jugendlichen Feldherrn mit dem Roß zu erkennen ist, einen Aufstand der Bewohner von Dalmatien niedergeschlagen und damit Istrien und Norditalien aus einer zeitweilig sehr gefährlichen Situation befreit. Schon war der Triumph für den Mann beschlossen, der immer dann zur Stelle war, wenn es galt, eine dem Reiche drohende Gefahr zu bannen, da kam plötzlich die Nachricht von der Niederlage des Quintilius Varus im Teutoburger Wald. Drei der besten römischen Legionen waren durch die Germanen vernichtet. Der einzige, der eine noch größere Katastrophe verhindern konnte, war der Reichsfeldherr Tiberius, den Augustus erst adoptiert und damit zum Nachfolger bestimmt hatte, nachdem alle anderen, auf die zuvor seine Wahl gefallen war, gestorben waren. Unter dem Eindruck der Unglücksbotschaft verzichtet Tiberius auf die Durchführung des ihm für seine Erfolge in Dalmatien zuerkannten Triumphes. Nur für wenige Tage kommt er in die Hauptstadt, in die ihn zwei Pflichten rufen. Am 16. Januar des Jahres 10, das heißt, an dem gleichen Tage, an dem vor 37 Jahren dem Erben Caesars der Ehrenname des Augustus verliehen worden war, weiht er am Forum Romanum den Tempel der Concordia Augusta, der kaiserlichen Eintracht, und am Tage darauf einen Altar dem Numen des Augustus, der göttlichen Gewalt, die man in demjenigen spürte, der dem neuen Rom Gestalt und Bestand gegeben hatte. Dann eilt Tiberius nordwärts, um die Ordnung am Rhein wiederherzustellen. Wenn er damals auch nicht triumphierte, so hatte man ihm doch als besondere Ehrung das Recht zugebilligt, in der Tracht des Triumphators, in der goldgestickten Toga mit dem Kranze auf dem Haupt, Rom zu betreten, so wie er auf der Gemma Augustea von dem Siegeswagen herabsteigt,

den Victoria selbst, ungeduldig sich umblickend und die Peitsche schwenkend, zu neuen Schlachten lenken wird.

Es ist ein neuer Augustus, der in der Gemma Augustea in Erscheinung tritt. Es ist nicht mehr derjenige, der zu Beginn seiner Laufbahn auf alle ihm eingeräumten Sonderrechte verzichtet hatte, auch nicht mehr der, der durch den Ehrenbogen des Jahres 20 v. Chr. am Forum Romanum oder das ikonographische Programm des Augustusforums mehr als jeder vor ihm der Triumphator schlechthin ist, geschweige denn jener, der zu der Zeit, als man die Ara Pacis errichtete, es verhindert hatte, daß man ihm wie einem der Götter des Staates einen Altar aufstellte. Zwar war auch am 17. Januar des Jahres 10 n. Chr. nicht ihm, sondern seinem Numen der Altar geweiht worden. Sicher war auch die Darstellung auf der Gemma Augustea, die ihn einem Gotte gleich neben Roma thronen läßt, nicht von ihm in Auftrag gegeben, obwohl er schon längst im Osten, aber auch in den Provinzen des lateinischen Westens, ja selbst in Italien zusammen mit Roma göttliche Ehren genoß. Wäre er der Auftraggeber, dann wäre der noch einmal kurz vor seinem Tode von ihm redigierte Rechenschaftsbericht unglaubwürdig, und sein letzter Satz, in dem er mit klaren Worten seine Stellung in der durch ihn neu geordneten Welt fixiert hatte, wäre ein Widerspruch in sich. Aber wer außer ihm selbst erkannte noch die Grenze zwischen dem Menschen und dem Gott?

Dazu allerdings, daß dieser Mann, in dessen Wesen jeder, der ihm begegnete, das Wirken einer höheren Macht empfand, auch in Rom unter die Götter erhoben wurde wie im Osten die hellenistischen Könige, ist es zu seinen Lebzeiten nicht mehr gekommen. Erst unmittelbar nach seinem Tode tritt er auch in Rom selbst, das ihn wiederholt unter seine Götter hatte aufnehmen wollen – ein Begehren, dem er ebenso beharrlich ausgewichen war –, in den Kreis derer, die man als die Götter des Staates verehrte.

Das Augustusbildnis

Es fällt uns heute schwer, des Menschen Augustus habhaft zu werden. Zwei Jahrtausende trennen uns von dem Augenblick, an dem er drei Tage nach seinem Tode durch den Beschluß des Senats zum Gott erhoben wurde und nun als der »Divus Augustus« sein Wesen so entscheidend änderte, daß er hinfort nur noch von diesem neuen Zustand seiner Göttlichkeit her in Literatur und Kunst zur Darstellung gelangt. War er in Wirklichkeit der, der in der Stunde seines Todes wie ein Schauspieler, der von der Bühne abtritt, seine Freunde scherzend gefragt haben soll, ob er die Komödie seines Lebens gut gespielt habe?

Zweifellos hat sein Wirken, von dem über ein halbes Jahrhundert die entscheidenden Impulse ausgingen, das Gesicht der antiken Welt grundlegend verändert. Bei seinem Tode ist das, was wir als römisches Kaisertum bezeichnen, eine Realität, die für Jahrhunderte gültig ist.

Der Augustus von Primaporta

ABB. 5

Unmittelbar nach seinem Tode muß die Statue entstanden sein, in der wir, da sie aus dem engsten Bereich des Kaiserhauses stammt, das erste Bildnis des neuen Gottes besitzen. Man fand sie 1863 in der Nähe des Ortes Primaporta im Bereich der Villa, die die Gemahlin des Augustus von ihrem Vater geerbt hatte. Zu dem, was über den allgemeinen Charakter der Figur in der Einleitung gesagt wurde, wäre hier noch das Besondere ihrer Stellung unter den Augustusbildnissen ins Auge zu fassen. Die Barfüßigkeit der Gestalt in kurzer Tunika und reliefgeschmücktem Panzer wie die Zufügung der Attribute seiner göttlichen Abkunft – der Eros auf dem Delphin, der eine Baumstütze verdeckt – sind die untrüglichen äußeren Kennzeichen des neuen Ranges, in den man Augustus erhoben hat. Es ist wohl auch kein Zufall, daß die Statue aus einer Villa der Livia stammt, die der Senat in der Sitzung, in der die Ehren für den Toten beschlossen wurden, zu der Priesterin des neuen Gottes gemacht hatte. In dieser Villa war zudem einst etwas wie ein Wunder geschehen. Als Livia im ersten Jahre ihrer Ehe mit Augustus sich dort aufhielt, hatte ein Adler das Gebiet überflogen und aus seinen Klauen seine Beute, ein weißes Huhn, fallen lassen, dessen die junge Frau sich angenommen hatte. Dieses Huhn hatte in seinem Schnabel einen Lorbeerzweig gehalten. Auf Befragen der Orakelpriester, der Haruspices, hatte man das Huhn aufgezogen, von dessen Nachkommenschaft die Villa im Volksmund den Namen »ad Gallinas Albas« führte. Den Lorbeerzweig hatte man auf Geheiß der Haruspices im Garten der Villa eingepflanzt. Von dem aus diesem Schößling aufsprießenden Strauch hatte Augustus selbst den Lorbeer gebrochen, als er im Jahre 29 v. Chr. den dreitägigen Triumph feierte, und hinfort holten sich die Triumphatoren, die Prinzen und Kaiser, in der Villa von Primaporta vom gleichen Strauch die Zweige, die sie bei der feierlichen Prozession zum Kapitol in den Händen hielten, um sie nachher in der Kaiservilla in den Boden zu senken. So war dort im Laufe der Jahre ein kleiner Lorbeerhain entstanden.

Es mag sein, daß Livia an der Legendenbildung selbst mitbeteiligt war, hatte sie doch auch den Zeugen reichlich belohnt, der bekundete, aus der Flamme des Scheiterhaufens, auf dem man den Leichnam des Augustus im Jahre 14 n. Chr. verbrannte, sei ein Adler aufgestiegen. Es mochte im eigenen Interesse der ebenso bedeutenden wie ehrgeizigen Frau gelegen haben, wenn sie sich dieses wunderbaren Ereignisses vor einem halben Jahrhundert erinnerte und nun da draußen in der Villa am Tiber in der Nachbarschaft des bedeutungsvollen Lorbeerstrauchs diese Statue des Divus Augustus aufstellen ließ.

Man hat allerdings aus den Reliefdarstellungen auf dem Panzer schließen wollen, die Figur sei, wenn nicht wesentlich früher entstanden, so doch eine Kopie nach einem etwa dreißig Jahre älteren Vorbild. Denn die Mitte des Reliefs nimmt eine Darstellung jenes Vorganges ein, der auch durch den Bogen auf dem Forum aus dem Jahre 20 v. Chr. verherrlicht wurde: die damals erfolgte Rückgabe der einst von den Parthern erbeuteten römischen Feldzeichen an Augustus. Aber diesem Ereignis, das auch Augustus in seinem Rechenschaftsbericht besonders hervorhebt, maß man einen ganz anderen Rang zu, als wir es täten, wenn wir es zur Datierung der Statue aus der Villa von Primaporta in die Zeit des Bogens auf dem Forum heranziehen würden. Das, was man in der freiwilligen Rückgabe der Feldzeichen empfand, hatte eine viel allgemeinere Bedeutung. Man sah in ihr die uneingeschränkte Stellung Roms, dessen Macht selbst von seinen Gegnern anerkannt wurde. Noch etwas anderes aber mag mitgespielt haben, daß man in die Mitte des Panzers der Statue von Primaporta gerade diesen Vorgang setzte. Tiberius, den der Senat jetzt bat, den Platz des Augustus einzunehmen, erklärte sich erst nach langem Zaudern dazu bereit, indem er betonte, er könne nur Stellvertreter, nicht Nachfolger sein; zum ersten Male aber hatte er im Jahre 20 v. Chr. als Stellvertreter des Augustus gehandelt: ihn hatte damals Augustus beauftragt, in seinem Namen die Feldzeichen in Empfang zu nehmen.

Man könnte die Statue von Primaporta mit einem gewissen Recht als das letzte bedeutende Denkmal des augusteischen Klassizismus bezeichnen. Klassizistisch ist sie schon darin, daß ihr ein Werk der griechischen Klassik als Vorbild diente. Doch wählte man den Speerträger des Polyklet nicht nur wegen seines vollkommenen körperlichen Ebenmaßes als Richtschnur. Der Doryphoros scheint niemand anderen als die großartigste Gestalt der Ilias dargestellt zu haben, Achill. Ihm ist die Erscheinung des neuen Gottes in der Statue von Primaporta wohl vor allem deswegen angeglichen, weil man in Augustus auch eine innere Beziehung zu dem griechischen Heros empfand. Wie jener nicht nur in seiner körperlichen Schönheit, sondern in seinem Wesen die Helden von Troja übertraf, so hatte Augustus schon zu seinen Lebzeiten als der »Princeps omnium«, der Erste unter allen, gegolten. Immer wieder wird man beobachten, daß gerade der augusteische Klassizismus etwas ganz anderes ist als eine durch das eigene schöpferische Unvermögen bedingte bloße Nachahmung schöpferischer Form. Man bediente sich klassischer Vorbilder, weil man in ihnen, abgesehen von ihrer formalen Vollkommenheit, eine innere Haltung spürte, die man als allgemein gültig empfand.

Das Münzbildnis

Schon in seinen Anfängen, in den Jahren nach der Schlacht bei Actium, läßt Augustus, wie bereits erwähnt wurde, auf die damals von Künstlern des griechischen Ostens gearbeiteten Münzen sein Bildnis setzen, das gegenüber allem, was uns bis dahin auf römischen Münzen begegnet,

FIG. 46 einen geradezu radikalen Bruch mit der Vergangenheit bedeutet. Noch glüht in diesen Bildnissen das hellenistische Pathos, aber es wird gebändigt durch den neuen Adel der Form. Man will nicht mehr nur den Menschen abbilden, sondern denjenigen, den man in diesen Münzen darstellt, auch in seinem inneren Rang erscheinen lassen.

Der Augustuskopf in Arles

Aus der gleichen Spannung von späthellenistischem Pathos und neuer Form erhalten auch die frühesten plastischen Bildnisse des Augustus ihre besondere Prägung, so ein Kopf, der wohl kurz nach dem Ereignis geschaffen wurde, das dieser Epoche überhaupt ihren Namen gegeben hat, der Verleihung des Ehrennamens Augustus an Octavian, den Rächer des Caesarmordes und den Wiederhersteller der staatlichen Ordnung. Man ABB. 20 fand den Kopf zusammen mit einer marmornen Nachbildung des goldenen Schildes, den man damals dem Fünfunddreißigjährigen zu Ehren in der römischen Curie aufgehängt hatte, in den Gewölben, die unter den das Forum von Arles rings umgebenden Hallen lagen. Allem Anschein nach stammen Schild und Bildnis aus einem am Forum von Arles gelegenen Sacrarium für den Princeps, der sich von 27 bis 25 v. Chr. in Spanien und der Gallia Narbonensis aufhielt. Die beiden Komponenten, die das künstlerische Bild dieser Zeit bestimmen, der späte Hellenismus mit seinem Pathos und die es bändigende Form, bestimmen auch den Kopf aus Arles. Vergleicht man ihn mit dem der Statue von Primaporta und dem Bronzekopf in der vatikanischen Bibliothek, die beide etwa vierzig Jahre später entstanden, so wird einem deutlich, daß der Hellenismus mit seiner inneren Unruhe und der Klassizismus in ihm noch nicht miteinander verschmolzen sind. Das gibt ihm, wie allen Bildnissen dieser Zeit, die Spannung zwischen Leidenschaft und Energie. In den späteren Köpfen ist dieses Nebeneinander und manchmal auch Gegeneinander der beiden Kräfte einer klaren und beruhigten Harmonie gewichen, die sie einheitlicher und geschlossener wirken lassen, so als sei jene Unruhe und Unausgeglichenheit der Frühzeit nun überwunden. Auch hier bedeutet das Erreichte zugleich Verlust, die Gefahr einer Verhärtung und eines Gefrierens der Form durch eine allzu bewußte Zügelung. Was im augusteischen Klassizismus an Möglichkeiten zu einer wirklichen Klassik vorhanden ist, etwa in den frühen Münzbildnissen, aber auch in den Reliefs der Ara Pacis, droht im Formalen zu erstarren, im eigentlichen Sinne klassizistisch zu werden.

TIBERIUS JULIUS CAESAR AUGUSTUS
14–37 n. Chr.

Das Suovetaurilien-Relief in Paris

ABB. SEITE 79

Wenn die Entstehung der Augustusstatue aus der Villa von Primaporta eigentlich schon in die Zeit seines Nachfolgers Tiberius fällt und daher zu Unrecht gemeinhin als ein besonders charakteristisches Werk der augusteischen Kunst angesehen wird, gehört das bedeutendste historische Relief, das aus der Zeit des Tiberius erhalten blieb, dagegen nach seinem Vorwurf noch in die letzte Lebenszeit des ersten Princeps, mag es auch erst nach seinem Tode entstanden sein. Die fast zwei Meter lange Platte, die sich jetzt im Louvre befindet, muß von einem Denkmal stammen, am wahrscheinlichsten wohl einem Altar, das mindestens die doppelte Breite besaß. Am linken Ende der Platte ist die Darstellung bis auf den fehlenden Teil des Stieres wohl vollständig erhalten, nach rechts dagegen muß sie um eine Platte mit annähernd den gleichen Ausmaßen ergänzt werden, auf der sich der gleiche Vorgang wie auf der erhaltenen Platte spiegelbildlich wiederholt zu haben scheint.

Den beiden Altären, die, mit Girlanden behängt, vor zwei Lorbeerbäumen aufgestellt sind, nahen sich in feierlicher Prozession von beiden Seiten Priester und Opferdiener mit Eber, Widder und Stier. Deutlich wird gerade noch am rechten Rande der nur teilweise erhaltenen Platte, daß hier ein Musikant stand, der das feierliche Voropfer, das eine hohe Gestalt in priesterlicher Toga mit verhülltem Haupt am linken Altar vollzieht, mit dem Spiel der Doppelflöte begleitete, während der Priester gleichzeitig die Gebete spricht, deren Text auf dem Diptychon aufgezeichnet ist, das ihm ein Diener hinhält. Der Blick des Togatus, der jetzt ins Leere geht, war einst auf denjenigen gerichtet, der die von der anderen Seite zum zweiten Altar heranziehende Prozession anführte. Zweimal wurde also das gleiche Opfer von zwei Priestern auf zwei Altären vor zwei Lorbeerbäumen vollzogen, ein sehr eigenartiger Vorgang. Da die Schlachtung von Eber, Widder und Rind, die sogenannten Suovetaurilien, die dem Mars dargebracht wurden, das höchste Sühneopfer war, und da das Relief nach seinem Stil nur in der ersten Hälfte des 1. Jahrhunderts n. Chr. entstanden sein kann, muß in dem Priester, dessen Kopf zum größten Teil leider modern ergänzt ist, ein Kaiser dargestellt sein. Mit einem anderen zusammen hat er dieses Opfer vollzogen. Dieser andere war ihm im Range wohl gleich, am ehesten also ein zweiter Kaiser. Das führt zur Deutung und zugleich auch zur Datierung des seltsamen Opfers, das sicher in Rom stattgefunden hat, wo das Relief zuerst im 16. Jahrhundert nachweisbar ist. Dort gab es am Zugang zum Forum Romanum neben der Regia, dem Sitz des obersten Priesters, ein Heiligtum des Mars, in dem die Lanzen des Kriegsgottes aufbewahrt wurden, deren Klirren man als Weissagung auslegte, und neben dem Schrein standen zwei Lorbeerbäume. Mars ist aber auch jene Gottheit, der die großen Sühneopfer galten, die man zu gewissen Zeiten darzubringen pflegte, vor allem als Abschluß des Census, der allgemeinen Volkszählung und Schatzung der römischen Bürgerschaft. Im Mai des Jahres 14 n. Chr., nur drei Monate vor seinem Tode, hatte Augustus zusammen mit Tiberius, den er kurz zuvor zum Mitregenten erhoben hatte, den Census veranstaltet und nach altem Brauch mit dem herkömmlichen Sühneopfer abgeschlossen. Dieser Akt stand in engster Verbindung mit der vierzigjährigen Wiederkehr des Tages, an dem man ihm den Namen des Augustus verliehen hatte, der hinfort seine neue Würde bezeichnete. Es war die letzte Amtshandlung gewesen, die er in seinem Tatenbericht erwähnt, und eben zum Andenken an dieses Opfer schuf man wohl sehr bald nach seinem Tode das Denkmal, zu dem das Relief im Louvre gehört.

Es ist sehr aufschlußreich für die künstlerische Situation zu Beginn der Regierungszeit des Tiberius, diese Darstellung mit einem Ausschnitt aus den Prozessionsfriesen der etwa fünfundzwanzig Jahre älteren Ara Pacis zu vergleichen. Die Figuren haben weniger Substanz, die Körper scheinen sich unter flimmerig fließenden Falten aufzulösen, die Köpfe, vor allem der Gestalten, die sich in der tiefsten Reliefschicht befinden, sind nur noch wie Zeichnungen dem Grunde aufgetragen. Zu einer dünnen Reihe von Blättern, die fast zu zerfallen droht, sind die Girlanden über den Altären abgemagert. Nicht mehr die plastische Substanz, sondern die Linie bestimmt den Eindruck der Komposition, ohne daß sie sich zu einer klaren Kontur entwickelt. Vielmehr wirkt sie unruhig und zerbrechlich, und jede Beschädigung des Steins trübt und verletzt die Form, da sie bei dem Mangel an plastischer Substanz die Lücken nicht zu schließen vermag. Bei aller Kultiviertheit der Darstellungsweise spürt man ein Schwinden der schöpferischen Kraft, Kennzeichen eines Manierismus, der in der gleichzeitigen Porträtkunst, vor allem im Bildnis des Tiberius selbst, seine deutlichen Parallelen hat, ja, der eigentlich ganz allgemein die künstlerische Situation dieser Zeit bestimmt zu haben scheint.

ABB. 18

Die Malereien im Haus des Lucretius Fronto in Pompeji

ABB. 21, 27

ABB. 9

Am deutlichsten ist diese Veränderung vielleicht in der Wandmalerei dieser Zeit. Etwa um 30 n. Chr. ließ ein gewisser Marcus Lucretius Fronto sein Haus in Pompeji ausmalen. Vergleicht man einmal die Wand in einem der Zimmer seines Hauses mit der Art, wie etwa zwei Generationen früher in dem Hause des Augustus auf dem Palatin in Rom die Wände bemalt wurden, so offenbart sich das Neue mit unmißverständlicher Eindringlichkeit. Das System der Wandgliederung ist an sich das gleiche. Wie dort ist auch hier die Wand auf eine Mittel-

Reliefplatte mit der Darstellung eines Lustrums aus Rom. 2. Jahrzehnt des 1. Jahrhunderts n. Chr.
Marmor. Höhe 0,80 m, Länge 1,98 m. Paris, Louvre. Vgl. S. 77

achse hin geordnet. Auf sie sind vor allem im oberen Teil die Linien der Komposition bezogen. Doch im Hause des Augustus öffneten sich die Wände in diesem Bereich mit großen rechteckigen Ausschnitten zu den beiden Seiten auf hintergründige Räume, und die Säulen unter Gebälkverkröpfungen und auf vorspringenden Sockeln schienen einem entgegen zu treten, so daß sich die Wand in eine eigenartig vielschichtige Kulisse verwandelte und als Grenze des Raumes unfaßbar wurde, mag auch die Perspektive nicht überall konsequent durchkonstruiert sein. Im Hause des Fronto dagegen sind, obwohl sich auch hier Durchblicke und Säulenvorlagen wiederholen, die Wände den Raum klar bestimmende Flächen. Den Perspektiven fehlt alle Tiefe, den Säulen das Volumen. Sie sind zu einem dünnen, formelhaften Gestänge abgemagert, treten an keiner Stelle als plastisch wirkende Gebilde aus der Fläche, auf die sie gesetzt sind, vor, erschließen aber ebensowenig Raumtiefe. Am deutlichsten wird das vielleicht in den Partien zu Seiten des Mittelfeldes, in denen über gegiebelten, türartigen Feldern eine halbrund zurückschwingende Säulenstellung sichtbar wird. Doch die Abstände der hier erscheinenden Säulchen sind entgegen der Bedeutung der Kurve des auf ihnen ruhenden Gebälkes vollkommen gleichbleibend wie bei einem planen Gitter. Kann man bei dem großen Mittelbild im Hause des Augustus zweifeln, ob es sich um einen Ausblick handelt oder um ein Bild, so wirkt auch dieses im Hause des Fronto nicht als Durchblick, sondern als Teil der Wand. Zu einem mit einem Rahmen versehenen quadratischen Feld zusammenschrumpfend paßt es sich der Fläche ein. Und ebenso hat sich die Farbigkeit verwandelt. Dem Kontrast der hellen Architekturglieder gegenüber der tiefschwarzen Wand fehlen alle Zwischentöne.

Die Tiberiusvilla auf Capri

Da kein Bau aus der Regierungszeit des Tiberius, der nach Sueton auch kaum größere Bauten in Rom errichtet haben soll, heute soweit aufrechtsteht, daß wir mehr als die allgemeinste Anordnung seiner Räume erkennen können, ist es schwer zu entscheiden, ob auch in der Architektur sich ähnliche Erscheinungsformen eines manieristischen Klassizismus fanden, wie wir sie in der Plastik und der Malerei feststellen können. Von dem großen Palast, den der Nachfolger des Augustus in der Ostecke des Palatin bald nach seinem Regierungsantritt zu errichten begann, sind nur die eindrucksvollen Substruktionen erhalten. Aber sie lassen keine Schlüsse auf die Verteilung und die Gestalt der über ihnen liegenden Gemächer zu. Doch schon die Tatsache, daß Tiberius nicht in dem bescheidenen Haus seines Vorgängers wohnte, sondern sich eine Residenz von monumentalen Ausmaßen schuf, läßt ahnen, daß bereits in diesem Augenblick die Entwicklung zu jener repräsentativen Absonderung des Princeps aus seiner Umgebung einsetzte, die in der Folge so charakteristisch für das römische Kaisertum werden sollte. Man muß sich allerdings hüten, all den Klatsch zu glauben, mit dem später Biographen und Historiker das Bild dieses Mannes verzerrt haben. Sicher war der Fünfundfünfzigjährige von anderer Art als Augustus. Äußerste Gewissenhaftigkeit paarte sich in ihm mit Resignation, Einsamkeit mit Skepsis. Bis zum letzten Augenblick hatte zudem Augustus gezögert, ihn, der immer wieder dann, wenn irgendwo an den Grenzen Schwierigkeiten entstanden, zur Stelle gewesen war, als seinen Nachfolger zu bezeichnen, ja über das Grab hinaus hatte der Tote ihn zurückgesetzt hinter andere.
FIG. 18 So hatte er in seinem Testament Livia, seine Gemahlin und die Mutter des Tiberius, in das Geschlecht der Julier adoptiert und ihr gleichzeitig den Ehrennamen, den er selbst getragen hatte, verliehen. Zwar war sie als Julia Augusta nicht im eigentlichen Sinne Kaiserin, aber sicher war es durch diese Ehrung ihrem von Natur schwierigen Sohn nicht einfach gemacht, sich neben seiner Mutter und der Witwe des großen Toten, den man unter die Götter des Staates erhoben hatte, zu behaupten, ohne

ABB. 21 – Wandmalerei des sog. 3. Stils im Hause des M. Lucretius Fronto in Pompeji. Um 30 n. Chr. *Vgl. S. 78.*

ABB. 22 – Ausschnitt aus dem Fries der Basilica Aemilia in Rom: Die Bestrafung der Tarpeia. Um 22 n. Chr. *Höhe 60 cm. Marmor. Rom, Museo del Foro. Vgl. S. 87.*

ABB. 23 – Die Apotheose des Augustus. Um 40 n. Chr. *Marmor. Höhe 1,04 m. Ravenna, Museo di San Vitale. Vgl. S. 88.*

21

22

23

24

25

daß immer wieder Spannungen entstanden. Schließlich war die Situation so schwierig geworden, daß sich der Kaiser im Jahre 27 n. Chr. ganz aus Rom zurückzog, ein Entschluß, zu dem ihn auch Intrigen in seiner nächsten Umgebung veranlaßten. Das Zerwürfnis mit der Mutter und die Abneigung gegenüber dem Getriebe der Hauptstadt müssen so tief gewesen sein, daß er auch, als Livia zwei Jahre nach seiner Flucht starb, nicht in Rom erschien, sondern, bereits im Weichbild der Stadt angelangt, umkehrte, um sich von neuem in seine Villa auf Capri zurückzuziehen, wo er im Jahre 37 starb, ohne Rom wiedergesehen zu haben. FIG. 18

Leider sind auch von dieser Villa, die sicher die wichtigsten Aufschlüsse über die künstlerische Situation der Zeit geben könnte, ausschließlich die Fundamente und Kellerbauten erhalten, die nur mit großen Einschränkungen als Unterlagen für eine Rekonstruktion dienen können. Aber schon der Platz, den sich Tiberius für diese Villa wählte, kennzeichnet den Charakter des Mannes, der trotz seiner Abwesenheit von der Hauptstadt sicher als der eigentliche Repräsentant seiner Zeit gelten darf. Wenn Augustus für seine gelegentlichen Sommeraufenthalte auf der Insel im Golf von Neapel einen an einer friedlichen Bucht gelegenen Landsitz bevorzugte, leicht zugänglich, mit großen Gärten und weit verstreuten Bauten, so liegt die Villa des Tiberius auf der nur über einen steilen Pfad erreichbaren Kuppe eines Felsens, ganz herangerückt an einen jähen Absturz zum Meer von über 300 m Tiefe, überwältigend wohl in ihrer Lage mit dem weiten Blick ostwärts über den Golf von Neapel auf die Städte an den Hängen des Vesuv, aber unheimlich fast, wenn man sich eingehender in ihren Plan vertieft.

Ein fast quadratischer Hof, in dessen Unterbauten die Zisternen liegen, die das Wasser von den Dächern der ihn umgebenden Bauten sammeln, bildet die Mitte der Anlage. Im Süden und Westen, dem Bereich, der dem zur Villa hinaufführenden Pfad am nächsten liegt, befanden sich die eigentlichen Wirtschaftsräume, die man versorgen konnte, ohne den Palast selbst zu betreten. Die Küche trat vor den Westtrakt nach Westen vor, damit ihre Dünste die Bewohner des Palastes nicht belästigten. Die Südseite des Hofes nahmen die Thermen ein, so daß das Licht der Sonne durch die sicher einst vorhandenen großen Fenster in ihre Räume fallen konnte. In den Räumen auf der Nord- und

ABB. 24 – Ausschnitt aus der Opferprozession von der Nebenseite der Apotheose des Augustus. Um 40 n. Chr. *Marmor. Breite etwa 0,30 m. Ravenna, Museo di San Vitale. Vgl. S. 89.*

ABB. 25 – Die Porta Maggiore in Rom mit dem Grabmal des Bäckers Eurysaces. Um die Mitte des 1. Jahrhunderts n. Chr. *Vgl. S. 90.*

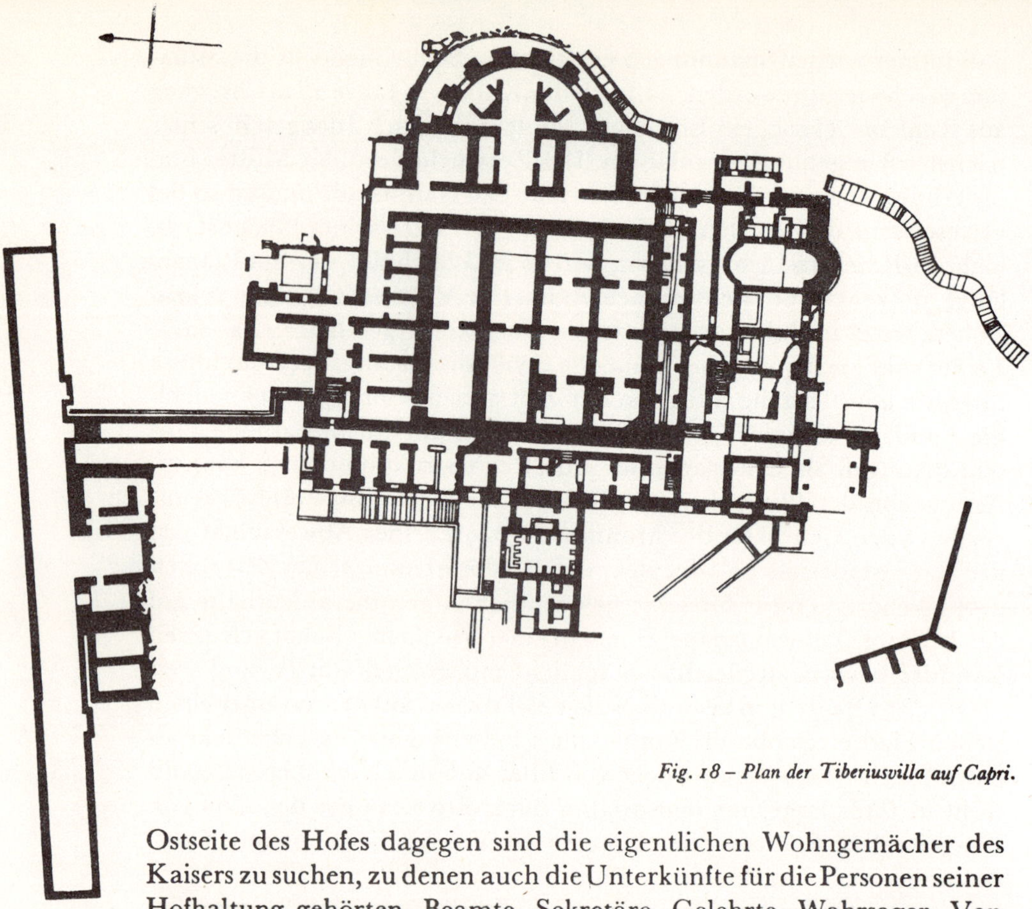

Fig. 18 – Plan der Tiberiusvilla auf Capri.

Ostseite des Hofes dagegen sind die eigentlichen Wohngemächer des Kaisers zu suchen, zu denen auch die Unterkünfte für die Personen seiner Hofhaltung gehörten, Beamte, Sekretäre, Gelehrte, Wahrsager. Von diesen Räumen ordneten sich die auf der Ostseite zu einem Halbkreis hinter einem gegen das Meer vortretenden Umgang mit großen Fenstern. Die Mittelachse nimmt ein geräumiger, langgestreckter Saal ein, der von einer Porticus auf der Ostseite des Hofes betreten werden konnte. In den quadratischen Sälen, die ihn flankieren und denen je ein schmaler rechteckiger Raum vorgelagert ist, wird man vielleicht Bibliotheken erkennen dürfen, von denen die eine für die griechischen, die andere für die lateinischen Autoren bestimmt war. Gelesen wurden die Rollen wohl in den beiden rechteckigen Alkoven für die Ruhebetten, die in den Diagonalen nach Nordosten und Südosten je ein großes, auf das Meer hinausgehendes Fenster besaßen. War schon dieser Trakt den von außen Kommenden nur durch die Hallen auf der West- und Südseite des Hofes oder durch enge Korridore erreichbar, zu denen man vom sicher streng bewachten Eingangsbau in der Südwestecke nur durch einen schmalen Gang gelangte, so waren die Privatgemächer des Kaisers auf der Nordseite des Palastes geradezu labyrinthartig verborgen. Erst durch mehrfach gewinkelte Korridore gelangte man in die aus dem Komplex vortretende Gruppe von Zimmern, von denen eines als Schlafgemach diente. Aber als sei der menschenscheue Monarch auch hier noch durch die Nachbarschaft des Hofgesindes zu sehr gestört, gab es etwa 50 m weiter nördlich auf einer tiefer gelegenen und nur durch einen langen Korridor erreichbaren Terrasse noch einen vom Palast völlig isolierten Wohntrakt mit einigen Zimmern, die sich um einen Speisesaal gruppierten. Eine Terrasse von 93 m Länge gestattete es dem Bewohner, hier zu promenieren oder von den in zwei Exedren sich befindenden Ruhebetten den Blick nach Norden auf den Golf von Neapel und die Insel Ischia zu genießen.

Was einem beim näheren Studium der ganzen Anlage erst allmählich offenbar wird, ist die Tatsache, daß die eigentlichen Wohnräume der Villa dem ihre Mitte bildenden Hof in einer seltsamen Weise abgewandt sind, ja diese Mitte geradezu fliehen. Trotz der scheinbar klaren Ordnung des Ganzen vermißt man die Herausbildung einer Achse, beobachtet vielmehr eine Abkehr der kaiserlichen Zimmer von dem architektonisch gegebenen Kern, eine bewußte Isolierung der einzelnen Räume; es ist so, als habe ihr Bewohner nur den einen Wunsch gehabt, den für die Hofhaltung notwendigen und für einen geregelten Betrieb geschaffenen Kern mit einer Reihe von Einsiedeleien zu umgeben.

Der Fries der Basilica Aemilia in Rom

Der Klassizismus, der, wie es scheint, vor allem die stadtrömische Kunst zur Zeit des Tiberius bestimmte, ist aber nur eine der künstlerischen Möglichkeiten der Epoche. Daneben machen sich auch in der Hauptstadt andere Tendenzen bemerkbar, die ziemlich bald nach dem Tode des Tiberius das Bild entscheidend verändern sollten. Im Jahre 22 n. Chr. ließ der Konsul Marcus Aemilius Lepidus die von dem Geschlecht der Aemilier erbaute und betreute Basilica Aemilia am Forum Romanum mit einem ausgedehnten Fries ausschmücken. Hier finden sich Darstellungsformen, die alles andere als klassizistisch oder manieristisch sind. (ABB. 22) Die Tatsache, daß namhafte Forscher diesen Fries mit einem Neubau der Basilika aus der Mitte des ersten Jahrhunderts vor Christus verbinden, ist bezeichnend für die stilistische Stellung dieses Reliefs, das ursprünglich bei einer Höhe von nur 60 cm eine Länge von etwa 90 m hatte. Leider ist der Erhaltungszustand der auffallend dünnen Platten, die bei einem Brande der Basilika am Beginn des 5. Jahrhunderts n. Chr. wohl als erste zu Boden fielen und unter den Trümmern des zweigeschossigen Baus begraben wurden, so schlecht, daß man nur schwer eine Vorstellung von dem ursprünglichen Charakter der einst in lebhaften Farben bemalten Reliefs gewinnen kann. Daß der Fries jedoch spätrepublikanisch sein könnte, ist völlig ausgeschlossen, da er nachträglich auf eine ziemlich komplizierte Weise in ein Gebälk eingefügt wurde, das zu einer Erneue-

rung der Basilika gehört, die nach einem Brande im Jahre 14 v. Chr. notwendig wurde. Hätte der Fries damals schon bestanden, so hätte man sich die außerordentlich mühsame Arbeit des Einpassens in die Architektur ersparen können. Vielmehr gehört das Relief zu jener Ausschmükkung des Baues, für die sich der obengenannte Konsul im Jahre 22 n. Chr. vom Senat die Erlaubnis erbat.
Das Relief, das auch dadurch für die römische Kunstgeschichte außerordentlich interessant ist, daß es zu den wenigen Darstellungen von Ereignissen der römischen Sage gehört und unter diesen die ausführlichste und umfangreichste Komposition ist, unterscheidet sich von dem nur wenige Jahre früher entstandenen Opferrelief in Paris nicht allein durch das Pathos, mit dem die Gestalten agieren – dies könnte vielleicht damit erklärt werden, daß die in ihm zur Darstellung gelangenden Themen eine ganz andere Bewegung der Figuren verlangten als die stille, feierliche Prozession, wenn nicht auch die Partien, in denen die Gestalten ruhig dastehen, mit diesem Pathos erfüllt wären–, sondern auch durch das Verhältnis der Figuren zum Grund, ihre Ablösung von der sie tragenden Fläche, ihre Massigkeit und das Grobstrichige der Gewandwiedergabe, die einen anderen Geist atmen als das Opferrelief in der Zartheit seiner Linien. Man fühlt sich erinnert an die Werke des hellenistischen Ostens und an Reliefs aus der Spätzeit der römischen Republik, etwa die Darstellung der Hochzeit Neptuns mit Amphitrite in München, die einen von den Censoren des Jahres 70 v. Chr. errichteten Altar im Marsfeld schmückte.

TIBERIUS CLAUDIUS NERO GERMANICUS
41–54 n. Chr.

Die Apotheose des Augustus in Ravenna

Es ist kein Zweifel, daß neben dem für die Zeit des Augustus und Tiberius so entscheidenden Klassizismus eine Strömung herlief, die sich nicht der offenbar in der Hof- und Staatskunst geltenden Formsprache bediente, die aber auch in dieser zu Worte kommt. Etwa zwei Jahrzehnte nach dem Fries der Basilica Aemilia entstand das Relief mit der Apotheose des
ABB. 23 Augustus, das sich heute im Museum von San Vitale in Ravenna befindet, das aber sicher einst zu einem Denkmal in Rom selbst gehörte, am ehesten wohl zu einem Altar. Dafür sprechen einerseits gewisse Eigentümlichkeiten der Komposition, andererseits der Umstand, daß von dem gleichen Denkmal noch ein Bruchstück mit der Darstellung einer Opferprozession stammt, das wesentlich flacher gehalten ist als die Apotheose des Augustus, das also am ehesten auf der Nebenseite des rechteckigen Altartisches gesessen haben könnte. An der Front befand

sich auf jeden Fall die Platte mit den vier stehenden Gestalten und den Resten einer sitzenden Frau. Unter den Figuren ist der am weitesten rechts erscheinende, alle anderen überragende Mann in heroischer Nacktheit ohne Zweifel Augustus. Er ist ein Gott. Vorbild war für diese Gestalt die Figur des Mars Ultor in der Giebelmitte des Tempels auf dem Augustusforum. Wie dieser Gott setzt auch er den linken Fuß auf den Globus, stützt sich mit der Rechten auf das lange Szepter, während in der Linken das in der Scheide steckende Schwert ruht. Wie Mars trägt auch er einen Eichenkranz. Und wie in dem Giebel des Tempels neben Mars Venus ihren Platz hatte, so steht zur Rechten des Gott-Kaisers in der Erscheinung der Venus, als solche kenntlich durch den kleinen Eros auf der Schulter, eine Frau; es ist wohl kaum Livia, die ihren Platz eher zur Linken des Augustus hatte, sondern wahrscheinlich Antonia die Jüngere, die Gemahlin des älteren Drusus, die Mutter des Germanicus und Claudius. Der von ihr in den Haaren getragene Schmuck sowie ihre Züge gleichen dem überlebensgroßen Frauenkopf aus der Sammlung Ludovisi in Rom, dessen Abguß Goethe zum Schmuck seines Weimarer Hauses erwarb. Man hat jedoch längst erkannt, daß in dem Kopf der sogenannten Juno Ludovisi eben Antonia Minor dargestellt ist. Neben ihr erscheint in dem ravennatischen Relief ihr Sohn, der im Jahre 19 verstorbene Germanicus, den seine Barfüßigkeit und der Stern über der Stirn als einen unter die Götter Versetzten, das heißt Verstorbenen bezeichnen.

Zunächst mag es scheinen, als sei das Relief mit seinen ruhig stehenden Gestalten ein typischer Vertreter des Klassizismus, aber diese Ruhe täuscht. Man braucht nicht erst die vielfach sich staffelnden Figuren in dem Fragment mit der Prozessionsdarstellung von der Nebenseite des ABB. 24 Denkmals zur Bestätigung heranzuziehen, in der gehandelt und nicht repräsentiert wird, in der also Frontalität nicht gefordert wird, um auch in den nebeneinander gereihten Gestalten der Front eine ganz andere Gesinnung zu spüren als etwa in dem Pariser Opferrelief. Sie haben ein anderes Volumen, die Gewänder sind massiger, Licht und Schatten sammeln sich nicht in langgezogenen Linien, sondern spielen auf der Oberfläche plastischer Körper, und in den Köpfen ist das gleiche Pathos wie in den Bildnissen dieser Zeit, vor allem in dem des Kaisers selbst. Mit guten Gründen hat man das Relief mit einem Altar in Verbindung gebracht, den Claudius, der im Jahre 41 den römischen Thron bestieg, den Ahnen seines Geschlechtes errichtete.

Gewiß wird das im Auftrag des Kaisers oder des Senats hergestellte Staatsrelief im besonderen Maße durch die repräsentative Gestaltung bestimmt, für die sich die hohen Vorbilder der griechischen Klassik eher als andere anboten. In der Architektur aus der Regierungszeit des

Claudius wird die Gesinnung der Zeit noch deutlicher; denn fehlt in der römischen Baukunst an sich schon die Bindung an vorgeprägte Formen, so beobachtet man in der claudischen Architektur geradezu einen Protest gegen die vergleichsweise klassizistische Gesinnung der augusteischen Zeit. Eines der bezeichnendsten Denkmäler dieser antiklassischen Haltung ist die sogenannte Porta Maggiore in Rom, ein mächtiges Doppeltor aus Travertinquadern, das dazu diente, die beiden von Caligula begonnenen und von Claudius beendeten Wasserleitungen, den Anio Novus und die Aqua Claudia, über die sich hier vereinigenden Straßen, die Via Labicana und die Via Praenestina, zu führen. Die Kanäle lagen übereinander hinter den beiden oberen Attiken mit ihren glatten Flächen, den Trägern monumentaler Inschriften.

Die Porta Maggiore in Rom

ABB. 25

Schon die Proportionen des Baues sind alles andere als klassizistisch. Die Höhe der beiden Kanäle, unter die lediglich aus ästhetischen Rücksichten noch eine dritte Attika gelegt ist, steht in keinem rechten Verhältnis zu dem sie tragenden Torbau. Noch seltsamer ist, wie dem Unterbau mit den beiden großen Durchlässen für die Straßen und den kleinen Bogenöffnungen in den Mauerpfeilern gegenüber der auf ihnen ruhenden Last der Aquädukte dadurch gleichsam Widerstandskraft verliehen ist, daß man die Gewalt des Steines zum Sprechen bringt. Hier wird ein Vorgang, der sich unwillkürlich ergibt, wenn man die Blöcke nicht vorher auf dem Werkplatz bearbeitet, sondern sie in Bosse versetzt, um ihnen dann am Bau die endgültige Gestalt zu geben, zum künstlerischen Formprinzip gemacht. Wie man auch im normalen Werkverfahren alle die Teile, die überhängen und die das Arbeiten am Bau erschweren würden, da Staub und Splitter den Steinmetzen belästigten, vor dem Versatz ausführte, so sind auch bei der Porta Maggiore die Giebel, Gebälke und Kapitelle der Aedikulen, die die Bogenöffnungen in den Mauerpfeilern zwischen den beiden Toren umschließen, vollkommen ausgeführt. Säulenschäfte und Wandflächen dagegen stecken noch im Werkzoll, als sei der Bau unvollendet stehengelassen. Daß dieser Zustand des Baues jedoch nicht Unfertigkeit ist, sondern beabsichtigte künstlerische Form, lehrt schon die Tatsache, daß auch die ausgeführten Teile, die Gebälke, Gesimse und Kapitelle, zwar eine glatte Oberfläche zeigen, jedoch mit Rücksicht auf die Wirkung der Massen keinerlei ornamentales Detail tragen; zudem sind die aufeinandergeschichteten und nur grob behauenen Blöcke, in denen sich die »beabsichtigten Formen« der Säulenschäfte nur an den Lagerflächen andeuten, gerade an diesen Stellen bisweilen so über ein dem auszuführenden Schaft entsprechendes Maß hinaus eingeschnitten, daß gar keine Ausarbeitung am Bau mehr hätte erfolgen können. Vor allem findet sich dieses Rustikamauerwerk nicht nur hier, sondern auch in den Anlagen, die um die gleiche Zeit in

Ostia entstehen, wie auch an den Arkaden der großen Terrasse auf dem Caelius in Rom, auf der sich nach dem Tode des Claudius der Tempel für den vergöttlichten Kaiser erhob.
Gehört zum Wesen der klassizistischen Architektur, etwa des Tempels in Nîmes, die bis ins kleinste Detail gehende Sorgfalt der Arbeit wie auch die Durchsichtigkeit und Klarheit des Gesamtgefüges, so widersetzt sich diese Architektur, bei der Unfertigkeit und Rauheit der Oberfläche zum Gestaltungsprinzip gemacht werden, bewußt aller klassizistischen Gesinnung. Sie will im Protest gegen das Vollkommene unvollkommen sein, indem sie es der Phantasie jedes einzelnen überläßt, die im Bau sich andeutende vollkommene Form zu ergänzen. Sie schafft das Spannungsmoment des »Infinito«, das dann die Architekten des Manierismus und des Barock wieder aufnehmen sollten.
Aber auch in den Bauten, in denen jede einzelne Form ihre letzte Präzision erfährt, spürt man, daß man auf dem Wege ist, den augusteischen Klassizismus zu überwinden. Um die gleiche Zeit, in der die Porta Maggiore in Rom errichtet wurde, erhalten die Stadttore von Verona, die etwa 100 Jahre früher erbaut worden waren, eine neue, dem Geschmack der Zeit und der veränderten politischen Situation entsprechende Fassade. Als man um die Mitte des 1. Jahrhunderts v. Chr. die Tore und die zu ihnen gehörenden Mauern erbaut hatte, lag Verona an der Nordgrenze des Reiches. In den Alpen saßen noch nicht gebändigte Völker, die jederzeit in der Lage waren, in die Poebene einzufallen. So sind die Tore innerhalb des Mauerzuges feste Burgen, schmucklos, abwehrend. Inzwischen war ein Jahrhundert vergangen und die Grenzen lagen nun jenseits der Alpen, wo man eine von den Legionen kontrollierte Befestigungslinie errichtet hatte, den Limes. In der Poebene herrschte tiefer Friede und die Städte begannen über den sie einengenden Mauerzug hinauszuwachsen. Manchenorts war man sogar bereit, die Tore, die den Verkehr behinderten, abzureißen. In Verona störte man sich daran, daß man in einer Festung zu leben schien, obwohl längst draußen vor den Toren Vororte entstanden waren, in denen man sich keine Sorgen darum zu machen brauchte, daß man des Nachts durch Feinde gestört werde. Gerade den Villenbewohnern an den Ausfallstraßen widerstrebte es, daß ihre Stadt, in die sie morgens zum Geschäft fuhren, so abweisend dalag. Daher veränderte man das Gesicht der Tore, indem man den alten Wehrbau mit einer Larve maskierte, die eher nach einem mehrstöckigen Palast als nach einer Festung aussah. Es war eine bloße Fassade, die mit dem hinter ihr stehenden Wehrbau so wenig zu tun hatte, daß dieser in der Renaissance abgerissen werden konnte, ohne daß die Maskierung auch nur einen Stein einbüßte.
Um die entscheidenden Veränderungen zu erfahren, lohnt es sich, ABB. 26

Die Fassade der Porta Borsari in Verona

die heute noch stehende Fassade eines dieser Tore, die sogenannte Porta Borsari, mit dem älteren Bau zu vergleichen, von dem sich hinter einem anderen Tor noch ein Rest erhalten hat. Dort sind es zwei große Toröffnungen und darüber zwei Fenstergeschosse mit gleichmäßigen Intervallen. Alles ist streng und geregelt, klar im architektonischen Gefüge, ein frühes Denkmal einer klassizistischen Gesinnung. In der claudischen Fassade bleiben die Grundlagen der Komposition die gleichen: zwei Toröffnungen und zwei Geschosse mit Fenstern in gleichmäßigen Abständen. Aber mit einem großen Geschick wird durch die architektonische Gliederung dieses starre Gerüst verschleiert und verunklärt. Die Toröffnungen werden von Ädikulen umschlossen; die Fenster des ersten Geschosses erhalten sogar eine doppelte Ädikulaarchitektur, indem man die beiden Fenster an den Enden in Ädikulen mit Segmentgiebeln, die beiden mittleren in Ädikulen mit Dreiecksgiebeln einfügt und diese in größere Ädikulen einschließt, an den Enden solche mit Dreiecksgiebeln, während die beiden mittleren durch einen Gebälkriegel zu einer Einheit miteinander verbunden werden. Nur jedes zweite Fenster von außen erscheint als schlichtes Wandfenster, wird jedoch mit dem darüberliegenden Fenster des zweiten Obergeschosses dadurch, daß über ihm das die Fassade abschließende Gebälk vorkröpft, zusammengeschlossen, so daß nicht nur in der Horizontalen, sondern auch in der Vertikalen eine Verschränkung der Fenster zu neuen Gruppierungen erfolgt, ein gewiß nicht klassizistisches, sondern barockes Gestaltungsprinzip. Dazu haben die Säulen der Fenstergeschosse gedrehte Kanneluren und stehen im obersten Geschoß nicht einmal auf einer allen gemeinsamen Bank, sondern auf aus der Wand vorkragenden Konsolen. Zwar bestimmt der alte Bau mit seinen Toren und Fenstern die ihm vorgeblendete Fassade, aber in ihrer Ordnung wird alles getan, um dieses klassizistische Gefüge zu überspielen, so daß alles andere entsteht als ein Wehrtor. Es ist eine Palastfassade, die, da sie durch die Zeiten erhalten blieb, wichtig wurde für die Architektur des 16. und 17. Jahrhunderts in Italien.

ABB. 26 – Die »Porta Borsari« in Verona. Fassade des römischen Westtores der Stadt. Um die Mitte des 1. Jahrhunderts n. Chr. *Siehe oben.*

ABB. 27 – Ansicht einer Villa. Wandbild im Hause des M. Lucretius Fronto in Pompeji. Um 30 n. Chr. *Vgl. S. 78.*

ABB. 28 – Poseidon und Amphitrite. Mosaikbild im Innenhof der Casa del Mosaico di Nettuno e di Anfitrite. Herkulaneum. Um 70 n. Chr.

26

27

28

26

27

28

29

30

TIBERIUS CLAUDIUS NERO CAESAR
54–68 n. Chr.

Die antiklassische, barocke Strömung, die unter Claudius zum Durchbruch kam, bestimmt entscheidend das Bild der römischen Kunst unter seinem Nachfolger, seinem Stiefsohn Lucius Domitius Ahenobarbus Nero, der nach dem gewaltsamen Tode des Stiefvaters im Jahre 54 n. Chr. den Thron besteigt. Die für seine Epoche entscheidenden Denkmäler Roms sind allerdings nur noch in Trümmern erhalten. Vor allem ist die große Kaiservilla innerhalb der Hauptstadt, die wegen ihrer luxuriösen Ausstattung den Namen Domus Aurea, Goldenes Haus, erhielt, wohl bald nach der Revolte der Armee im Jahre 68 n. Chr. und nach dem Selbstmord des vom Senat Geächteten zum Teil demoliert, zum Teil aber durch spätere Anlagen überbaut worden.

Die Domus Aurea

Schon der Plan, eine Villenanlage, wie sie in solchen Dimensionen bis dahin nur außerhalb Roms, etwa an der Küste, möglich gewesen war, in der Stadt selbst zu schaffen, läßt etwas ahnen von der eigenwilligen Kühnheit ihres Erbauers. Wenn man sich zurückerinnert an das bescheidene Wohnhaus, in dem Augustus auf dem Palatin lebte, wird deutlich, wie der »Princeps inter pares«, der der Begründer der Monarchie gewesen war, sich innerhalb eines halben Jahrhunderts zu einer Gestalt entwickelt hat, die, auch wenn ihre Stellung staatsrechtlich immer noch auf bestimmten Vollmachten beruht, in ihren Lebensformen aus dem Staatsgefüge herausgewachsen ist, ja, daß sie nicht nur über diesem, sondern auch im Gegensatz zu ihm steht. Schon Tiberius hatte, indem er große Teile des Palatins zu einer Residenz von kolossalen Ausmaßen ausbaute, jene von Augustus in seinem persönlichen Bereich geübte Zurückhaltung aufgegeben. Von seinem Nachfolger Caligula berichtet Sueton, daß er diese Residenz, die von ihrer Lage auf dem Palatin den Namen Palatium hatte, der den fürstlichen Wohnungen überhaupt hinfort eigen ist, in der Richtung auf das Forum erweiterte, indem er angeblich den Tempel des Castor und Pollux, einen der ältesten Tempel Roms, zur Eingangshalle dieses Palastes machte und sich selbst oft in die Mitte zwischen die göttlichen Brüder stellte, um sich von den Besuchern anbeten zu lassen. Das gewaltsame Ende, das der größenwahn-

ABB. 29 – Kuppelraum im Untergeschoß der Domus Aurea des Nero. 3. Viertel des 1. Jahrhunderts n. Chr. *Vgl. S. 100.*

ABB. 30 – Wandmalerei im Vettierhaus in Pompeji, 3. Viertel des 1. Jahrhunderts n. Chr. *Vgl. S. 103.*

Fig. 19 – Die Fassade der älteren Porta dei Leoni in Verona. Um die Mitte des 1. Jahrhunderts v. Chr.

sinnige Tyrann in einem der Korridore dieses Palastes fand, mochte seinem mißtrauischen und furchtsamen Onkel Claudius als Warnung gegolten haben. Ihn hatten die Prätorianer zum Kaiser ausgerufen, während man im Senat noch darüber diskutierte, ob man nicht die Republik wiederherstellen solle. Die Bautätigkeit des Claudius hatte, ähnlich wie die des Augustus, der öffentlichen Wohlfahrt gegolten, während die Quellen nichts von einer weiteren Ausgestaltung der kaiserlichen Residenz überliefern. Im Charakter des jungen Nero, der als der letzte des julisch-claudischen Geschlechts mit siebzehn Jahren den Kaiserthron bestieg, müssen sich schon früh ähnliche Maßlosigkeiten offenbart haben wie in dem seines Onkels Caligula. Doch hatten Männer wie der Prätorianer-Präfekt Burrus und der Philosoph Seneca, die seine Erziehung beaufsichtigt hatten, zunächst auf den jungen Monarchen einen wohltuenden Einfluß gehabt, so daß noch Trajan das erste Jahrfünft der Regierung Neros als eine der glücklichsten Zeiten Roms bezeichnet haben soll. Nach dem Tode des Burrus und der Kaltstellung des Seneca aber tritt der Wandel ein. Aus diesen Jahren stammen die Anfänge eines kolossalen Palastes auf dem Palatin, dessen Fertigstellung die riesige Feuersbrunst, die im Jahre 64 Rom heimsuchte, verhinderte.

Dieses Ereignis, das für das antike Stadtbild Roms von einschneidender Bedeutung wurde, da nun erst die Möglichkeit zu einer großstädtischen Bauweise mit vielstöckigen Häusern gegeben war, gestattete es Nero, den Plan des von ihm begonnenen Palastes um ein Vielfaches zu vergrößern. Damals entstand die Domus Aurea, die nach Sueton mit dem kaiserlichen Palatium auf dem Palatin einen in sich zusammenhängenden Komplex von nicht weniger als anderthalb Kilometern Länge bildete. Während die Anlage auf dem Palatin durch spätere Paläste überbaut ist, in deren Fundamenten nur unzusammenhängende Reste des neronischen Baues beobachtet werden konnten, und auch der Trakt auf der Bodenschwelle, die Palatin und Esquilin miteinander verbindet, bis auf geringfügige Spuren späteren Bauten zum Opfer fiel, blieb lediglich das östliche Drittel so weit erhalten, daß man sich eine gewisse Vorstellung von dem Charakter dieser ungeheuerlichen Anlage machen kann, die die Architekten Severus und Celer entworfen haben. Sueton, der um die Zeit geboren wurde, als dieser Palast nach der Ermordung des Kaisers zum Teil zerstört, zum Teil überbaut wurde, gibt etwa 50 Jahre später in seiner Biographie des Nero eine Beschreibung dieser Villa, die hier abgedruckt sei: FIG. 20

»Das Vestibül war so gewaltig, daß darin eine 120 Fuß hohe Kolossalstatue Neros stehen konnte, die Ausdehnung des ganzen Baues so ungeheuer, daß seine aus drei Säulenreihen bestehende Halle eine römische Meile lang war. Es befand sich ferner ein Teich darin, der wie ein Meer mit Gebäuden umgeben war, welche Städte vorstellen sollten; dazu Ländereien, in denen Kornfelder mit Weinpflanzungen, Viehweiden mit Wäldern abwechselten und in denen eine Menge der verschiedenartigsten zahmen und wilden Tiere herumliefen. In dem Gebäude war übrigens alles mit Gold, edlen Steinen und Perlmutter ausgelegt. Die Speisezimmer hatten getäfelte Decken von Elfenbeinplatten, die beweglich waren, um Blumen herab zu streuen, und Röhren enthielten, um wohlriechendes Wasser von oben über die Gäste zu sprengen. Der Hauptspeisesaal war rund. Seine Decke drehte sich in einem fort, Tag und Nacht, wie das Weltall. Die Bäder waren mit Meerwasser oder mit Wasser aus der Albulaquelle gespeist. Als er dieses Prachtgebäude nach seiner Vollendung einweihte, sagte der Kaiser, um seine Zufriedenheit auszudrücken, nur die Worte: ›Jetzt fange ich doch endlich an, wie ein Mensch zu wohnen!‹ «

Natürlich kannte Sueton die Domus Aurea, von der man zur Zeit ihrer Erbauung in Rom spottend behauptete, die Bewohner der Stadt müßten, um Platz für sie zu machen, nach Veji auswandern, wenn sie nicht sogar von dort vertrieben würden, nur noch vom Hörensagen. Uns fällt es heute schwer, in dem Gewirr düsterer gewölbter Räume, in denen man 1547 als wertvollstes Überbleibsel der einstigen Ausstattung die Gruppe des Laokoon und seiner Söhne fand, eine Vorstellung von dem künstlerischen Charakter der Anlage zu gewinnen. Doch sollte man nicht ver-

gessen, daß es sich bei dem Erhaltenen nur um das Untergeschoß der kaiserlichen Wohnung handelt, und daß sich über diesem einst ein luftigeres und sicher auch prunkvolleres Obergeschoß erhob. Aber auch die noch vorhandenen Reste lassen etwas von der Großartigkeit dieses Kaiserpalastes ahnen. Daß die Domus Aurea bei all ihren Eigentümlichkeiten letzten Endes doch nur die ins Kolossale gesteigerte Variation der römischen Villa war und Vorläufer besaß, lehren nicht nur die monumentalen Reste ähnlicher Anlagen im übrigen Italien, sondern
ABB. 27 auch Darstellungen solcher Villen in der römischen Wandmalerei. So findet sich schon auf einer Wand im Hause des Lucretius Fronto in Pompeji ein auf einem Kandelaber aufgestelltes Tafelbild mit einer der Domus Aurea verwandten Gruppierung der Hallen und Räume um eine Exedra in der Mittelachse. Das Bild muß etwa zwanzig Jahre vor dem Beginn der Arbeiten an der Domus Aurea gemalt worden sein.

In seiner Mitte tritt der etwa 370 m breite Wohntrakt, der sich an den Nordhang des Oppius Mons legt, zu einem großen fünfseitigen, exedraartigen Hof zurück, der von Zimmern umgeben ist. Ein großer Saal in der Achse mag den repräsentativen Empfängen gedient haben. Hinter dem linken Flügel des Palastes, den in ganzer Breite eine sich gegen den Park hin öffnende Säulenhalle begleitete, liegt, da hier der Berghang zurückweicht, ein rechteckiger Säulenhof mit einer Fontäne in der Mitte. Größere und kleinere Räume mit Alkoven für die Ruhebetten und Apsiden für Statuen öffnen sich mit ihren weiten Türen gegen ihn. In die Kühle dieser nach Norden gewandten Räume zog man sich während der sommerlichen Mittagshitze zurück, während man morgens und abends die auf ihrer Südseite gelegenen Gemächer mit dem Blick auf den Park aufsuchte. Im rechten Flügel des Palastes tritt der Hügelrand gegen Süden vor, so daß hier auf einen inneren Hof, der den nach Norden gewandten Räumen des linken Flügels Licht und Luft gab, verzichtet werden mußte. Das führte dazu, daß die Räume hier durch Öffnungen in der Decke erleuchtet werden mußten. So entstand jener bizarre
ABB. 29 achtseitige Kuppelraum mit den fünf um ihn sich lagernden Zimmern, der sich auf drei Seiten gegen die im Süden gelegene Säulenhalle öffnete und zusätzlich sein Licht durch eine große runde Öffnung in der Decke erhielt, so daß es dem hier sich Aufhaltenden möglich war, sich je nach der Tageszeit seinen Ruheplatz auszusuchen, um immer die gleiche Helligkeit zu haben. Es wäre denkbar, daß dieser Raum oder wahrscheinlicher noch derjenige, der ihm in ähnlicher Gestalt wohl im Obergeschoß entsprach, jener seltsame Speisesaal mit der beweglichen Decke war, von dem Sueton berichtet.

Zum größten Teil tragen die Wände der Räume auf dem Putz, mit dem das Ziegelmauerwerk verkleidet ist, noch Malereien. Schon diese lassen

Fig. 20 – Unten: Plan des erhaltenen Teils der Domus Aurea des Nero. 3. Viertel des 1. Jahrhunderts n. Chr.
Oben: Plan des Zentralraumes im östlichen Flügel des erhaltenen Teils der Domus Aurea.

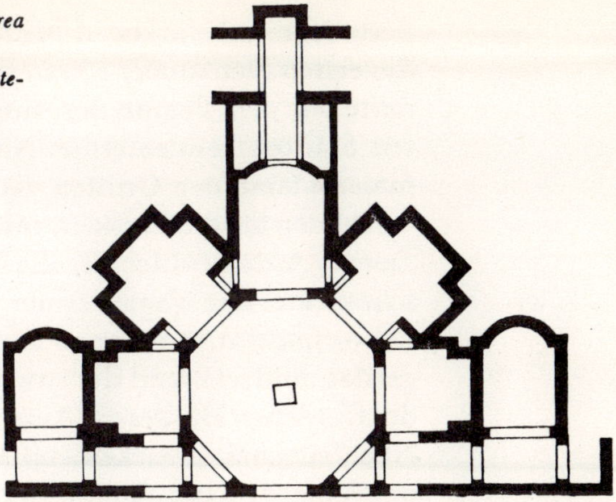

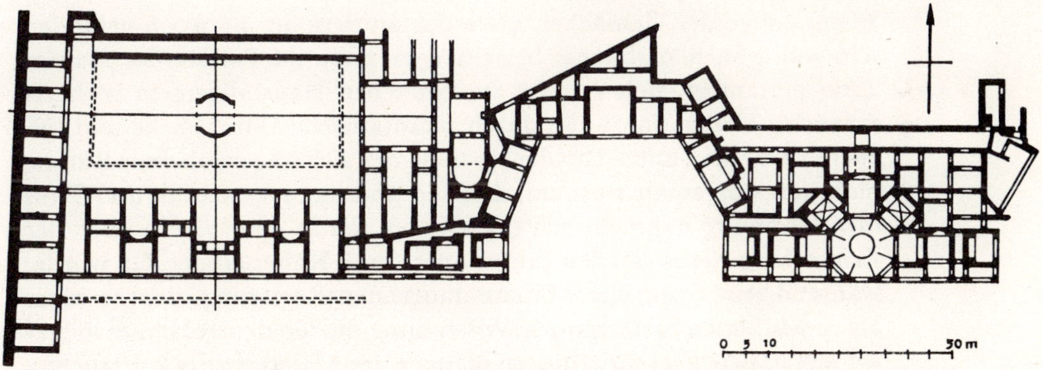

erkennen, daß es sich bei den uns erhaltenen Zimmern nicht um Gemächer des Piano nobile handelt, der nach der Beschreibung Suetons ja wesentlich reicher ausgestattet gewesen sein muß. Hier unten findet sich nur wenig von kostbaren Steinen oder gar Spuren von Vergoldung. Man hat aber auch keinen Anhalt dafür, daß eine wertvollere Dekoration einmal entfernt wurde. Doch auch das Vorhandene ist aufschlußreich. Es läßt erkennen, daß die Dekorationsweise der tiberianischen B.A. 2
Zeit, der wir im Hause des Lucretius Fronto in Pompeji begegneten, hier noch um einen Grad abstrakter geworden ist. Ein zerbrechlich dünnes Gitter von vertikalen und horizontalen Linien, in denen man erst beim genauen Hinsehen Säulen, Pilaster und Gebälke entdeckt, überspinnt wie Filigran die im allgemeinen weiß gehaltenen Wandflächen der langen Korridore. Während sich diese Malereien relativ gut erhalten haben, sind die Dekorationen der Zimmer, die teilweise, vor allem in den Decken, auch aus farbig gefaßtem Stuckrelief bestanden, in den Jahrhunderten seit ihrer Entdeckung zu Beginn des 16. Jahrhun-

derts sehr viel stärker in Mitleidenschaft gezogen. Sie waren übrigens die ersten Denkmäler römischer Wandmalerei, die man drei Jahrhunderte vor dem Beginn der Ausgrabungen in den vom Vesuv verschütteten Städten kennenlernte. Nach den überwölbten Räumen, in denen man sie fand, den Grotten, nannte man sie Grottesken. Sie wurden die Vorbilder für die Fresken, mit denen Raffael in der Zeit, als man die Domus Aurea entdeckte, die Loggien des vatikanischen Palastes ausschmückte. Die Namen seiner Schüler Giulio Romano und Giovanni da Udine findet man unter anderen auf den Wänden der Domus Aurea eingeritzt, und während des ganzen 16. Jahrhunderts haben die Malereien des Goldenen Hauses die Ausschmückung der Paläste in Rom und seiner Nachbarschaft entscheidend beeinflußt, wie etwa der Villa Madama, der Villa di Papa Giulio, der Villa d'Este in Tivoli und der Villa in Caprarola.

Wenn einige der Gemächer, etwa das, in dem der Laokoon gefunden sein soll, von dem Plinius berichtet, er habe im Palaste des Kaisers
B. A. I Titus gestanden, sich von der im Goldenen Haus allgemein vorherrschenden Dekorationsweise durch phantastische Durchblicke und reichere Farbigkeit unterscheiden, so mag man sich fragen, ob diese Räume nicht erst ausgemalt wurden, als Otho und dann Vespasian und Titus hier Wohnung nahmen; soll doch Otho, der in den Wirren nach der Ermordung Neros von den Prätorianern zum Kaiser ausgerufen wurde, während seiner nur vier Monate dauernden Regierung nicht weniger als 10 Millionen Sesterzen zur Vollendung des Goldenen Hauses aufgewendet haben. Zu sehr erinnern manche der Malereien des kaiserlichen Palastes an jene, die kurz vor dem Untergang von Pompeji und Herkulaneum im Jahre 79 entstanden, als daß man sie alle in die Zeit vor dem Tode des Nero (68) datieren müßte.

Für die Geschichte gerade der römischen Wandmalerei geben die beiden großen Katastrophen, durch die die Städte am Golf von Neapel im Jahre 63 und 79 betroffen wurden, wichtige Anhaltspunkte. Am 5. Februar 63 hatte der seit Jahrhunderten erloschene Vesuv mit einem heftigen Erdbeben den Wiederbeginn seiner Tätigkeit angekündigt, ohne daß sich damals der Krater öffnete. Doch zahllose Bauten waren so schwer in Mitleidenschaft gezogen, daß man allenthalben zu umfangreichen Wiederherstellungsarbeiten gezwungen war, die zum Teil noch im Gange waren, als sechzehn Jahre später, am 24. August 79, der Aschenregen und die Schlammassen im Gefolge eines Ausbruchs des Vulkans die Städte und Landhäuser an seinem Fuß verschütteten.

Das Vettierhaus in Pompeji

Zu einem der Häuser, die schon vor dem Erdbeben des Jahres 63 standen, aber so beschädigt waren, daß man fast alle Wände neu verputzen und bemalen mußte, gehörte auch das Haus des Aulus Vettius Restitutus und des Aulus Vettius Conviva in Pompeji. Die beiden Brüder, reiche Kaufleute, setzten schon bald nach dem Erdbeben des Jahres 63 ihre Wohnung wieder instand, die in charakteristischer Weise das altitalische Atriumhaus mit dem aus dem hellenistischen Osten stammenden Peristyl verband, das einen kleinen intimen Garten umschloß. Deutlich ist zu erkennen, wie man sich in den zuerst ausgemalten Zimmern noch an die Dekorationsweise der Domus Aurea hält. Wahrscheinlich sind nach der ersten Katastrophe Handwerker aus Rom selbst nach Pompeji gekommen. Anfangs überwiegt noch die Wirkung großer Flächen, auf denen eine dünne, manieristisch verspielte architektonische Gliederung seltsam unwirklich steht. Nur in der obersten Zone, unter der Decke, öffnet sich bei ihnen in Weiterbildung dessen, was wir aus dem Hause des M. Lucretius Fronto kennen, die Wand in phantastische Hintergründe. Nur finden wir hier nicht mehr das abstrakte Gerüst einer raumlos wie im Mondlicht hell vor dunklen Flächen stehenden Architektur, sondern Malereien von Bauten und Kulissen, die sich in Linienführung und Abstufung der Farben in eine von Licht durchflutete Tiefe verlieren. In den späteren Malereien des Vettierhauses, die wohl erst unmittelbar vor der Verschüttung fertig wurden, erfaßt dann die Auflösung der Fläche die ganze Wand. Nur in der Sockelzone, die einst durch die Ruhebetten weitgehend verdeckt war, ist noch die Begrenzung des kleinen Raumes faßbar. Hier ahmt die Malerei eine Inkrustation mit buntfarbigen Marmorplatten nach, wie sie um diese Zeit Mode wird. Die Wandflächen darüber behalten zwar noch die strenge Zweigeschossigkeit der vorausgehenden Dekorationsweise bei. Aber nicht nur in den lebhafteren Farbkontrasten der großen Felder, die als Nachklang der vorausgehenden Epoche von zarten Ranken und Girlanden übersponnen sind, bekundet sich ein anderes Verhältnis zur Raumgrenze; entscheidend werden jetzt die etwa in Augenhöhe liegenden Ausblicke in hintergründige Architekturen, die in symmetrischer Entsprechung die mit großen quadratischen Tafelbildern geschmückten Mittelfelder flankieren. In der Zone unter der heute verlorenen Decke, die sicher einst wie ein leichtes Segel über dem Raume schwebte, löst sich die Wand vollends auf in ein unwirkliches Spiel von lichtdurchfluteten Architekturen; Mädchengestalten werden sichtbar, die sich dunkel von den gegen die Tiefe zu immer lichter werdenden Kulissen abheben, Dienerinnen der Gottheiten, die jeweils in der Mitte der Wände thronen. An den Seitenwänden sind es Apoll und Dionysos, an der Rückwand aber ist es die über dem Schicksal des Menschen waltende Fortuna. Sie ist gleichsam die Herrin dieses Raumes, in dessen Wandbildern wie in den Sätzen einer Symphonie dreimal das gleiche Thema variiert wird, die Gewalt der Liebe: die Tafel auf der Rückwand stellt die Bestrafung Ixions dar,

ABB. 30

der die Gemahlin des höchsten Gottes selbst begehrt hatte und der in leidenschaftlicher Verblendung eine Wolke umarmte, die dann den Kentauren gebar. In dem Bild auf der linken Wand führt Daedalus der Pasiphae die von ihm gefertigte Kuh zu, in der sie sich mit dem kretischen Stier vereinigte und Mutter des Minotauros wurde. Das Bild der rechten Wand hingegen verkündet das Heil der göttlichen Liebe. Hier naht sich Dionysos der von Theseus verlassenen, schlafenden Ariadne, der Tochter des Minos, um sich mit ihr zu vermählen.

DIE FLAVISCHEN KAISER, VESPASIAN, TITUS, DOMITIAN 79–96 n. Chr.

Wanddekorationen aus Herkulaneum

Von dem Reichtum und von der Qualität der Dekorationen in den Landstädten am Golf von Neapel, die sicher als ein ziemlich getreuer Spiegel der uns verlorenen Malereien der Hauptstadt gelten dürfen, wenn sie nicht sogar von stadtrömischen Künstlern gearbeitet wurden, mag das Fragment einer Wand aus Herkulaneum, der Nachbarstadt Pompejis, Zeugnis ablegen. Erhalten blieb nur der Ausschnitt mit dem Durchblick, der einst wie beim Vettierhaus etwa in Augenhöhe links neben dem schwarzgetönten Mittelfeld, das sicher ein großes, annähernd quadratisches Tafelbild trug, in spiegelbildlicher Entsprechung zu einem gleichen Ausschnitt rechts seinen Platz hatte. Es wäre absurd, wollte man versuchen, das, was man erblickt, zu beschreiben. So wenig wie die Farben und das viele Gold der sich hintereinander staffelnden architektonischen Kulissen irgendwie eine Beziehung zur Wirklichkeit haben, so wenig würde es gelingen, sich diese abenteuerlichen Architekturen gebaut vorzustellen. Ja, wäre nicht unten das horizontale Gebälk erhalten, würde man unbedenklich annehmen, das prunkvolle Portal mit dem bizarr gebrochenen Giebel, auf dem sich ein zierliches Pegasuspaar aufbäumt, und das sinnlose Verkröpfungen mit goldenen Seepferdchen trägt, träte vor die Wandfläche vor, von der rechts noch ein Streifen erhalten blieb. Was dahinter und darüber sichtbar wird, ist so unwirklich wie die Bauten, die einem im Traume erscheinen können: goldene Torbauten mit gegen die Mitte ansteigenden Giebelschrägen, eine aus einer ganz im Hintergrund verdämmernden Halle weit vorkragende Verkröpfung, auf der über einem Omphalos sich ein Dreifuß erhebt, auch die Hallen, auf die man durch die Öffnungen im unteren Teil blickt. Bühnenarchitekturen, die uns verloren sind, mögen die Phantasie des Malers angeregt haben, wie ja die Maske auf dem Portal, der Dreifuß darüber und der faltenreiche Vorhang, der als eine Soffitte die Öffnung oben abschließt, an das Theater erinnern. Aber es wäre ein

ABB. 31

fruchtloses Beginnen, hier überhaupt nach Vorbild gebender Wirklichkeit zu suchen.
Und doch ist diese Architektur von anderer Substanz als das verspielte Ständerwerk der vorausgehenden Epoche. Der Manierismus eines körperlosen Formenspiels, der vielleicht noch in dem schlanken Kandelaber auf der goldenen Konsole über der rechten Säule nachwirkt, ist nun einer fast pathetischen Fülle gewichen. Man denkt unwillkürlich an Schöpfungen des Barock, der, ohne daß ihm diese Bilder, die erst mit dem frühen 18.Jahrhundert bekannt wurden, als Vorbilder dienen konnten, zu ganz ähnlichen Kompositionen gelangte.
Man darf, wie gesagt, nicht erwarten, in der gebauten Architektur den gemalten Wanddekorationen Vergleichbares zu finden, kann doch in diesen die Phantasie ganz unabhängig von der Realisierbarkeit der Darstellung sich vollkommen frei entfalten. Gleichwohl beobachtet man auch in der Architektur der Zeit, in der die Malereien des Vettierhauses entstanden, gegenüber der klassizistischen Haltung in den Bauten der ersten Jahrhunderthälfte entscheidende Veränderungen, die wir als Barock bezeichnen können, wenn auch mit der Einschränkung, daß Begriffe, die für eine Epoche der neueren Kunstgeschichte geprägt wurden, hier nur einen Annäherungswert besitzen.
Schon in claudischer Zeit manifestieren sich diese Tendenzen in der Vorliebe für die Rustika; und auch in der Planung des Goldenen Hauses dürften gegenüber der Tiberiusvilla auf Capri barocke Tendenzen zu erkennen sein. Das Raffinement in der Lichtführung, die bewußte Herausbildung bestimmter Durchblicke, die Kühnheit, mit der hier eine Villenform, die man bis dahin nur draußen an der Meeresküste findet, ins Kolossale gesteigert und in die Hauptstadt hineingenommen wird, lassen sich als barock bezeichnen. Deutlicher noch werden diese Tendenzen in den Bauten, die aus dem letzten Viertel des 1.Jahrhunderts erhalten sind.

Das Vespasiansforum

Vespasian, den seine Soldaten während des jüdischen Krieges am 1.Juli 69 zum Kaiser ausgerufen hatten und der im Frühling des Jahres 70 in Rom einzog, begann kurz darauf südlich des Augustusforums im Zusammenhang mit der Errichtung eines neuen Forums, das er nach dem Triumph über die Juden im Jahre 71 der Friedensgöttin weihte, den schmalen Raum zwischen diesem Forum und dem des Augustus zu einem weiteren Forum auszubauen. Die Arbeiten wurden nach seinem Tode und dem frühen Tode seines Sohnes Titus von dessen Bruder Domitian weitergeführt. Sie waren jedoch auch bei dessen Ermordung im Jahre 96 noch nicht abgeschlossen, so daß erst Kaiser Nerva dieses Forum, das als Durchgangsforum, als Forum Transitorium, bezeichnet wird, weihen konnte. Wenn es im offiziellen Sprachgebrauch auch den

ABB. 32
FIG. 21

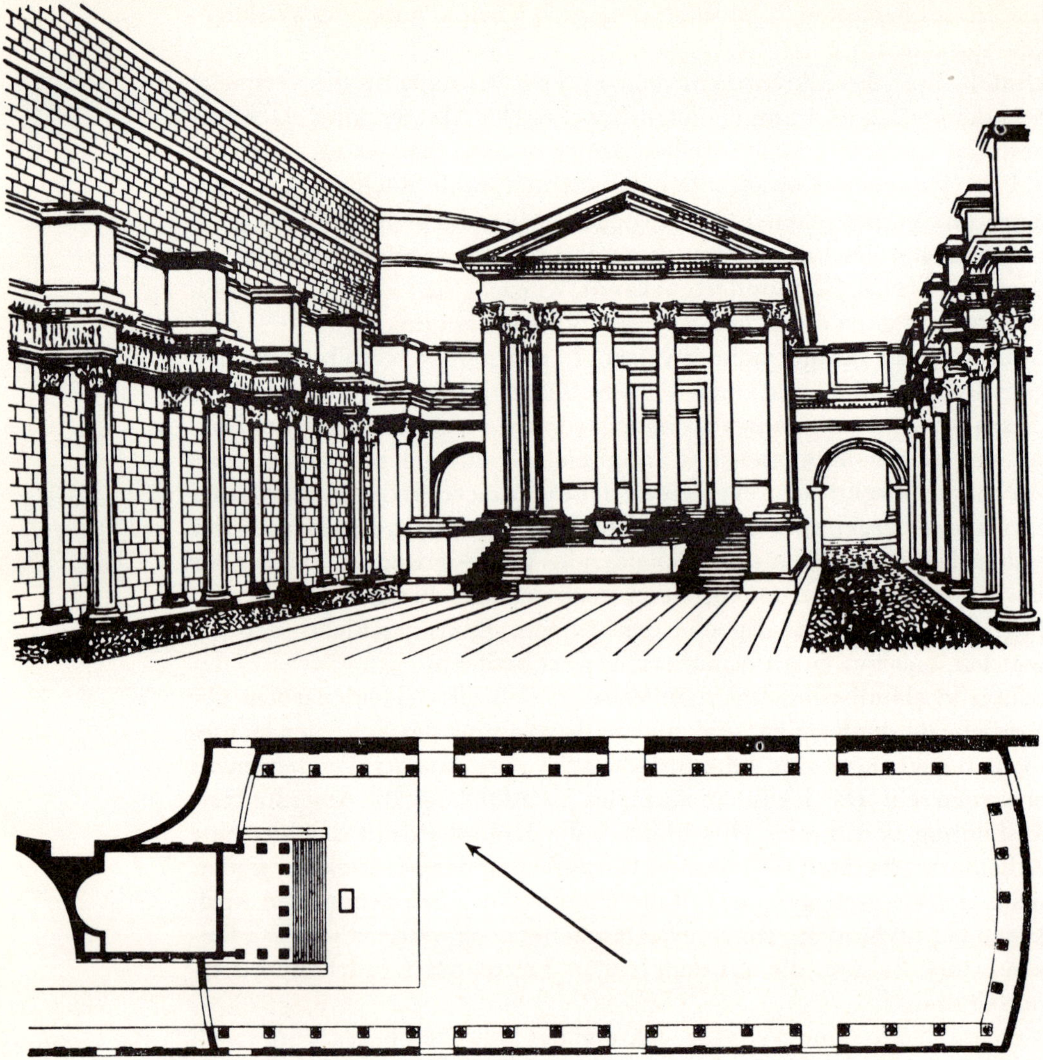

Fig. 21 – Ansicht und Plan des Forum Transitorium. 70–98 n. Chr.

Namen Nervaforum führt, so war es doch beim Tode Domitians, der im Jahre 81 seinem Bruder Titus auf den Thron gefolgt war, so gut wie fertiggestellt.

Dieses Forum war ein Platz von etwa 120 m Länge bei einer Breite von nur 45 m. An seinem östlichen Ende erhob sich auf hohem Podium hinter der Freitreppe der Tempel der Göttin Minerva, der mit seiner Vorhalle sich in den Platz hineinschob, während die Cella selbst mit der Apsis für das Kultbild außerhalb des Hofes lag. Schon in dem Verhältnis des

Tempels zu dem vor ihm liegenden, langgestreckten Forum wird etwas von dem neuen Geist dieser Zeit spürbar.

Der etwa ein Jahrhundert früher entstandene Tempel des Mars Ultor hatte noch, wenn er sich auch mit seiner Rückseite an die hohe Abschlußmauer anlehnte, als Baukörper das Forum beherrscht, das Augustus in unmittelbarer Nachbarschaft des Forum Transitorium hatte anlegen lassen. Ja, in dem Bereich, in dem der Tempel stand, hatte sich die Umgrenzung dieses Forums zu den beiden großen Exedren ausgeweitet. Beim Forum Transitorium ist der Tempel selbst nur noch ein Anhängsel des Platzes. Seine als Fassade in Erscheinung tretende Vorhalle beherrscht die Ostseite. Indem hier die das Forum abschließende Wand exedraartig nach außen zurückweicht, die Tempelfront dagegen über der hohen Freitreppe aus der flachen Rundung gegen den Platz vortritt, wird diesem in der Achse ein effektvoller, geradezu theatralischer Abschluß gegeben. Wie der Tempel nur noch als Prospekt wirkt, so sind auch die den Platz umgebenden Hallen zur bloßen Kulisse reduziert. Es mag sein, daß die Schmalheit des zur Verfügung stehenden Raumes die Ausbildung von wirklichen Hallen erschwerte, obwohl auch sie möglich gewesen wären. Was aber an ihre Stelle tritt, ist nur noch eine Kulisse. Man stellte vor die den Platz umgrenzenden Wände Reihen von Säulen, über denen das Gebälk aus der Wandebene vorkröpft. Aber nicht nur das ständige Vor und Zurück der Wandgliederung und die reiche Dekoration des Gebälkes, dessen Figurenfries in zahllosen Szenen vom Wirken der Göttin berichtet, sind barocke Gestaltungselemente. Hinzu kommt als besonderer Effekt, daß man auf das Gebälk eine hohe Attika legte, die der Bewegung des Gebälkes folgt. Über den Säulen tritt sie in steilen, pfeilerartigen Vorlagen vor, die an ihren Stirnen Dekorationen aus Bronze trugen. Aber auch die dazwischen liegenden Felder sind in Bewegung geraten. In steter Wiederholung des gleichen Motivs treten schmale Reliefs mit dem Bilde der Göttin aus ihren Flächen vor. Barock wirkt in dieser Architektur auch, daß die schlanken Säulen selbst auf dem Boden des Forums und nicht auf Sockeln stehen, wodurch in der Erscheinung des Aufbaues die Attika noch gewichtiger wirkt.

Der Domitianspalast auf dem Palatin

Seinen Höhepunkt erreichte dieser Barock in dem Kaiserpalast auf dem Palatin, den Domitian nach einem Brande, der im Jahre 80 n. Chr. unter Titus die Paläste auf diesem Hügel, das Kapitol und das Forum heimgesucht hatte, durch den Architekten Rabirius errichten ließ. Durch Planierungen und gewaltige Substruktionen, in denen die Überreste der zerstörten neronischen Bauten verschwanden, wurde im Zentrum des Hügels eine Plattform von 160 m Breite und 200 m Tiefe geschaffen, die zwei nebeneinander liegende, gleich breite Komplexe trug. Von ihnen enthielt der westliche große Repräsentationssäle, während die Räume

FIG. 22

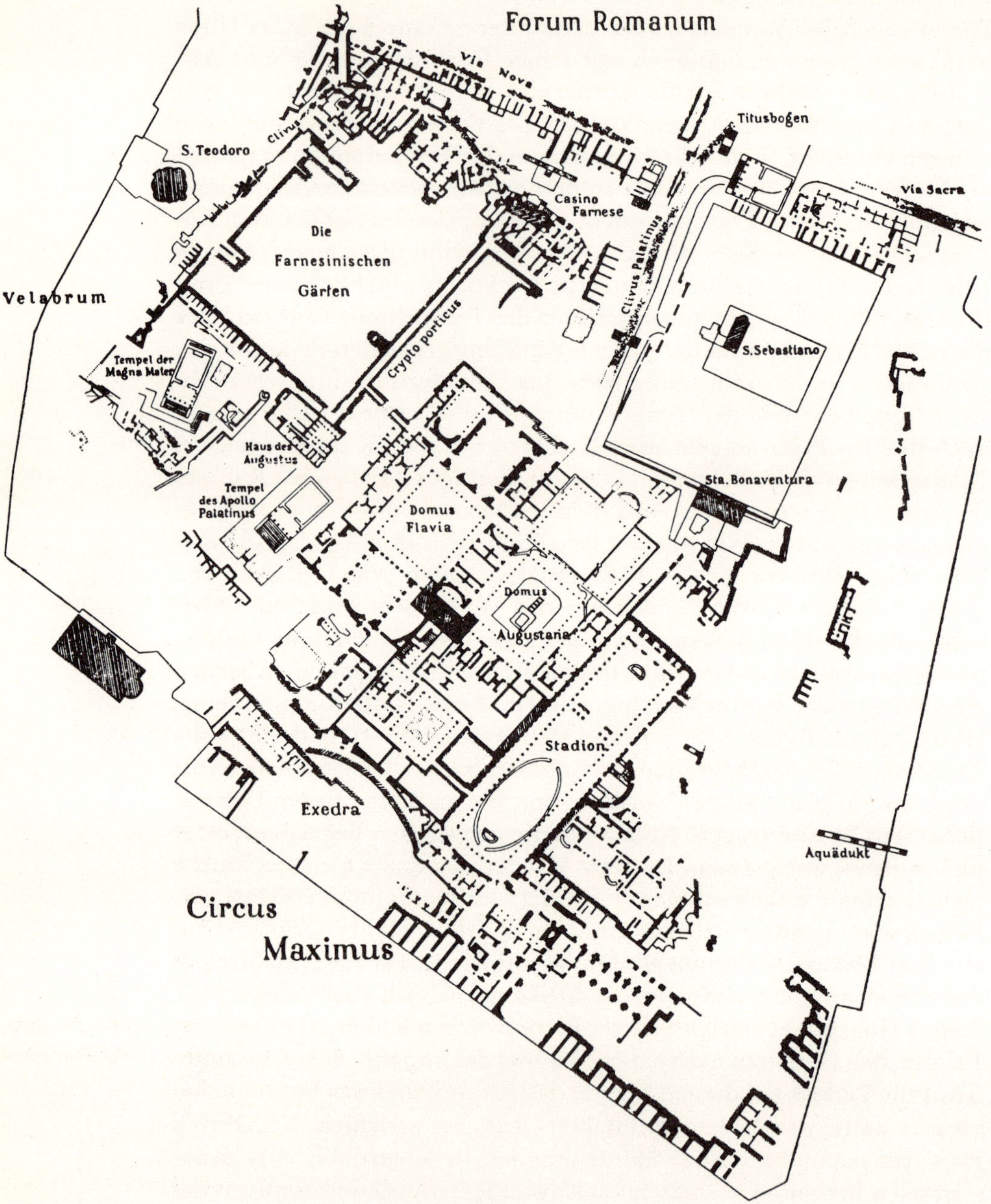

Fig. 22 – Plan des Domitianspalastes auf dem Palatin.

des östlichen, der als die eigentliche Kaiserwohnung diente, einen vergleichsweise intimeren Charakter tragen. Dieser Trakt war in großen Teilen mindestens dreigeschossig. Wer den Kaiserpalast von dem in der Talsenke zwischen Palatin und Aventin gelegenen Circus Maximus erblickte, gegen den er sich mit einer großen segmentförmigen Aussichtsterrasse über den Sitzreihen und mehrgeschossigen Substruktionen öffnete, dem mochte die emphatische Beschreibung des Statius, des Hofdichters Domitians, nicht allzu übertrieben erscheinen. Als seien die sieben Hügel der Stadt übereinander getürmt, so rage das mächtige Gebilde himmelwärts. In einer eindrucksvollen Übersteigerung dessen, was schon in der Exedra des Goldenen Hauses vorbereitet ist, in dessen Achse der große Empfangssaal lag, wird im Domitianspalast die Architektur gewissermaßen zur Bühne für den kaiserlichen Auftritt. Auch hier sammelte die weite Rundung der Exedra, in der der Kaiser bei den Spielen im Circus vor dem Palast seinen Platz hatte, einem Brennspiegel gleich die Blicke der Zuschauer, die die Ränge füllten.

Nicht weniger imposant war auch die Nordfront der Anlage. Durch einen Ehrenbogen betrat der sich ihr vom Titusbogen her Nahende einen vor ihr liegenden Platz. Aus der hohen Terrasse, die diesen in seiner ganzen Breite im Süden begrenzte, trat in der Mitte vor dem Portal zu der gewaltigen einschiffigen Aula Regia ein Altan vor, auf dem der Kaiser die Huldigung der vor ihm versammelten Menge entgegennahm. Auch dieser 30 m breite Saal hatte dem Eingang mit dem Altan gegenüber eine Exedra, in der der Thron stand. Wenn am Ende der Republik die Cella des Tempels eine Apsis erhalten hatte, den Platz für das Bild der Gottheit, die so gleichsam von dem überkuppelten Halbrund wie von einem architektonischen Mantel umgeben war, so setzt sich in dem Palast auf dem Palatin erstmalig der Kaiser an die Stelle des Gottes, indem er für sich selbst den Anspruch erhebt, Dominus und Deus zugleich zu sein. Überall, wo in dem Repräsentationstrakt des Palastes der Kaiser in Erscheinung trat, etwa in dem neben der Aula Regia liegenden dreischiffigen Gerichtssaal, der den Namen Basilica Jovis trug, hatte er seinen Platz in einer solchen Apsis, die wie in einem Tempel die Stätte, wo das Götterbild zu stehen pflegt, durch eine marmorne Schranke vom übrigen Raum abgetrennt war. Wenn dagegen die östlich der Aula Regia gelegene kaiserliche Hauskapelle ein apsisloser rechteckiger Saal war, in dessen architektonischer Gestaltung nichts den Standort der Kultbilder deutlich macht, möchte man auch darin etwas wie Absicht erkennen, um so mehr, als auch in dem großen Saal, der auf der Südseite des Peristyls in der Achse der Aula Regia liegt, das kaiserliche Ruhebett in einer segmentförmigen Ausweitung des Raumes auf einer erhöhten Estrade stand.

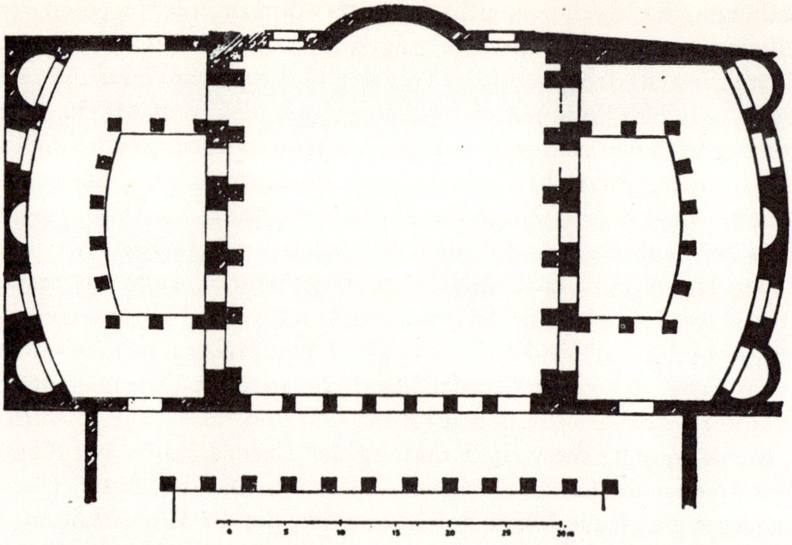

Fig. 23 – Grundriß der sogenannten Coenatio Jovis im Domitianspalast auf dem Palatin in Rom. Letztes Viertel des 1. Jahrhunderts n. Chr.

Deutlich erkennt man selbst noch aus dem Plane dieses heute bis auf die Grundmauern zerstörten Raumes, der bezeichnenderweise Coenatio Jovis, Speisesaal des jupitergleichen Kaisers, genannt wurde und den dann später Kaiser Hadrian in seiner Villa bei Tivoli als Gartensaal kopieren ließ, Züge einer barocken Gestaltung und Beziehungen zur gleich-
FIG. 23 zeitigen Wandmalerei. Gegen den weiten Säulenhof öffnete er sich in seiner ganzen Breite mit einer Säulenreihe, so daß der Blick vom erhöhten Platz des Kaisers durch sie und die ihr vorgelagerte Halle des Peristyls auf die riesige Fontäne in der Mitte des Hofes fiel. Die Seitenwände dagegen hatten zwischen Türen hohe Fenster, hinter denen in Höfen mit segmentförmig geschwungener Rückwand ebenfalls große Fontänen sprudelten. Ergänzt man vor den Wandteilen zwischen den Fenstern und Türen schlanke Säulen unter Verkröpfungen des reich dekorierten Gebälkes und stellt sich vor, wie man einst aus dem prächtigen Raum durch die hohen Fenster auf die geschwungenen Rückwände dieser Höfe schaute, in denen zwischen den Säulen der Hallen Rundnischen mit Statuen saßen, wie aus den ovalen Becken die Strahlen der Fontänen im Sonnenlicht glitzerten, dann erkennt man die gleichen Gestaltungsprinzipien wie in der gleichzeitigen Wandmalerei.

Und noch deutlicher werden die Beziehungen zur Malerei vielleicht in dem schmalen Trakt, der auf der Nordseite an das fast quadratische Peristyl mit der achtstrahligen Fontäne anschließt. In seiner Mitte liegt
FIG. 24 ein achtseitiger Raum mit Rundnischen für Statuen in den Diagonalen,

Türen in den Achsen. Nach den Seiten öffneten sich diese Türen zu halbrunden Räumen mit rechteckigen Ausnischungen; in ihren Rückwänden saßen Fenster, die den Blick durch gleichgeartete Räume auf Fontänen an den beiden Enden des Traktes führten. Diese selbst lagen unter freiem Himmel. Neben den rechteckigen Ausnischungen der halbrunden Räume führten Türen zu kleinen Räumen über halbkreisförmigem Grundriß mit Zugängen zum großen Peristyl. Während das Auge dessen, der das Oktogon betrat, den Trakt mit den hintereinander sich lagernden Räumen nach beiden Seiten bis zu den Fontänen an den Enden frei durchstreifen konnte, war ihm die Bewegung in dieser Achse verstellt. Die hintergründigen Räume erscheinen bildhaft, sind unmittelbar nicht erreichbar, ähnlich wie die Durchblicke in der gleichzeitigen Wandmalerei.

Was dem Plane des weitgehend zerstörten Repräsentationstraktes mit einiger Phantasie noch entnommen werden kann, wird in dem kaiserlichen Wohntrakt zum Teil heute noch wirkliches Erlebnis, wenn dieses sich auch bei der Kompliziertheit und der Vielgestaltigkeit der ineinander geschachtelten Raumgruppen der Wiedergabe im Bild ebenso versagt wie einer noch so ausführlichen Beschreibung.

Auf der dem skizzierten Eingangstrakt gegenüberliegenden Seite des Peristyls gewährt ein rechteckiger Saal zwischen schmäleren Räumen und Exedren den Zugang zu einem Peristyl, das in seinen Ausmaßen dem Säulenhof des Repräsentationstraktes entspricht. In seiner Mitte lag ein großes gemauertes Bassin, eine Art von künstlichem Teich. Nach Nordosten schloß sich an dieses ein weiteres Peristyl an, während auf der Südwestseite die eigentlichen Wohnräume des Kaisers lagen, die sich in streng symmetrischer Entsprechung um einige größere Säle in der Mittelachse gruppierten. Aus ihnen führen Treppenhäuser in die überaus bizarr geformten Gemächer des unteren Geschosses, in denen ähnliche Raumkompositionen wiederkehren wie in dem Vestibül des Repräsentationstraktes. Sie lagern sich um ein drittes Peristyl, das auf einem tieferen Niveau gelegen ist und eine höchst seltsam gebildete Fontäne umschließt. In einem quadratischen Bassin liegen vier von halbkreisförmigen Kanälen umzogene gemauerte Inselchen mit je zwei halbrunden Ausnischungen in ihren geraden, den Wandungen des Bassins

ABB. 33

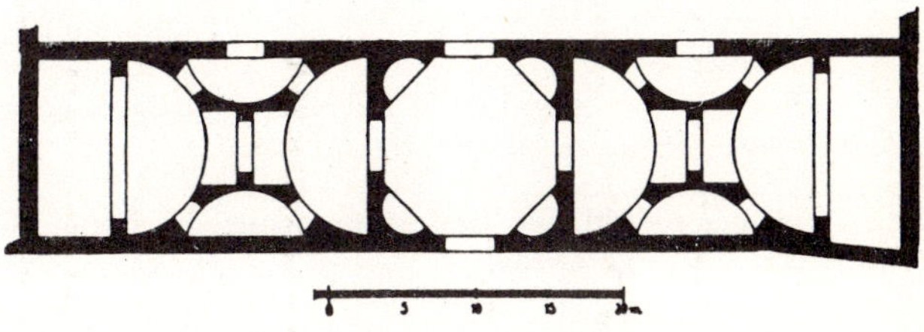

Fig. 24 – Das nördliche Vestibül des Domitianspalastes auf dem Palatin in Rom. Letztes Viertel des 1. Jahrhunderts n. Chr.

zugekehrten Seiten, so daß viermal die Form eines Amazonenschildes, einer sogenannten Pelta, entsteht.

Auf der Südwestseite legt sich an den Wohnpalast ein langgestrecktes Peristyl in Form eines Stadions, das allerdings wohl nicht als Hippodrom verwendet wurde, sondern einen Park mit Wasserkünsten umschloß, wie sich ein Garten ähnlicher Gestalt auch in der Villa Hadrians bei Tivoli befand. Spätere Kaiser haben dann den Palast umgestaltet und erweitert. So entstanden unter Septimius Severus südlich des Parks vielleicht an Stelle eines älteren Bades große Thermen. Dieser Kaiser gab der Anlage auch ihren wirkungsvollen Abschluß gegen die Talsenke zwischen Palatin und Caelius, indem er hier eine reichgegliederte, vielgeschossige Fassade mit Wasserkünsten aufführen ließ, das am Ende des 16. Jahrhunderts zerstörte Septizonium, von dessen Aussehen uns zahlreiche Zeichnungen aus der Renaissance eine Vorstellung geben.

Der Titusbogen

ABB. 34

Wer von Osten her sich dem Flavierpalast nahte, den führte sein Weg dort, wo er von der heiligen Straße zum Forum gegen den Palatin hinaufbog, durch einen Bogen, der gewissermaßen den Auftakt zu der eindrucksvollen Folge von Bauten auf dem Palatin bildete. Domitian hatte ihn, als er nach dem frühen Tod des Titus den Thron bestieg und auf seine Initiative dieser unter die Götter des Staates erhoben worden war, zum Gedenken an seinen Bruder errichten lassen. Das Denkmal ist wohl erst nach Beendigung des Kaiserpalastes auf dem Palatin entstanden, dessen einzige Zufahrt er überspannte. Es hätte nicht nur den Transport des Baumaterials für den Kaiserpalast behindert, sondern wäre auch selbst Gefahr gelaufen, dabei beschädigt zu werden. Wenn man dagegen annimmt, daß der Bogen erst zu Beginn der neunziger Jahre errichtet wurde, erklärt sich auch leichter, daß offenbar die gleiche Bauhütte den im Jahre 114 n. Chr. geweihten Trajansbogen von Benevent ausführte. Noch im 6. Jahrhundert stand auf dem Titusbogen ein von vier Elefanten gezogener Triumphwagen mit der Statue des Titus. Münzen und auch andere Quellen belehren uns, daß die Elefantenquadriga, auf der, wie einst Dionysos, Alexander der Große gegen Indien gezogen sein soll, den unter die Götter versetzten toten Kaisern gebührte.

Wenn auch das Monument durch den Einbau in eine mittelalterliche

ABB. 31 – Oberteil einer gemalten Wanddekoration des sogenannten 4. Stils aus Herkulaneum. Um 70 n. Chr. *Neapel, Museo Nazionale. Vgl. S. 104.*

ABB. 32 – Teil der südöstlichen Umfassungsmauer des Forum Transitorium in Rom. 4. Viertel des 1. Jahrhunderts n. Chr. *Vgl. S. 105.*

31

33

PIVS·SEPTIMVS·PONTIFEX·MAX

Festung stark gelitten hat und erst zu Beginn des vorigen Jahrhunderts mit großer Sorgfalt restauriert wurde – übrigens eine der frühesten und gelungensten Leistungen in der Geschichte der modernen Denkmalpflege –, so muß es doch als eine der bedeutendsten Schöpfungen der römischen Kunstgeschichte gelten. Zahlreichen Ehrenbögen, nicht nur des Altertums, sondern auch der Neuzeit, hat der Bau als Vorbild gedient. Seine Wirkung beruht in der Kraft und Klarheit seines Aufbaues. Acht Säulen, die auf hohem Sockel stehen, tragen das Gebälk, dessen Fries den Triumph des Titus über die Juden im Jahre 71 darstellt. An den Ecken sind es Dreiviertelsäulen mit ihnen entsprechenden Verkröpfungen des Gebälkes, zu seiten der Durchfahrt Halbsäulen, die mit dem über ihnen vorkröpfenden Gebälk die Bogenöffnung umschließen. Ihre Archivolte ist durch eine große Konsole mit doppelter Volute – eine Form, der wir erstmalig an diesem Bau begegnen – mit der Rahmenarchitektur verbunden. Wirkungsvoll ist der Gegensatz zwischen den glatten Wandflächen der beiden Mauerpfeiler, die nur durch schmucklose Blendnischen und über ihnen liegende gerahmte Tafeln gegliedert wurden, und der Mitte des Baues, wo in den Zwickeln zwischen der Archivolte und der sie umschließenden Architektur Victorien mit Standarten und Kränzen schweben. Schwer lagert auf diesem Unterbau der wuchtige Sockel für die Statuengruppe, die Attika.
Vergleicht man den Titusbogen mit dem nicht ganz hundert Jahre älteren Bogen von Susa, so wird gerade in dem Verhältnis der Attika zum Unterbau deutlich, daß auch er ein typischer Bau des römischen Barocks ist. Die unverhältnismäßige Höhe der Attika schafft eine eigentümliche Spannung, indem sie trotz ihres Gewichts ihren Träger nicht erdrückt, sondern gerade durch dieses ihm seine Leichtigkeit verleiht. Und als barocker Effekt mag auch gelten, wie mit Ausnahme des kleinfigurigen Frieses im Gebälk nur in den Zwickeln über der Bogenöffnung die Oberfläche durch ein Relief belebt wird, das vorbereitet auf das überraschende Erlebnis der reichen Dekoration im Inneren der Durchfahrt. Nur im Innern der Durchfahrt sind die Pilaster, von denen die Archivolte aufsteigt, mit Akanthusstauden geschmückt und nur in ihr sitzen über den glatten Sockelfeldern zwei die ganze Tiefe des Baues ausfüllende Relief-

ABB. 33 – Das südliche Peristyl im Domitianspalast auf dem Palatin in Rom. Letztes Viertel des 1. Jahrhunderts n. Chr. *Vgl. S. 111.*

ABB. 34 – Der Titusbogen auf der Höhe der Heiligen Straße in Rom. Letztes Jahrzehnt des 1. Jahrhunderts n. Chr. Im Hintergrund das Kolosseum. *Vgl. S. 112.*

bilder, über denen der plastische Reichtum der kassettierten Tonne aufsteigt.

Die Reliefs des Titusbogens
ABB. 35, 36

Zu seiner Rechten sah derjenige, der die heilige Straße zu dem Bogen auf dem Sattel zwischen dem palatinischen Hügel und dem Oppius hinaufkam, die Triumphalquadriga mit dem Kaiser, umgeben von den Liktoren. Virtus, die Personifikation der Tapferkeit wie aller männlichen Tugend, schreitet seinem Gespann voraus, dem der Genius des Senats und des römischen Volkes folgen. Victoria selbst steht an Stelle des Staatssklaven hinter dem Kaiser auf dem zweirädrigen Karren, den goldenen Eichenkranz ihm über das Haupt haltend. Wenn hier in einem historischen Relief göttliche Gestalten erscheinen, so mag das damit zusammenhängen, daß derjenige, dem zu Ehren dieser Bogen errichtet wurde, selbst bereits ein Gott ist. Und wenn nur Titus dargestellt ist, so hängt das damit zusammen, daß dieser Bogen allein ihm zu Ehren errichtet ist. Aus dem Bericht des Flavius Josephus, der wichtigsten Quelle für unsere Kenntnisse von den Vorgängen beim römischen Triumph überhaupt, erfahren wir, daß in Wirklichkeit Titus und Vespasian zusammen auf der Quadriga standen, ja, daß letzterer als der regierende Kaiser der eigentliche Triumphator gewesen sein muß. Möglicherweise war der von uns erwähnte, weiter oberhalb über dem Clivus Palatinus am Eingang zum Platz vor dem Palast stehende Bogen, von dem sich nur die in ihren Maßen mit denen des Titusbogens übereinstimmenden Fundamente erhalten haben, dem Vespasian geweiht.

Während im rechten Relief die Darstellung nur mit Einschränkungen als Wiedergabe des historischen Geschehens angesehen werden kann, fehlt in der Tafel auf der linken Seite der Durchfahrt all das, was in der rechten als Allegorie zu gelten hat. Alle in ihr erscheinenden Gestalten könnten im Triumph des Jahres 71 aufgetreten sein, wenn auch von ihnen wohl nur die drei Männer in der feierlichen Toga (die heute weitgehend zerstört sind) wenn überhaupt, einmal bestimmte Personen darstellten. Sie waren hohe Beamte, vielleicht auch hohe Offiziere, die ja beim Triumph nicht im Kriegskleid, sondern in der Staatstracht, der Toga, auftraten und die zusammen mit dem wertvollsten Teil der Beute aus dem jüdischen Krieg dem kaiserlichen Gespann unmittelbar vorauszogen. Sie begleiten die heiligen Geräte aus dem im Jahre 70 zerstörten Tempel von Jerusalem. Je acht Soldaten in kurzer Tunika, das Haupt mit Lorbeer bekränzt, tragen sie auf zwei Bahren, den sogenannten Fercula. Auf der vorderen steht der goldene Tisch für die Schaubrote zusammen mit den silbernen Trompeten, auf der hinteren der siebenarmige goldene Leuchter. Je ein Herold mit langgelocktem Haar trägt ihnen voraus an einer Stange eine Tafel, deren Inschrift die Menge, die dicht gedrängt die Triumphstraße säumte, über die Besonderheiten der Beutestücke unterrichtete. Diejenige Tafel, die hinter dem Leuchter getragen wird, leitet über zu dem Teil des Zuges, der diesem Ausschnitt aus der Prozession folgt, dem Relief mit der Quadriga in der rechten Wandung der Durchfahrt.

Dargestellt sind die Beutestücke und das ihnen folgende Gespann mit dem Kaiser, die den Höhepunkt und zugleich den Schluß der Triumphalprozession bildeten, in dem Augenblick, wo sie ein Tor passieren, nicht einen der sogenannten Triumphbögen, sondern die Porta triumphalis, die unten im Marsfeld an der Stelle stand, wo ein kleiner Bach die Grenze bezeichnete, bis zu welcher die Gerechtsame der städtischen Beamten reichte. Diese Grenze durfte seit alters kein Feldherr überschreiten, wollte er nicht des Rechtes auf den Triumph verlustig gehen, der oft erst nach langwierigen Verhandlungen bewilligt wurde. Selbst noch Vespasian und Titus mußten nach dem Bericht des Flavius Josephus, ehe sie ihre Truppen in Marsch setzen konnten, um sie mit dem Durchzug durch dieses Tor von der Befleckung durch den Krieg zu reinigen, ihren Anspruch auf den Triumph vor dem Senat rechtfertigen, der sich in der Nähe der Porta triumphalis in der Porticus der Octavia versammelt hatte. Hier an diesem Tor begann der Triumph, der oben auf dem Kapitol vor dem Tempel des höchsten Staatsgottes, dem des Jupiter Optimus Maximus, mit einem feierlichen Opfer endete. Wenn immer wieder in Reliefs und auf Münzen der Augenblick dargestellt wird, wo das Gespann des Kaisers die Porta triumphalis durchfährt und so gut wie gar nicht die Ankunft des Zuges auf dem Kapitol, so hängt das wohl damit zusammen, daß dies der Augenblick ist, in welchem dem Triumphator die höchste Ehre zuteil wird, die einem Römer widerfahren konnte. In diesem Augenblick ist er dem höchsten Gotte gleich, mit dessen Insignien er ausgezeichnet ist. Wie Jupiter trägt er das Adlerszepter, das Purpurgewand und den goldenen Eichenkranz, Insignien, die er, oben auf dem Kapitol angelangt, in dem Tempel dessen niederzulegen hat, dem er im Triumph angeglichen ist. Und ebenso ist auch der zweirädrige, von vier Schimmeln gezogene Karren, auf dem er fährt, nichts anderes als ein Abbild des Wagens, der auf dem First des kapitolinischen Tempels mit der Statue Jupiters stand. Selbst noch in der Zeit, in der das höfische Zeremoniell den römischen Kaiser, dem schließlich als einzigem der Triumph vorbehalten war, immer mehr mit den Attributen des höchsten Gottes ausstattet, verliert der Triumph als solcher nichts von der besonderen Auszeichnung des ihn Vollziehenden, aber bis zuletzt darf der Kaiser nicht in die Stadt hineinfahren, ehe der Senat ihm das Recht zu triumphieren zuerkannt hat, mag er auch längst sich in ihr im Triumphalornat bewegen.

Abgesehen von ihrer Bedeutung als den ausführlichsten Wiedergaben

eines Triumphes sind die Darstellungen im Inneren des Titusbogens aber auch die wichtigsten Denkmäler des flavischen Barock in der bildenden Kunst. Vergleicht man sie mit dem Ausschnitt aus dem etwa
ABB. 18 hundert Jahre vorher entstandenen Prozessionsfries der Ara Pacis, so ist das erste, was einem auffällt, wieviel Leere hier über den Figuren ist, mögen auch die verschiedenen Gegenstände bis an die Oberkante des Reliefs hinaufreichen. Diese aber vergittern nicht den Grund, sondern verwandeln ihn in der Art, wie sie dargestellt sind, recht eigentlich in Raum. Am deutlichsten wird das bei der Porta triumphalis, deren linker Pfeiler durch die hier sich häufenden Gegenstände, den Tisch, die Trompeten, die Tafel, dem Blick entzogen wird. Aber auch in der Anordnung der Gestalten empfindet man, wenn man sie den klar geschichteten und fest konturierten Figuren des augusteischen Reliefs gegenüberstellt, eine ganz andere Räumlichkeit. Ergänzt man in seiner Phantasie die heute zerstörten Togati im Vordergrund und prüft, wie sie sich zu den Gestalten hinter ihnen verhalten, so wird man feststellen, daß sich die Figuren in diesem Relief bis zu vier Schichten hintereinander staffelten, ohne daß etwa diejenigen, die im Hintergrund erscheinen, vor diesem stehen. Vor allem im Bereich der Porta triumphalis tauchen sie geradezu in ihn ein, verwandeln ihn in etwas Atmosphärisches. Wenn die Inschrifttafel links des Leuchters durch ihre Größe dem Betrachter näher gerückt zu sein scheint als die rechts von ihm oder gar als die, die der Herold trägt, der im Tor verschwindet, so entsteht die Vorstellung, als ziehe die Spitze des Zuges in die Tiefe, als sei etwas wie eine perspektivische Wirkung beabsichtigt, ein Effekt, der sicher einst durch die heute verblichene Farbigkeit noch verstärkt wurde. Darf man vielleicht auch das, was sich an Farbigkeit in der Wandmalerei dieser Zeit findet, nicht ohne weiteres für das Relief voraussetzen, so zeigt doch dieses schon in seinen plastischen Nuancen eine ihr verwandte Differenzierung der verschiedenen Gründe. Die Grenzen zwischen Malerei und Relief beginnen fließend zu werden, eine Erscheinung, die ja auch für den neueren Barock bezeichnend ist.

M. ULPIUS TRAJANUS
98 – 117 n. Chr.

Die Darstellungsweise in den Reliefs des Titusbogens darf als die künstlerische Voraussetzung für die größte erhaltene Reliefkomposition des Altertums gelten, für den Fries der Säule, der die Geschehnisse der beiden Kriege Trajans gegen die Daker schildert.

Die Trajanssäule

ABB. 37

Das Denkmal, das zunächst einen vergoldeten Adler, dann die Statue des Kaisers trug, wurde am 18. Mai 113 geweiht. Begonnen wurde es frühestens nach der siegreichen Beendigung des zweiten Feldzugs im Jahre 106. Der würfelförmige Sockel enthielt neben einer auf das Kapitell hinaufführenden Treppe eine Kammer, in der in einer goldenen Urne die Asche ihres Erbauers beigesetzt wurde, als er im Jahre 117 während der Vorbereitungen zum Krieg gegen die Parther in Kleinasien gestorben war. In dreiundzwanzig Windungen umzieht der Reliefstreifen den Schaft der 100 Fuß hohen Säule aus parischem Marmor. Mit Rücksicht auf den Beschauer nimmt das Relief nach oben an Höhe zu, indem sich gleichzeitig auch die Figuren strecken.

Es ist eine vollkommen neue Form des Reliefs, das bis dahin ja immer nur in einen tektonischen Rahmen eingepaßt gewesen war, der es allseitig klar begrenzte und die Komposition entscheidend mitbestimmte, mochte man auch wie bei den Rechtecktafeln des Titusbogens den Eindruck haben, die Darstellung setze sich jenseits ihres seitlichen Abschlusses fort, als sei sie nur ein bildhafter Ausschnitt. In dem Fries der Trajansäule fehlt jede nicht zum Geschehen selbst gehörende Zäsur. Jede Unterteilung, jeder Szenenwechsel erfolgt mit Mitteln der Darstellung, etwa durch Bäume, oft auch nur dadurch, daß die Gestalten einer Szene denen der anschließenden den Rücken kehren. Das bedeutet, daß, auch wenn Ort und Zeit sich im Ablauf des Berichtes verändern, das Ganze als Einheit zu gelten hat, nicht als Bild, sondern als Vorgang. Wenn diese Schilderung des kriegerischen Geschehens nur an einer einzigen Stelle – dort, wo der erste Krieg endet und der zweite beginnt – durch eine Victoria unterbrochen wird, eine Gestalt also, die nicht zur Erzählung von den Taten der römischen Heere und ihrer Gegner selbst gehört, so wird gerade durch sie, die gewissermaßen im Zwischenraum zwischen den beiden Kriegen steht, in den beiden so entstehenden Hälften die Kontinuität des Vorganges nur um so deutlicher.

Für diese eigentümliche Darstellungsweise gibt es innerhalb des Reliefs als Gattung eigentlich nur eine Vorstufe: es ist der Bericht von den Schicksalen des Telephos auf den Wänden, die den Hof umschließen, zu dem man über die breite Freitreppe des Altars von Pergamon hinaufstieg. Und wie man diesen Fries wohl nur als die Umsetzung eines Ge-

Fig. 25 – Das Wildschwein-Detail aus dem Relief der Trajanssäule auf dem Trajansforum in Rom. 2. Jahrzehnt des 2. Jahrhunderts n. Chr. Marmor.

mäldes in Relief verstehen kann, so hat auch der Fries der Trajanssäule, der einmal wie der Telephosfries farbig gefaßt war, den Charakter einer gemalten Illustration; er ist in seiner Erscheinung nicht so sehr der Plastik als vielmehr der Malerei zuzuordnen. Nicht daß er mit den Mitteln der Plastik etwa eine illustrierte Handschrift nachahme. Eher übersetzt er in eine Art von Bildbericht, was etwa Tacitus, der große Historiker dieser Zeit, hätte darstellen können. Wie – nach dem, was wir aus seinen uns erhaltenen Werken, etwa der Germania, schließen dürfen – der Geschichtsschreiber sich nicht auf die bloße Wiedergabe historischer Fakten beschränkte, sondern auch das Land, die Leute und ihre Sitten beschrieb, so schildert auch der Fries der Trajanssäule mehr als nur die Ereignisse der beiden Kriege, das heißt das, was durch die Menschen und mit ihnen als den Trägern der Handlung geschieht. Es erscheinen
FIG. 25 Berge, Flüsse, Städte, Wälder; ja selbst die Einsamkeit der Talgründe, durch die das Wildschwein streift, wird im Bilde eingefangen.

Für die Einzelheiten lassen sich wohl Vorstufen im Relief finden, etwa in Hirtenbildern oder Jagdszenen. Wie aber das Ganze zu einer vielfältigen Folge verwoben wird, ist erstmalig und, zum mindesten nach dem, was uns aus dem Altertum erhalten blieb, einzigartig. Der Besonderheit des Vorwurfs entspricht die Eigenart der Ausführung. Wie nie zuvor wird nicht nur die Landschaft, sondern zugleich auch ihre Weite, werden Raum, Atmosphäre, Stimmung mit den Mitteln der plastischen Wiedergabe in dieses Relief hineingenommen und nicht selten bis an die Grenze dessen getrieben, was dieses als Gattung zuläßt. Man begreift es, daß dieser Fries, der ja niemals der Sichtbarkeit entzogen war, als man im 15. Jahrhundert sich von den Fesseln der mittelalterlichen Vorstellungswelt frei machte, eine große und vielleicht nicht ungefährliche

Wirkung auf die Künstler ausüben mußte. Wir wissen, daß Michelangelo selbst eine Zeitlang der Trajanssäule gegenüber gewohnt hat und ihre Darstellungen »sehr gelobt« haben soll.

Wir haben keine Nachricht, woher die Künstler stammten, die diesen Fries von 200 Metern Länge entwarfen und ausführten. Im griechisch sprechenden Osten suchen wir auch für Details vergeblich nach Vergleichbarem. Denn allgemeine Beziehungen zu hellenistischen Vorstufen, die für die römische Kunst durch die ganze Kaiserzeit aufzudekken wären, besagen nicht sehr viel. Sicher konnte ein Relief wie dieser Fries auch nur auf dem Boden Roms entstehen, was jedoch nicht heißen soll, daß es stadtrömische Bildhauer waren, die hier am Werke waren. In dieser Zeit, in der das römische Imperium seine größte Ausdehnung gewann und vom Persischen Golf bis zum Atlantik, vom Schottenwall bis an die Grenze der Sahara reichte, wird es überhaupt illusorisch, die Künstler in der Hauptstadt dieses Weltreiches, die aus allen Gegenden hier zusammenströmten, um dem kaiserlichen Auftraggeber bei der Verwirklichung seiner Pläne zu dienen, nach ihrer Herkunft zu beurteilen. Ebenso sicher wie sie nicht gebürtige Römer waren, ebenso sicher ist doch auch, daß nur hier in Rom der Boden bereitet war, auf dem ihre Kunst sich entfalten konnte. Wie anderthalb Jahrtausende später Raffael oder Michelangelo, mochten sie auch aus Urbino oder Florenz stammen, diejenigen sind, die der Papststadt Rom das künstlerische Gepräge gaben, das so nur hier und nicht in Umbrien oder in der Toskana denkbar ist, müssen auch im Rom der trajanischen Zeit, mögen die Künstler selbst Fremde gewesen sein, ihre Werke als römisch im eigentlichen Sinne gelten. Was will es da heißen, wenn einer der Künstler, die an den großen bildhauerischen Aufträgen für die Ausgestaltung des Trajansforums beteiligt waren, zufälligerweise mit seinem Namen bekannt ist. Er hieß Orestes, stammte also wohl aus dem griechisch sprechenden Osten, wiewohl seine Signatur lateinisch geschrieben ist.

Das Trajansforum

Die Bedeutungslosigkeit der Herkunft für den Charakter der künstlerischen Leistung ist in der Architektur dieser Zeit noch eklatanter als in der weitgehend anonymen bildenden Kunst. Der Architekt Apollodorus, der im Auftrage Trajans das großartigste in der Reihe der Kaiserfora erbaute, stammte aus Damaskus, war also seiner Herkunft nach ein Orientale. Und doch ist das, was er schuf, nur von dem her zu verstehen, was in den älteren Kaiserfora und in der städtischen Architektur vorgebildet ist, die nach den großen Bränden unter Nero und Domitian entstanden war. Die Architekten der Domus Aurea scheinen nach ihren Namen Römer gewesen zu sein oder stammten doch wenigstens aus dem lateinisch sprechenden Westen, und auch der Erbauer des Domitianspalastes, Rabirius, der in seinem Werk die im Goldenen Haus verwandten

Raumformen weiterbildet, war offenbar ein Römer. Auch kennen wir aus der gleichzeitigen oder älteren Architektur des Ostens keine einzige Anlage, die als Vorbild für das Trajansforum gelten könnte. Dagegen finden sich in Rom selbst vielfache Vorstufen. Aber auch in den großen Militäranlagen, etwa dem Zweilegionenlager von Vetera, das gerade in trajanischer Zeit umgebaut wurde, finden wir Eigentümlichkeiten, die auf die Planung des Trajansforums eingewirkt haben könnten, und von Apollodorus wissen wir, daß er Trajan auf seinen Feldzügen im Donaugebiet als Militärarchitekt begleitet hat. Er war der Erbauer der Brücke über die Donau, über die er auch eine Schrift verfaßt haben soll. Gerade aber die militärischen Anlagen waren bestimmt durch die Bedürfnisse der Armee, in der, mochte sie sich aus den verschiedensten Provinzen des Reiches rekrutieren, mehr als in jeder anderen Institution die jahrhundertealte römische Tradition lebendig blieb.

Wann Apollodorus dem Kaiser den Entwurf für das Trajansforum vorgelegt hat, das geweiht wurde, ehe er im Jahre 114 zum Kriege gegen die Parther aufbrach, wissen wir nicht. Wenn als frühestes Datum für die Säule, die wohl zum ursprünglichen Plan der Anlage gehörte, das Ende des Zweiten Dakischen Krieges zu gelten hat, dann müßte der kolossale Komplex, dessen Ausführung gewaltige Erdarbeiten vorausgingen, in kaum sechs Jahren entstanden sein. Die Talsenke zwischen Kapitol und Quirinal reichte nicht hin, um ihn aufzunehmen. Eine alte Straße am Osthang des Kapitols und das Cäsarforum, dessen Wiederherstellung nach dem großen Brande im Jahre 80 Trajan zu Ende führte, schränkten im Westen den zur Verfügung stehenden Raum ein, den im Süden das Augustusforum begrenzte. Das notwendige Areal mußte daher auf der Ostseite gegen den Quirinal gewonnen werden, dessen Westhang damals entscheidend verändert wurde. Auf die hier notwendig werdenden Arbeiten weist die Inschrift auf dem Sockel der Trajanssäule hin, die berichtet, daß ihre Höhe der Höhe des damals abgetragenen Erdreichs entspreche.

Wie in den Prätorien der Legionslager legt sich an die Rückseite des

ABB. 35 – Die Beute des jüdischen Krieges. Relief aus dem Durchgang des Titusbogens in Rom. Letztes Jahrzehnt des 1. Jahrhunderts n. Chr. *Marmor. Höhe 2,04 m.*

ABB. 36 – Der Triumph des Titus. Relief im Durchgang des Titusbogens in Rom. Letztes Jahrzehnt des 1. Jahrhunderts n. Chr. *Marmor. Höhe 2,04 m.*

ABB. 37 – Ausschnitt aus dem Reliefband der Trajanssäule auf dem Trajansforum in Rom. 2. Jahrzehnt des 2. Jahrhunderts n. Chr. *Marmor. Vgl. S. 121.*

35

36

38

großen rechteckigen Hofes, der auf den Längsseiten von weiträumigen Hallen eingefaßt wird, eine fünfschiffige Basilika mit je einer halbrunden Apsis an den beiden Enden. Sie war mit Ziegeln aus vergoldeter Bronze gedeckt. In die Mitte der auswärts geschwungenen Mauer, die den Platz im Süden abschloß, ließ der Senat im Jahre 116 zum Gedächtnis an die Dakerkriege als Eingangsbau einen mächtigen dreitorigen Bogen setzen, der den von sechs Rossen gezogenen Triumphkarren mit der Statue des Kaisers trug. Ihm gegenüber erhob sich hinter der Basilika, in deren Reliefschmuck ebenfalls die Dakerkriege verherrlicht wurden, mitten in einem kleinen Hof die Säule, die noch ein drittes Mal den Ruhm des Siegers über die Daker und seine Taten verkündete, wie ihn auch die riesige Reiterstatue in der Mitte des Platzes vor der Basilika als den Überwinder der Daker feierte.

Unklar bleibt bei der ganzen Anlage allein, wie sie ursprünglich einmal im Norden gestaltet war. Denn der kleine Hof hinter der Basilika, in dem sich die Säule zwischen zwei Bibliotheken wie mit einer riesigen Schriftrolle umwunden erhob, muß einst doch wohl auch auf seiner Nordseite durch einen Bau eingefaßt gewesen sein. Vielleicht war man hier noch an der Arbeit, als die Nachricht vom Tode des Kaisers in Rom eintraf und sein Nachfolger Hadrian die goldene Urne mit seiner Asche in feierlichem Triumph in die Hauptstadt brachte, um sie in dem Sockel der Säule beizusetzen. Damals erst entstand hinter ihr auf hohem Podium der mächtige Tempel, in dessen halbrunder Apsis die Statue des unter die Götter erhobenen Toten, des größten Feldherrn der römischen Kaiserzeit, ihren Platz erhielt. Erst durch diesen Tempel in ihrer Achse wird die Anlage des Trajansforums den anderen Kaiserfora angeglichen, die es durch seine Ausmaße und seinen Prunk übertraf. Noch in der Mitte des 4. Jahrhunderts, als große Brandkatastrophen bereits zu irreparablen Schäden geführt hatten, hielt der damals regierende Kaiser Constantius II., obwohl sein Vater Konstantin die nach ihm benannte Stadt am Bosporus mit Kolossalbauten prunkvoll ausgestattet hatte, das Trajansforum für die großartigste ihm bekannte architektonische Schöpfung. ABB. 38

Von den übrigen Kaiserfora unterscheidet sich das des Trajan vor allem

ABB. 38 – Die östliche Exedra des Trajansforums in Rom mit der mittelalterlichen Torre delle Milizie. Anfang des 2. Jahrhunderts n. Chr.

ABB. 39 – Überdeckte Basarstraße östlich des Trajansforums in Rom. Anfang des 2. Jahrhunderts n. Chr. *Vgl. S. 132.*

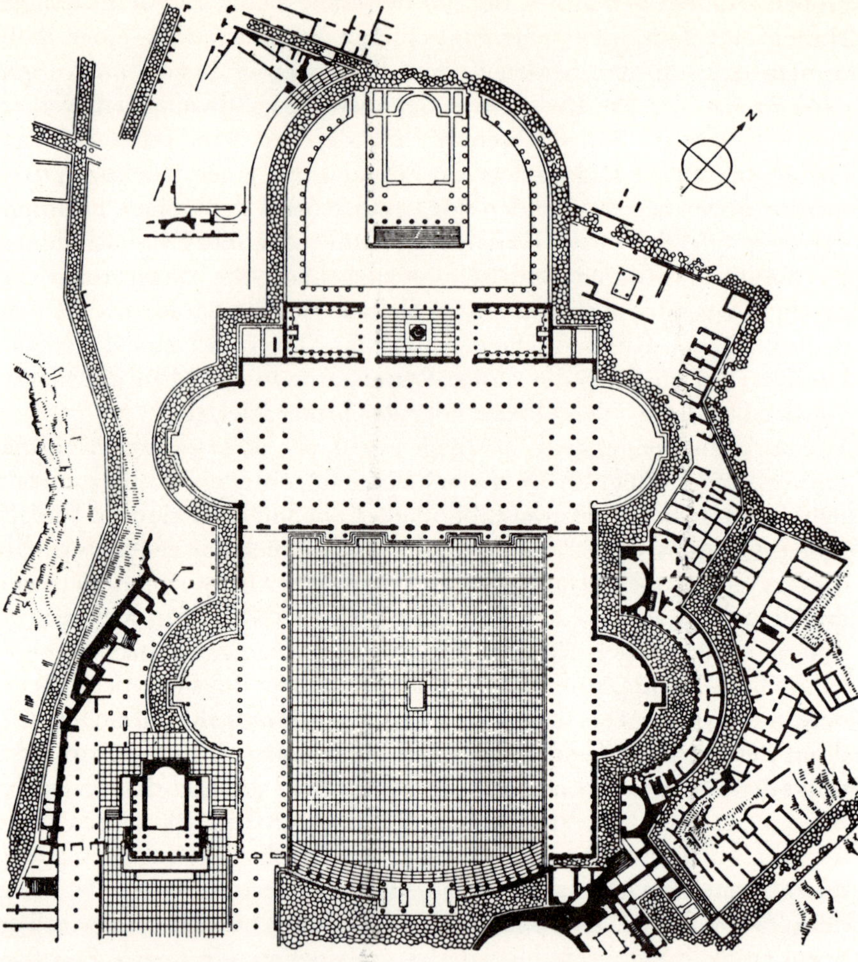

Fig. 26 – Der Plan des Trajansforums in Rom.

durch die sich quer hinter den Platz legende Basilika, die, wie wir angedeutet haben, wohl durch Vorbilder aus der Militärarchitektur angeregt wurde, wie ja auch die Säule, die zunächst wie ein römisches Feldzeichen mit einem Adler bekrönt war, im Ganzen der Anlage die Stelle einnimmt, an der in den Prätorien die Feldzeichen ihren Platz hatten. Unter den Vorgängerbauten in Rom hat die Anlage in ihrer endgültigen Gestalt die größte Ähnlichkeit mit dem ihr benachbarten Augustusforum. Ja schon in ihrer ursprünglichen Form, ehe der Trajanstempel als Abschluß und Krönung errichtet wird, lehnt sie sich in einigen Besonderheiten offensichtlich an dieses an. Vom Augustusforum sind vor allem die beiden großen Exedren angeregt, die sich hinter die den Platz flankierenden Hallen legen und die, wie die Exedren des Augustusforums, in ihrer Achse je eine große Statuennische enthielten. Diese Exedren und die Rückwände der Hallen, aus denen sie heraustreten, hatten einst eine solche Höhe, daß sie demjenigen, der den Forumsplatz betrat, die Abhänge der beiden Hügel im Osten und Westen verbargen. Wenn heute den Besucher des Trajansforums vor allem die eindrucksvolle Terrassenanlage am Westhang des Quirinals fasziniert, so war diese auf jeden Fall vom Forum aus nicht sichtbar, wie sich ja nichts ihr entsprechendes auf der Seite zum Kapitol hin fand. Sie ist, auch wenn sie im Zusammenhang mit dem Trajansforum entstand und in der Inschrift am Sockel der Säule auf sie angespielt wird, etwas, das nicht zum Forum selbst gehört. Dieses war rings von einer bis zu 12 m breiten Straße umzogen. Was jenseits dieser Straße lag, hatte mit dem Forum als solchem nichts zu tun.

Zunächst dient die Anlage am Westhang des Quirinals dazu, den Hügel zu sichern. Aber diese Substruktionen sind nutzbar gemacht, indem sie zu mehrgeschossigen Folgen von Läden, Magazinen und Geschäftsräumen ausgebaut sind, die der staatlichen Verwaltung unterstellt waren. Zu den Pflichten der Kaiser gehörte es, je größer die Hauptstadt wurde und je mehr die Bevölkerung ihre soziale Struktur veränderte, sich um eine geregelte Versorgung zu bekümmern. Jede Störung konnte schwerwiegende politische Folgen haben. Dazu war es allmählich üblich geworden, daß man aus bestimmten Anlässen den Angehörigen der unteren Klassen, den Kleinbürgern, Handwerkern, Angestellten und Arbeitern außer Geld auch Lebensmittel schenkte, vorzüglich Brotgetreide,

Fig. 27 – Schnitt durch die östliche Exedra des Trajansforums mit den sogenannten Mercati.

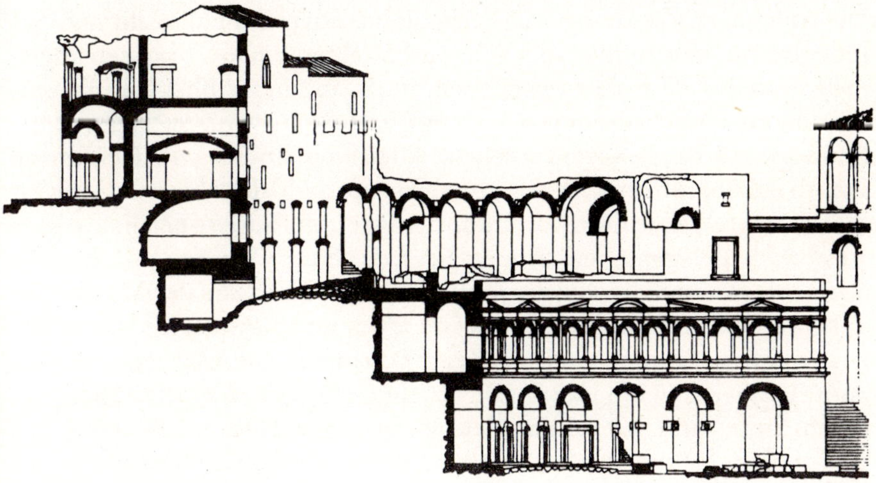

Öl und Wein. Notwendig zur geordneten Verteilung war zunächst einmal eine rationelle Anlage der Zufahrtsstraßen. Die beiden unteren Ge-
FIG. 27 schosse der Terrassenanlage am Westhang des Quirinals, von denen das obere dem Gefälle des Hanges entsprechend weiter zurückliegt, aber durch einen ihm vorgelagerten Gang mit Bogenfenstern in die Flucht der unteren Ladenreihe vorgezogen ist, konnten von der Straße auf der Ostseite des Forums beliefert werden. Der Exedra auf der Ostseite des Forums und der sie umziehenden Straße entsprechend weicht die Reihe der gewölbten Kammern, die heute noch aufrecht stehen, gegen den Berghang annähernd zu einem Halbrund zurück. Das dritte und das vierte Geschoß, die aus Mauern und Treppenansätzen erschlossen werden können, wurden von einer Straße aus erreicht, die oberhalb des zweiten Geschosses weiter ostwärts liegt und an deren Ostseite drei- und viergeschossige Lagerhäuser heute teilweise noch bis unter das Dach aufrecht stehen. Stellenweise konnte man in diese Lagerhäuser von noch höher gelegenen Straßen aus mit den Fuhrwerken hineinfahren. Um von der Witterung unabhängig zu sein, ist die von dreigeschossigen Magazinen umgebene Stichstraße mit mächtigen, auf Konsolen fußenden
FIG. 28 Kreuzgewölben überdeckt, so daß etwas entsteht, das einem orientali-
ABB. 39 schen Basar vergleichbar ist. Wenn solche Basarstraßen sich heute auch in Damaskus finden, so sollte das allerdings nicht zu dem Fehlschluß führen, Apollodorus habe diesen Bautypus aus seiner Heimat nach Rom importiert. Ganz abgesehen davon, daß alle Basarstraßen des Orients wesentlich jüngeren Datums sind als die auf der Ostseite des Trajansforums, ist es durchaus noch nicht entschieden, daß dessen Erbauer auch die Magazinbauten am Abhang des Quirinals errichtete, mag auch gerade in ihrer Planung am ehesten das Wirken eines Militärarchitekten zu erkennen sein.

Die Anlage am Westhang des Quirinals hat auf jeden Fall nicht nur ihre topographischen, sondern auch ihre architektonischen Voraussetzungen in Rom selbst. Um sie zu verstehen, muß ein kurzer Blick auf die entscheidenden Veränderungen im Stadtbild Roms während des 1. Jahrhunderts n. Chr. geworfen werden. Allerdings sind unsere Kenntnisse von den Lebensbedingungen in der Hauptstadt des Reiches mehr als lückenhaft. Wie die Stadt am Ende der Republik ausgesehen hat, wissen wir nur aus gelegentlichen Äußerungen der Historiker. So muß es in den Vierteln, wo die Kleinbürger lebten, etwa in der Nähe der Märkte am Tiber, schon im 2. Jahrhundert v. Chr. drei- und vierstöckige Häuser gegeben haben. Einmal, am Ende des 3. Jahrhunderts v. Chr., erfahren wir zum Beispiel, daß ein Ochse sich auf dem Rindermarkt selbständig gemacht hatte, um vor seinen Verfolgern in ein Haus zu flüchten, aus dessen drittem Stockwerk er dann auf die Straße stürzte. Der vornehme

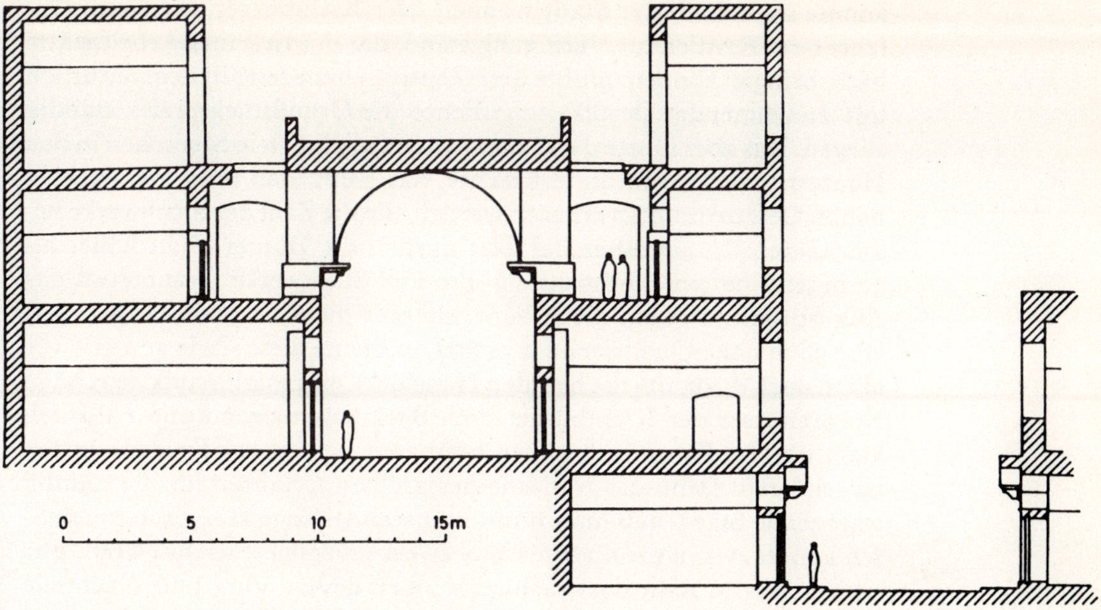

Fig. 28 – Schnitt durch die Basarstraße und die Via Biberatica östlich des Trajansforums.

Römer wohnte natürlich »ebenerdig«, wie etwa Augustus in seinem Hause auf dem Palatin und wie die Bewohner der Küstenstädte am Golf von Neapel. Hinter dem sogenannten Atriumshaus, der Gruppierung von einzelnen Wohnräumen um einen in der Mitte des Hauses gelegenen Lichthof, in dem in alter Zeit einmal der Herd gestanden hatte, besaß derjenige, der es sich leisten konnte, einen von Säulenhallen umgebenen Hof, ein Peristyl, das auch als Garten ausgestaltet sein konnte. Wo genügend Platz war, schloß sich an das Peristyl noch ein geräumiger Garten an. Lag das Haus an einem Hang, so schuf man ihm die notwendige Plattform, indem man es, wie etwa das Haus des Augustus, teilweise unterkellerte und die so sich ergebenden überwölbten Räume auch als Wohngemächer in der heißen Jahreszeit benutzte. Letztlich ist auch der von Domitian erbaute Palast auf dem Palatin nur ein ins Kolossale übersteigertes solches Abhanghaus.

Die Entstehung des kaiserzeitlichen Großstadthauses

Aber derartige Häuser und Paläste konnten sich nur die Wohlhabenden leisten. Das waren im Rom der frühen Kaiserzeit sicherlich nicht wenige. Denn nur so ist es zu verstehen, daß die Stadt, in der der ganze Reichtum des Imperiums zusammenströmte, bereits in augusteischer Zeit so weit über ihren Mauerring aus dem 4. Jahrhundert v. Chr. hinausgewachsen war, daß man von seiner Höhe überhaupt nicht mehr erkennen konnte, wo Rom eigentlich aufhörte. Doch nur der Vermögende konnte außerhalb der Stadt wohnen. Der Kleinbürger, dem kein Gefährt oder Reittier zur Verfügung stand, das ihn zu seiner Arbeitsstätte hätte bringen können, mußte dem Zentrum nahe sein, in dem natürlich mit zunehmender Bevölkerungsdichte die Grundstückspreise ständig stiegen. Das aber führte dazu, daß man möglichst viele Menschen in den Häusern im Zentrum unterbrachte, das heißt, daß man mehrstöckig baute. Gesetze mußten erlassen werden, die die Zahl der Stockwerke beschränkten. In augusteischer Zeit durften die Häuser nicht höher als 20 m sein, hatten allerhöchstens also fünf Stockwerke. Wenn etwa das Augustusforum gegen die Subura, ein sehr dicht bevölkertes Quartier, eine 36 m hohe Quadermauer besitzt, so diente diese – wie gesagt – vor allem auch dazu, um die hier den Hang des Quirinals hinaufkletternden Etagenhäuser der Kleinbürger dem Blick zu entziehen und natürlich auch um das Forum mit seinen kostbaren Bauten vor Feuersbrünsten zu schützen. Denn das war eine der größten Gefahren für die ständig wachsende Stadt, daß man fünf- und sechsstöckige Häuser nur errichten konnte, wenn die obersten Stockwerke möglichst leicht waren. Für sie verwandte man das Fachwerk, über dessen Vor- und Nachteile Vitruv, ein Zeitgenosse des Augustus, von dem wir die ausführlichste Nachricht über das damalige Bild der Großstadt besitzen, uns mit wenigen Worten das Wesentlichste mitteilt:

Die Nachteile bestanden vor allem darin, daß »sich durch das Arbeiten der senkrechten und waagerechten Balken Risse im Verputz bilden. Denn wenn das Mauerwerk getüncht wird, dann schwellen die Hölzer durch die Feuchtigkeit. Beim Trocknen dagegen schwinden sie und zerreißen den Verputz.« Vor allem aber bedeutete die Notwendigkeit, daß die Mietshäuser in den oberen Stockwerken Kochstellen besitzen mußten, eine ständige Gefahr. Wenn einmal ein Brand ausbrach, dann war es, trotz einer wohlorganisierten Feuerwehr und des Wasserreichtums, der den großen Aquädukten verdankt wurde, kaum zu verhindern, daß er bei der skizzierten Bauweise auf die Nachbarhäuser übergriff, so daß die Stadt immer wieder von riesigen Feuersbrünsten heimgesucht wurde. Natürlich dürfen wir nicht erwarten, daß sich im Boden Roms von einem der frühen Mietshäuser noch mehr verberge als allenfalls Reste des Erdgeschosses. Aber in den Städten am Abhang des Vesuvs, dessen Asche sie bei dem furchtbaren Ausbruch des Vulkans am 15. August des Jahres 79 n. Chr. begrub, haben sich, wenn auch in bescheidenerem Maße, Häuser erhalten, die die Angaben Vitruvs bestätigen können und das,
FIG. 29 was er beschreibt, zu illustrieren vermögen. Da stehen auf der Nord-
ABB. 40 seite einer einst zum Meeresstrand hinabführenden Straße in Herkulaneum, das wie Pompeji damals in dem Aschenstrom versank, dem es jetzt dank den Bemühungen der italienischen Ausgräber wieder zu ent-

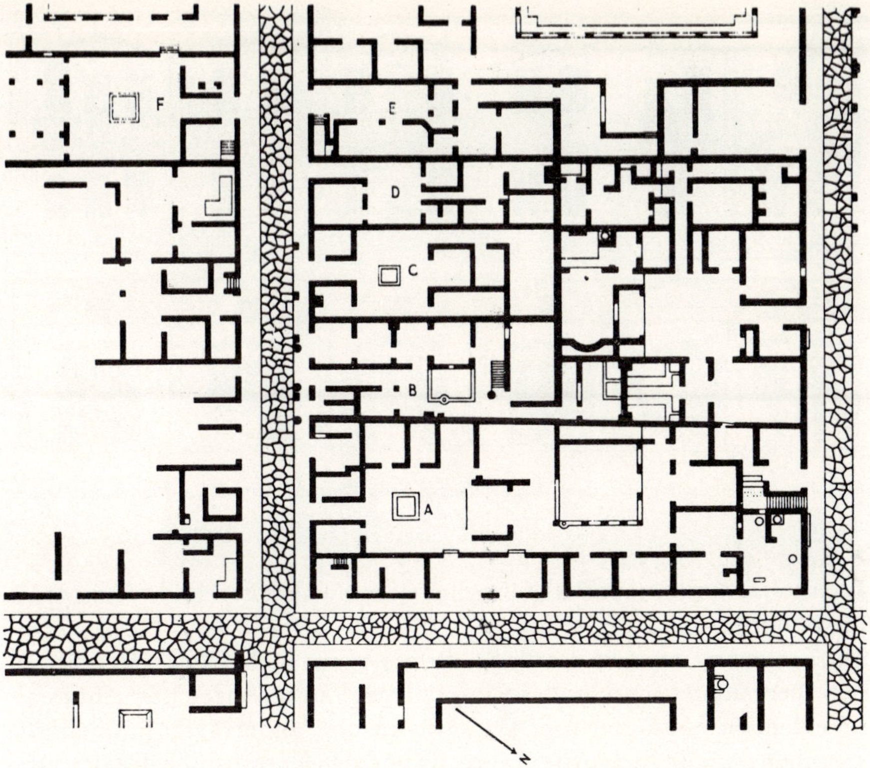

Fig. 29 – Ausschnitt aus dem Stadtplan von Herkulaneum mit dem spätrepublikanischen Atriumhaus und den sich nach Westen anschließenden Kleinbürgerhäusern aus neronischer Zeit.

steigen beginnt, nebeneinander zwei Häuser. Von ihnen vertritt das vordere jenen Typus, den wohlhabendere Bürger bewohnten, mag es auch während des Erdbebens im Jahre 63 so schwer mitgenommen worden sein, daß sein Besitzer sich genötigt sah, in das hohe Atrium, um es zu vermieten, ein Zwischengeschoß einzubauen, für das Fenster in die Frontmauer eingebrochen wurden. Der Grundriß läßt noch klar die für diesen Haustypus charakteristische Folge von Atrium und Peristyl erkennen. Die Nachbarhäuser, deren Obergeschosse bis an die Kante des Bürgersteiges vortreten und auf Ziegelpfeilern ruhen, sind dagegen typische Stockwerkhäuser, wie sie, nur natürlich höher, das Straßenbild im Stadtkern Roms bestimmt haben – schmal, engbrüstig, mit Ausnahme des massiveren Erdgeschosses aus Fachwerk aufgebaut, erinnern sie an Häuser in den heutigen Kleinbürgerquartieren Neapels. Glücklich mochte sich der nennen, der an der Straße eine Etage gemietet hatte und vielleicht gar einen Balkon besaß. Wer im Hinterhaus wohnte, das ein steiler

FIG. 29, A

FIG. 29, B-E

Fig. 30 – Die Straßenfront der Horrea Epagathiana in Ostia. Nach der Mitte des 2. Jahrhunderts n. Chr.

Lichtschacht nur unzulänglich erhellte, sah wohl aus seinem Fenster nie die Sonne.

Doch schon zu der Zeit, als die Städte am Vesuv in der Asche verschwanden, beobachtet man auch in ihrer Erscheinung Anzeichen einer entscheidenden Veränderung. Das, was in den anderthalb Jahrzehnten zwischen dem Erdbeben des Jahres 63 und der Katastrophe des Jahres 79 entstand und zum Teil noch unvollendet war, als die Städte verschüttet wurden, läßt erkennen, daß sich auch hier die Bauweise durchsetzte, die für die Anlage am Westhang des Quirinals in Rom charakteristisch ist. Es sind Bauten, die nach den gleichen Prinzipien errichtet wurden, nach denen Nero die im Jahre 64 durch Brand verwüstete Hauptstadt wieder aufbauen ließ und die vielleicht die beiden Architekten entwickelt hatten, die ihm damals das Goldene Haus erbauten. Diese Bauweise bestimmt hinfort das Bild der Hauptstadt und setzt sich auch an anderen Orten durch. Am klarsten spiegelt sich die bauliche Entwicklung Roms in der ihm benachbarten Hafenstadt Ostia, in der in der ersten Hälfte des 2. Jahrhunderts, nachdem Trajan den Seehafen an der Mündung des Tiber in großzügiger Weise hatte erweitern lassen, sich eine sehr rege Bautätigkeit entfaltete.

Wenn es hier auch kaum zu Schöpfungen von den Ausmaßen der stadtrömischen Häuser am Abhang des Quirinals kommt, so ergänzen doch die Bauten Ostias das Bild dessen, was in Rom an einigen Stellen erhalten blieb. Sie geben vor allem auch wichtige Aufschlüsse über die
FIG. 30, 31, 32
neue Form des Wohnhauses. Es ist sicher kein Zufall, daß der bis dahin gültige Typus des ebenerdigen Atriumshauses in Ostia überhaupt nicht

Fig. 31 – Hof der sog. Casa di Diana in Ostia. Nach der Mitte des 2. Jahrhunderts n. Chr.

mehr erscheint. Auch der reiche Kaufherr bewohnt nun eine Etage, eines der oberen Stockwerke seines Handelshauses, und für den Kleinbürger entsteht jetzt das, was wir heute als Mietskaserne zu bezeichnen pflegen.

Damit verwandelt sich auch das Stadtbild. Die Vielfalt der nach dem Geschmack der einzelnen gestalteten Hausfronten weicht der Uniformierung der hohen Baufluchten mit dem gleichmäßigen Rhythmus der Fensterreihen, wie wir sie am eindrucksvollsten heute noch in der Straße antreffen, die südlich des oben erwähnten Basarbaues des Trajansforums entlang zieht. Nur hin und wieder erhält einmal eine Tür eine repräsentative Gestaltung durch eine sie umschließende Ädikula. Dabei fehlt es besonders in der Erscheinung der Handelshäuser Ostias nicht an eindrucksvollen Zeugnissen künstlerischer Gestaltungskraft. Aber sie verlagert sich in das Innere. Hier sind es vor allem die großen rechteckigen Höfe, denen nicht selten eine palastartige Monumentalität verliehen wird; indem sie allseitig von mehrgeschossigen Korridoren umgeben werden, die sich mit Bogenarkaden und Bogenfenstern gegen sie öffnen, entstehen Anlagen, in denen man Vorstufen mittelalterlicher und späterer Paläste erkennen möchte. Wenn in dem Bilde dieser Höfe das künstlerische Requisit der alten Herrenhäuser, die Säule mit dem auf ihr ruhenden Gebälk, der Pfeilerarkade gewichen ist, so offenbart sich darin ein neuer Lebensstil, eine vorwiegend von rationalen Gesichtspunkten bestimmte Baugesinnung, die in ihrer Klarheit und Sachlichkeit bisweilen von wirklicher Schönheit ist, gerade weil sie das Scheindasein

ABB. 41

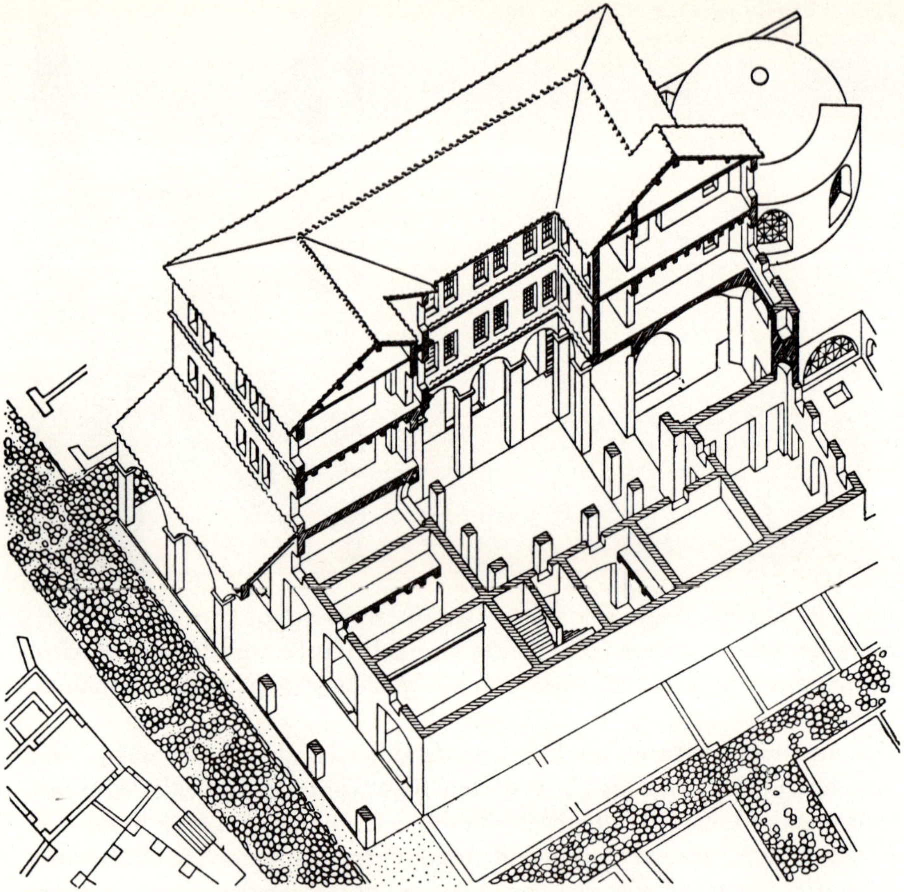

Fig. 32 – Axonometrische Ansicht der sogenannten Casa di Serapide in Ostia. 2. Viertel des 2. Jahrhunderts n. Chr.

des Herkömmlichen durch Formen ersetzt, die in sich sinnvoll und notwendig sind.

Aber es würde das Bild der Architektur dieser ersten Hälfte des 2. Jahrhunderts einseitig verfälschen, wollte man nur die im Städtebau sich manifestierenden Formen als wesentlich ansehen. Wie schon im Goldenen Haus des Nero und im domitianischen Palast auf dem Palatin die mit Wölbung, Arkade und Kuppel arbeitende Konstruktionsweise mit den Gestaltungsprinzipien des klassischen Gliederbaues verbunden wird, so sind auch weiterhin, vor allem in den riesigen Villen der Zeit, aber auch im Sakralbau die beiden an sich heterogenen Strukturen einander zugeordnet. Ja, eigentlich erst jetzt werden sie zu einer künstlerischen Einheit miteinander verschmolzen, die, wie manches, das durch den Klassizismus der augusteischen und tiberianischen Zeit in den Hintergrund gedrängt worden war und jetzt wieder in Erscheinung tritt, in der spätrepublikanischen Zeit bereits vorbereitet war. So hat beispielsweise die Verbindung von Wölbe- und Gliederbau, die sich seit dem Beginn des 2. Jahrhunderts durchsetzt, ihre Vorstufen in den großen Anlagen der sullanischen Zeit, etwa in dem Heiligtum von Palestrina/Praeneste, in dessen Terrassen und Rampenstraßen, soweit wir erkennen können, erstmalig Tonnengewölbe auf einer klassischen Säulenordnung ruhen.

P. AELIUS HADRIANUS
117–138 n. Chr.

Könnte noch in den Schöpfungen des Celer, Severus und Rabirius auf die klassische Ordnung, die als Wandgliederung oder als Säulenperistyl mit flacher Decke von dem andersartigen Kernbau ablösbar wäre, unschwer verzichtet werden, ohne daß die ihre Bauten bestimmenden Raumschöpfungen sich wesentlich verändern würden, so treten seit dem Beginn des 2. Jahrhunderts Gliederbau und Massenbau in eine völlig neuartige Beziehung zueinander. Die Konstituierende der klassischen Ordnung, die Säule mit ihrem Gebälk, wird künstlerisch wie funktionell mit dem modernen Wölbebau zu einer unauflösbaren Einheit verbunden. So seltsam es zunächst klingen mag, so scheint diese Synthese der beiden wesensmäßig so verschiedenen Strukturen zu einem sich wechselseitig bedingenden architektonischen Gefüge mit einem neuen Durchbruch klassizistischer Tendenzen in dieser Zeit zusammenzuhängen. Hatte die Entwicklung in der zweiten Hälfte des 1. Jahrhunderts n. Chr. dazu geführt, die klassische Ordnung gegenüber dem Wölbebau in den Hintergrund zu drängen, sie zur Dekoration zu entwerten, so wird sie jetzt als ein integrierender Teil dem Wölbebau eingegliedert.

Die Villa Hadriana bei Tivoli

Von dem aus Spanien stammenden Hadrian, der im Jahre 117 den römischen Kaiserthron bestieg und der mehr als alle Kaiser vor und nach ihm ein überzeugter und leidenschaftlicher Philhellene war, erfahren wir, daß er selbst sich an den großen Bauschöpfungen seiner Zeit planend und entwerfend beteiligte. Besonders in seiner privatesten Sphäre, in der riesigen Villa, die er unterhalb von Tivoli während seiner fast zwanzigjährigen Regierungszeit errichten ließ, ging sicher mancher Bau auf seine persönlichen Vorschläge und Pläne zurück. Diese Villa ist zugleich die schönste antike Ruinenlandschaft auf dem Boden Italiens.

FIG. 33

Es kann hier nicht die Aufgabe sein, all das, was man in dem heute mit uralten Ölbäumen, Zypressen und Pinien bewachsenen Areal von etwa anderthalb Quadratkilometern im Laufe der Jahrhunderte freigelegt

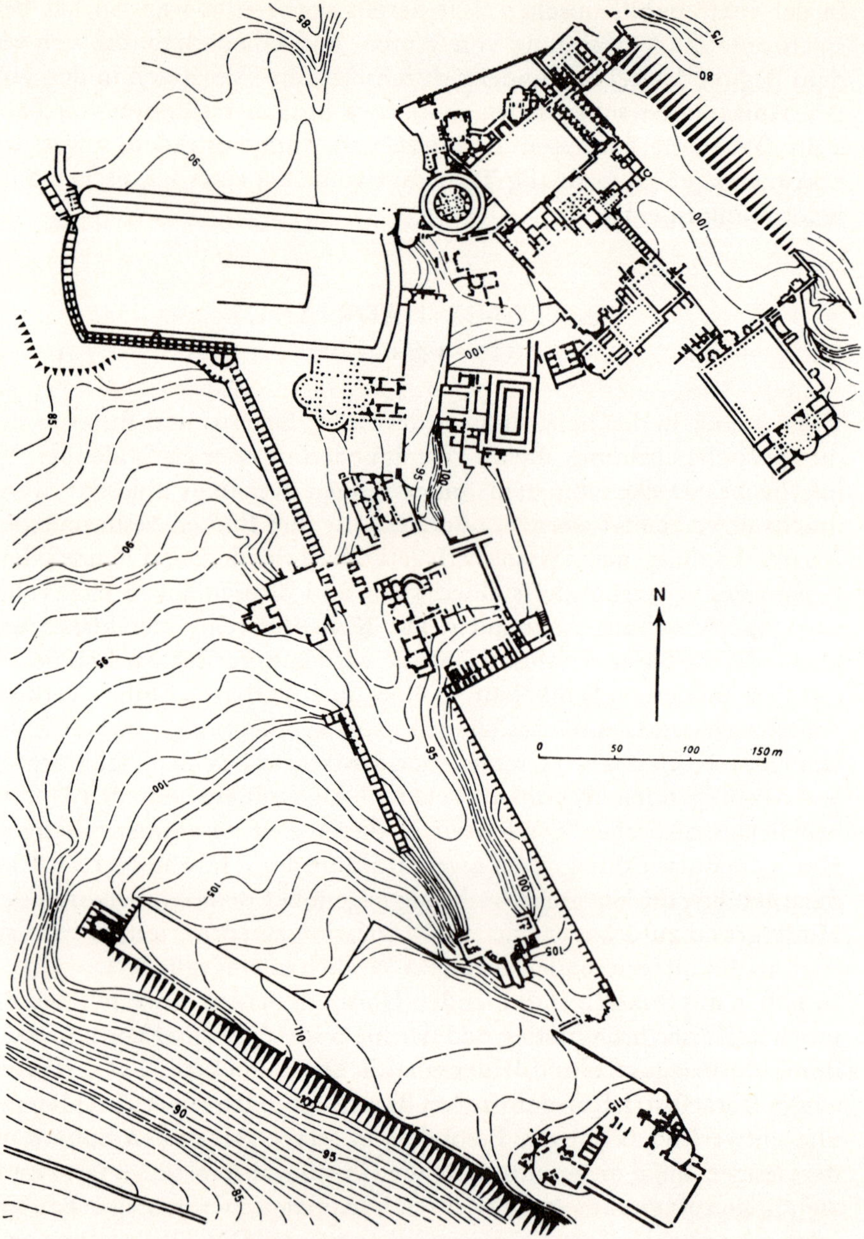

Fig. 33 – Plan der Hadriansvilla bei Tivoli. Um 135 n. Chr.

hat, im einzelnen zu beschreiben. Genauere Untersuchungen haben ergeben, daß die Mannigfaltigkeit der sich hier findenden Anlagen nicht auf eine einheitliche Planung zurückgeht. Unermüdlich läßt der kaiserliche Besitzer bauen, ändern, erweitern, variieren, nicht so sehr um diese Villa, die bei näherem Hinsehen eine ganze Folge von Villen ist, den Erfordernissen der Residenz anzupassen, sondern aus einer persönlichen Lust am Bauen schlechthin. Manches ist aus älteren Vorbildern abzuleiten. So wird etwa die sogenannte Coenatio Jovis des domitianischen Palastes auf dem Palatin in sehr origineller Weise abgewandelt und als ein weiträumiger Gartensaal dem kaiserlichen Wohntrakt angeschlossen. ABB. 23
Eine der eigentümlichsten Anlagen ist wohl die sogenannte Piazza d'Oro, ein Komplex, der erst gegen Ende der Regierungszeit Hadrians entstanden sein dürfte; es ist ein großer, fast quadratischer Säulenhof, den man durch einen achtseitigen Kuppelraum betritt und an dem sich diesem gegenüber, flankiert von großen, überwölbten Räumen, die um kleine Lichthöfe geordnet sind, einst einer der phantastischsten Säle des Altertums erhob. Wenn dieser heute bis auf geringe Reste von Mauerpfeilern und die Basen der zwischen ihnen stehenden Säulen zerstört ist, so hängt das eben mit der unauflöslichen Verbindung von Wölbe- und Gliederbau zusammen, in der das eine das andere bedingt, so daß der Säulenkranz nicht standhielt, als Erdstöße den Grund erschütterten. Der Vergleich des Plans der hadrianischen Schöpfung mit dem des Kuppelsaals in der Domus Aurea, der ihn kompositionell vorbildet, der aber reiner Wölbebau ist und der daher auch erhalten blieb, deckt die strukturelle Eigenart des hadrianischen Saales auf. Bis auf acht schmale Mauerpfeiler, die mit Streben hinterfangen sind, ruhte hier die achtteilige Kuppel auf dem in den Achsen des Raumes ausschwingenden, in den Diagonalen einschwingenden, von schlanken Säulen getragenen Gebälk. Der pavillonartige Saal, der die Raumschöpfungen eines Borromini, dem er durch die zu seiner Zeit erfolgte Freilegung bekannt war, entscheidend beeinflußt hat, war in der römischen Architektur nicht nur durch seine Raumform etwas vollkommen Singuläres, sondern auch durch die Eigenart seiner Beleuchtung. In Weiterbildung von Gestaltungsprinzipien, denen wir in dem Vestibül des Flavierpalastes begegneten, dringt hier das Licht durch die in eine Säulenstellung aufgelöste Wandung; in den Achsen sind die Lichtquellen die kleinen Lichthöfe und eine sich im Südosten an den Saal legende Fontäne; in den Diagonalen öffnen sich Bogenfenster gegen kleine Apsiden mit Brunnen, auf die von oben her das Licht fiel.

FIG. 34, 35

Das »Teatro marittimo«

Dieser Anlage liegt das nicht weniger phantasievolle sogenannte »Teatro marittimo« um einige Jahre zeitlich voraus. Man könnte in den beiden Anlagen Variationen des gleichen Themas erkennen, das das eine

Mal als Raum, das andere Mal als Hof erscheint. In der Mitte eines von
ABB. 42 einer überwölbten Säulenhalle umschlossenen ringförmigen Kanals er-
FIG. 36 hebt sich auf einer kreisförmigen Insel eine kleine Villa, die all das enthält, was ein Mensch, der einmal ganz für sich sein möchte, zum Leben braucht, ausgenommen allerdings eine Küche. An der Südseite eines Peristyls mit einwärts geschwungenen Säulenhallen, in dessen Mitte eine Fontäne plätschert, befindet sich, flankiert von zwei Nebenräumen, der Hauptwohnraum, das Tablinum. Die Westseite wird von einer Badeanlage eingenommen mit einem Auskleideraum, einem Kaltbad, aus dessen Wanne man über eine Treppe in den Kanal steigen kann, und dem Heißbad. Natürlich fehlt auch nicht eine kleine Toilette. Auf der Ostseite flankieren je zwei kreuzförmige Bibliotheken zwei Rücken an Rücken liegende Alkoven für Ruhebetten, so daß der Lesende morgens das Sonnenlicht von Osten, vom Kanal her, nachmittags von Westen, von dem Säulenhof her hatte. Auf der Nordseite liegt das Vestibül; an einen Saal, dessen Wände ganz in Säulenstellungen aufgelöst sind, so daß hier etwas wie ein »Fensterraum« entsteht, legen sich zwei Kor-

Fig. 34 – Rekonstruktionsvorschlag für den Kuppelsaal im Osten der Piazza d'Oro in der Hadriansvilla bei Tivoli.

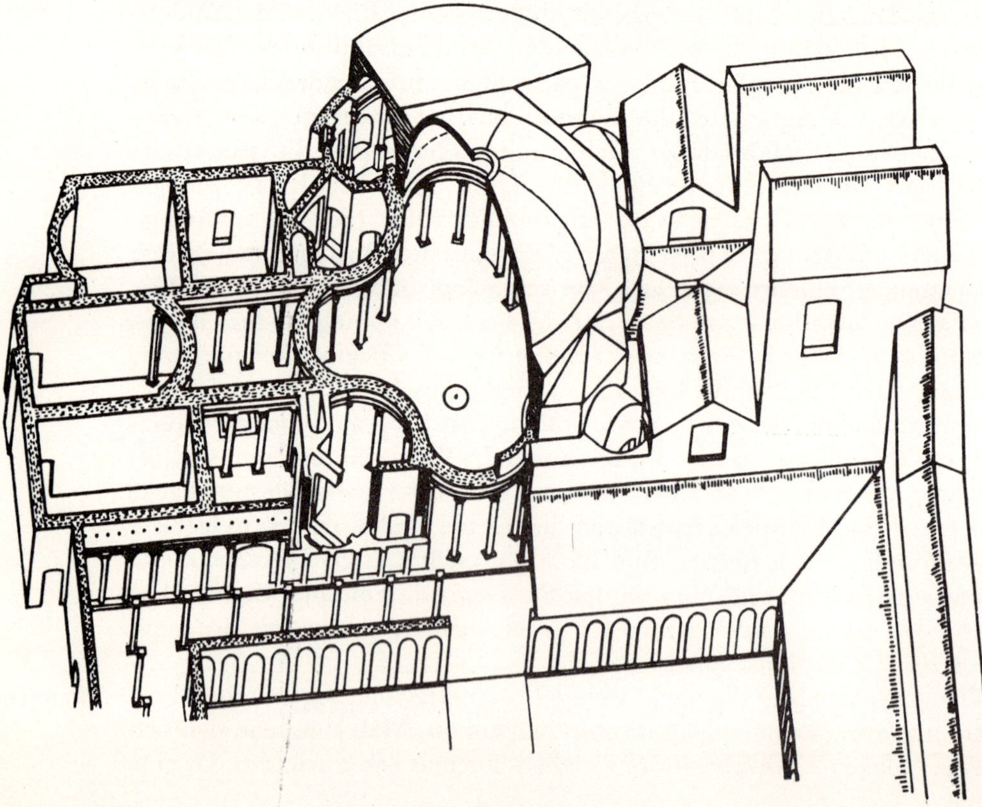

ridore, die man vom »Festland« über Brücken erreichte. Diese ließen sich auf Rädern gegen die Insel zurückschlagen, wenn ihren kaiserlichen Bewohner danach gelüstete, unerreichbar zu sein.
Ihren besonderen Reiz erhielt die Anlage dadurch, daß ihr Hof das Rund der Insel gleichsam variiert. Seine Hallen schwingen gegen die offene Mitte aus, so daß für den, der im Tablinum lagerte, alles, was sein Auge von seinem Platz aus durchschweifte, von Bewegung erfüllt war, eine vielschichtige Folge von Kulissen, die teils im hellen Sonnenlicht lagen, teils verschattet waren. Durch den »Fensterraum« zwischen den Korridoren des Vestibüls ging sein Blick über den Kanal hinweg weiter durch die Ringhalle und die Vorhalle, die der zylindrischen Umfassung im Norden vorgelagert war, in einen Garten, an dessen Ende eine Fontäne lag. Ja, die Wirkung des Durchblicks konnte man noch steigern, wenn man in einem Alkoven in der Wandung der Ringhalle Platz nahm, der in der Achse der Gesamtanlage der Vorhalle gegen den Garten gegenüber liegt. Der Effekt, den die Wandmalerei des sogenannten vierten Stils mit der Vielfalt ihrer Kulissen zu erreichen sucht, wird hier

Fig. 35 – Plan der Piazza d'Oro in der Hadriansvilla bei Tivoli. Um 135 n. Chr.

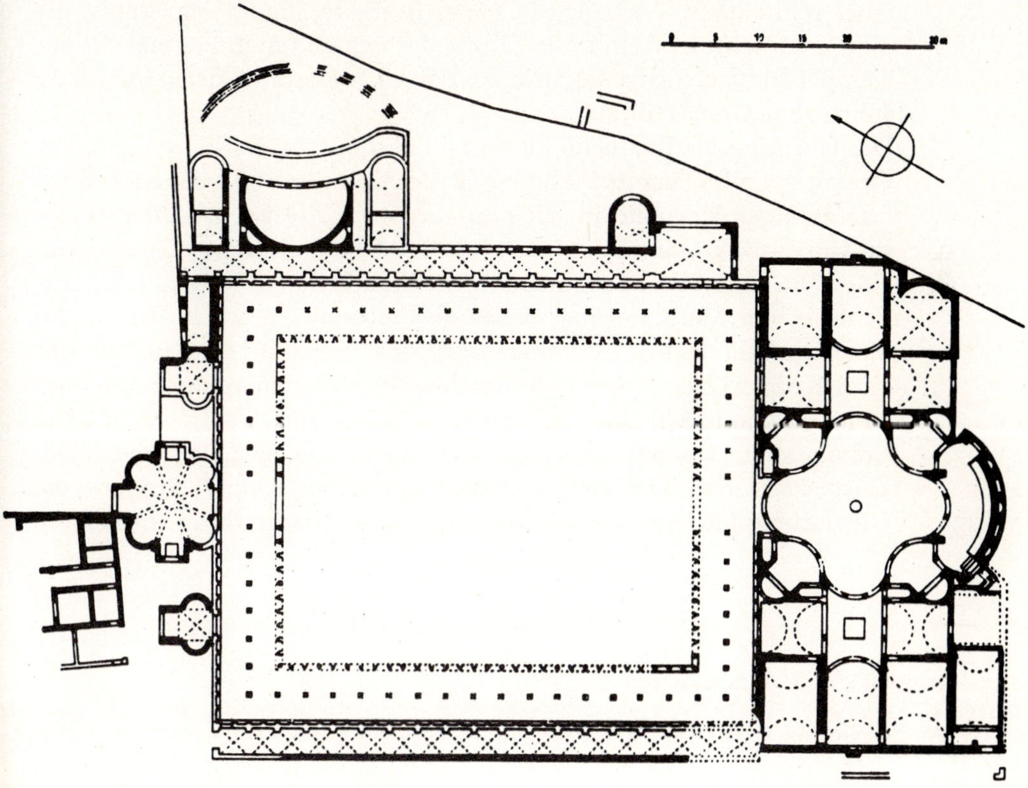

in einer Steigerung dessen, was in der Domus Aurea und im Palast auf dem Palatin vorgebildet ist, zu einer ebenso klaren wie raffinierten Komposition von Durchblick und Raum. Auch hier sind die beiden Strukturen, die in den Schöpfungen Neros und Domitians noch isolierbar sind, der Massenbau und der klassische Gliederbau, miteinander zu unauflöslicher Einheit verbunden.

Das Pantheon Während die Anlagen der Villa Hadriana nur noch Ruinen sind und dem Besucher schwer in ihrer Besonderheit deutlich werden, steht in Rom selbst ein Bau aus der gleichen Zeit fast unversehrt aufrecht, in dem das, was wir als die neue Struktur bezeichnen möchten, heute noch faßbar ist, mögen auch gewisse Veränderungen aus dem 18. Jahrhundert FIG. 37 den Eindruck des Innenraumes verunklären. Es ist das Pantheon, das Hadrian im Jahre 126 an Stelle eines Tempels zu bauen begann, den ABB. 43 einst Agrippa, der Freund des Augustus, im Marsfeld gegründet hatte. Im Jahre 80 war dieser Tempel durch Feuer zerstört worden, und auch ein Neubau Domitians war bereits unter Trajan einem Brande zum Opfer gefallen. Dieser hatte die gleiche Gestalt gehabt wie der Bau Agrippas. Nach Resten, die man unter der Vorhalle des hadrianischen Pantheons festgestellt hat, war er ein breitrechteckiger Bau gewesen mit einer schmäleren Vorhalle auf seiner Südseite, eine Tempelform, die man auch sonst in Rom findet. Eines der bekanntesten Beispiele ist der Tempel der Concordia Augusta am Forum Romanum, den Tiberius im Jahre 10 n. Chr. weihte.

Das hadrianische Pantheon ist etwas ebenso Neues wie Einmaliges. Die Gestalt des alten Tempels klingt gewissermaßen noch in der mächtigen dreischiffigen Vorhalle an, die nun aber nach Norden gerichtet ist. Sie ist, wie die Sakralarchitektur seit Jahrhunderten, ein reiner Gliederbau, eine achtsäulige Front mit mächtigem Giebel, deren Podium über eine heute in der Verschüttung steckende Freitreppe betreten wurde. An diese Vorhalle legt sich ein mächtiger, aus Ziegeln aufgemauerter, mit einer Kuppel überdeckter Zylinder. Sind in der Erscheinung des Außenbaues das Rund und das Rechteck der Säulenhalle zwei in sich isolierte Bestandteile, zwischen die sich gleichsam als Bindeglied ein rechteckiger Körper mit der Tür und zwei Statuennischen schiebt, auf den die Gliederung der Vorhalle wie die des Rundes übergreift, so vereinigten

ABB. 40 – Straßenbild in Herkulaneum. *Vgl. S. 134.*

ABB. 41 – Die Via Biberatica östlich des Trajansforums in Rom. Anfang des 2. Jahrhunderts n. Chr. *Vgl. S. 137.*

40

M·AGRIPPA·L·F·COS·TERTIVM·FECIT

sich im Inneren Massenbau und Gliederbau zu einem untrennbaren Ganzen. ABB. 44

Über dem weiten Zylinder erhebt sich die mächtige Kuppel, eine Halbkugel, deren Ansatz in der halben Höhe des Raumes liegt. In fünf Ringen steigen ihre Kassetten gegen das große runde Auge in ihrem Scheitel, das in einer ruhigen ungegliederten Fläche sitzt, die einzige Lichtquelle des Raumes. In seiner Wandung weiten sich abwechselnd rechteckige und halbrunde Ausnischungen, die durch Säulen verstellt sind. Zusammen mit den Pilastern an den Kanten der Wandfelder tragen diese den Ring des Gebälkes. Nur an zwei Stellen wird die strenge Horizontale, die die Wand im Verhältnis des Goldenen Schnitts in zwei Geschosse unterteilt, durchbrochen durch die Halbtonne über der Eingangsnische und durch die Halbkugel über der Apsis.

In den Schäften dieser Säulen gewinnt die Wandung des Raumes greifbare Substanz. Man hat das Gefühl, als seien sie es, die zusammen mit dem auf ihnen lagernden Gebälk und der feingliedrigen Architektur des oberen Geschosses die mächtige Kuppel tragen. Dieser Eindruck wurde einst noch dadurch verstärkt, daß über den Nischen des unteren Geschosses zwischen den zarten Pilastern des oberen, die an einer Stelle in ihrer ursprünglichen Gestalt wiederhergestellt wurden, im übrigen aber im 18. Jahrhundert durch eine schwerförmige Attika ersetzt sind, vergitterte Fenster lagen, durch die das Licht aus der Mitte des Raumes auf die Rückwände der Nischen fiel. So entsteht die Vorstellung, als sei die Wandung des Raumes eine in den Säulenschäften faßbare transparente Schale, auf der die Decke ruhe, während in Wirklichkeit ein kompliziertes Strebewerk von Bögen das weite Rund umfängt und den Schub der Kuppel auf die wuchtigen Mauerpfeiler leitet. Es sind, nur übertragen in den sakralen Raum mit seiner Hoheit, die gleichen Gestaltungsprinzipien wie in den bizarren Gebilden der Villa Hadriana. FIG. 37 RECHTS

Der Venus- und Romatempel

Selbst dem altherkömmlichen Tempelbau gibt jetzt die Wölbung eine neue Form des Innenraumes. Die Zellen des Doppeltempels für Venus und Roma unweit des Titusbogens und des Tempels, den man nach dem Tode Hadrians dem vergöttlichten Kaiser im Marsfeld errichtete, waren nach ihren Überresten mit großen, aus Mörtelmauerwerk errichteten Halbtonnen überdeckt. Den einen ließ Kaiser Diokletian nach einer Brandkatastrophe zu Beginn des 4. Jahrhunderts in seiner ursprüng- ABB. 45 FIG. 2

ABB. 42 – Das sogenannte »Teatro marittimo« in der Hadriansvilla bei Tivoli. Um 120 n. Chr. *Vgl. S. 142.*

ABB. 43 – Das Pantheon in Rom. Nach 126 n. Chr. *Vgl. S. 144.*

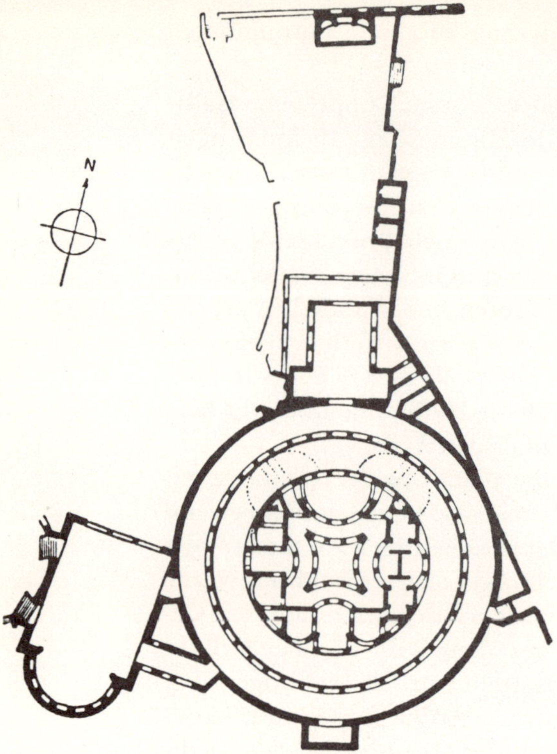

Fig. 36 – Plan des sogenannten »Teatro marittimo« in der Hadriansvilla bei Tivoli. Um 120 n. Chr.

lichen, heute allerdings weitgehend zerstörten Form wiederherstellen. Die Reste des anderen haben sich in einem römischen Palast, der heutigen Börse, verbaut erhalten. Ja, auch das auf Säulen ruhende Kreuzgewölbe, das dann zur Leitform für die Saalbauten des 3. und 4. Jahrhunderts wird, scheint eine Erfindung der Zeit Hadrians zu sein. Zum ersten Male begegnet es in der Basilika des Neptun, einem einschiffigen Saal, der im Süden an das Pantheon angebaut ist, mit einer Apsis für die Statue des Gottes in der nördlichen Längswand. Drei auf Säulen ruhende Kreuzgewölbe bilden seine Decke.

Es könnte dem persönlichen Einfluß des Kaisers – in dem sich Philhellenentum mit römischer Gesinnung seltsam paarte – und seinem besonderen Interesse für Architektur zu verdanken sein, daß jetzt mit dem seit neronischer Zeit sich immer stärker durchsetzenden Massenbau die Konstituierende des klassischen Gliederbaues, die Säule, organisch verbunden wird; denn auch für die Plastik bedeutet die Regierungszeit Hadrians noch ein letztes Mal ein Sich-Besinnen auf das, was etwa ein Jahrtausend zuvor in der griechischen Welt zur Entstehung der abendländischen Kunst und der abendländischen Plastik im besonderen geführt hatte. Wenn für den Griechen der Mensch in seiner körperlichen und geistigen Vollkommenheit und der Gott als der vollkommene

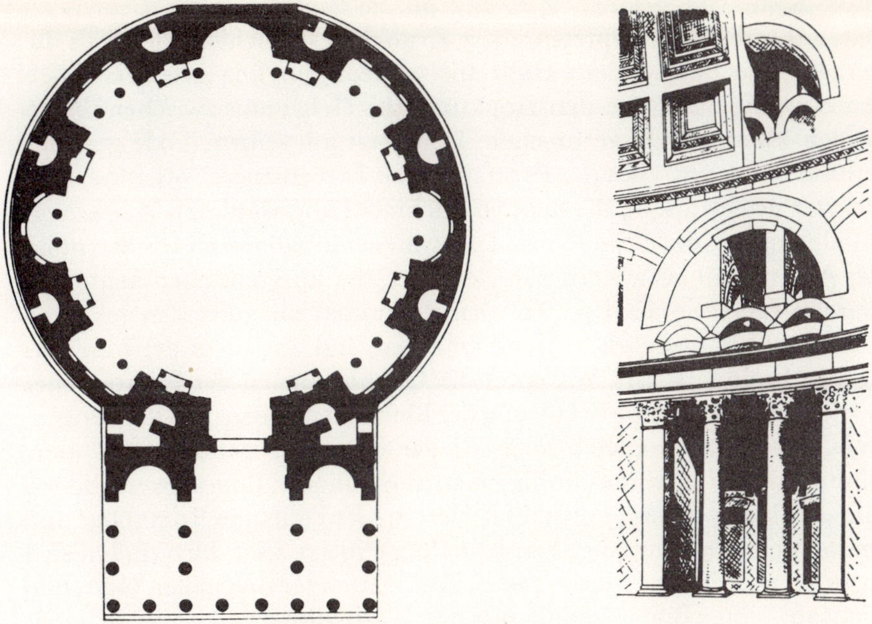

Fig. 37 – Grundriß und Konstruktionssystem des Pantheons in Rom.

Mensch fast gleich sind, so daß in ihren Schöpfungen Menschengestalten und Göttergestalten für uns kaum unterscheidbar sind, so waren in Rom Götter und Menschen seit alters durch eine weite Kluft getrennt. Wohl hatten die Götter in Anlehnung an griechische Vorbilder Menschengestalt, aber kein Sterblicher wäre mit einem der Himmlischen zu verwechseln gewesen. Auch den Standbildern jener Männer, die man nach ihrem Tod seit Cäsar unter die Götter des Staates zu erheben gewohnt war, den Statuen der römischen Kaiser, blieb gegenüber den alten Göttern das unverkennbare und oft irritierende, individuelle und zeitgebundene Gesicht eigen, das sich so gar nicht mit einer Darstellung als Gott verträgt.

Das Bildnis des Antinous

Nur ein einziges Mal, eben in der Zeit Hadrians, gelingt Künstlern die Verwandlung eines sterblichen Menschen in ein Götterbild. Auf seiner ersten großen Reise durch das weite Reich war Hadrian in Bithynien einem Knaben von seltsamem Zauber begegnet. Er hatte ihn in seine Nähe gezogen. Wir kennen nicht die Triebkräfte in der Beziehung des mächtigsten Mannes im römischen Reich, der zugleich einer der klügsten und gebildetsten Menschen seiner Zeit war, zu diesem Fremdling, der ihm etwa zehn Jahre später durch den Tod in den Fluten des Nil entrissen wurde. Es hieß, Antinous habe sich selbst geopfert, um den von

einer Krankheit befallenen Kaiser durch Hingabe seines Lebens zu retten. Lästerer behaupteten, diese Krankheit sei nichts anderes als die verzehrende Leidenschaft Hadrians zu dem Jüngling gewesen. Doch hat es wenig Sinn, sich den Kopf über das Geheimnis zwischen diesen beiden Menschen zu zerbrechen. Denn erst mit seinem Tode gewinnt Antinous für uns Gestalt. Es mag bloße Liebedienerei orientalischer Priester gewesen sein, die dem von Schmerz überwältigten Kaiser verkündeten, mit der Stunde des Todes dieses Jünglings sei im Sternbild des Adlers ein neuer Stern aufgeleuchtet, der übrigens noch heute den Namen des Antinous trägt. Hatte nicht einmal ein Adler den geliebten Ganymed himmelwärts zu Zeus getragen, und war nicht der römische Kaiser Jupiter gleich? Waren es die Offenbarungen der Priester, oder war es eine persönliche Erfahrung des Liebenden, die in dem so strengen, unfaßbaren und zugleich auch wieder eigenartig rationalen Götterhimmel der Römer nun für diesen seltsam schönen und schwermütigen Jüngling aus Kleinasien Einlaß forderten? Vor allem in Rom selbst und im lateinischen Westen gab es lebhaften Protest, und doch finden sich auch hier und nicht nur im Osten Kultstätten für den neuen Gott, und die Zahl seiner Bilder gerade aus der Westhälfte des Reiches ist nicht gering. Zu einer Kultstatue des Gottes Antinous, der vor allem an Apollon und Dionysos, aber auch an Silvan angeglichen wird, gehört
ABB. 46 der hoheitsvoll-schwermütige Kopf aus Mondragone, einem Ort zwischen Rom und Neapel. Wie von selbst bot sich den Künstlern als Vorbild für das Bild der Schönheit schlechthin die reiche Fülle der klassischen Statuen an; so entstehen mit einem Male aus dem Erlebnis der Größe und Tragik des Schönen Werke von eigenartigem Reiz, Gestalten des neuen Gottes, die sich oft an griechische Vorbilder der klassi-
ABB. 47 schen Zeit anlehnen, wie der Statue des Antinous in Delphi eine der großen klassischen Apollongestalten zugrunde liegt, ohne daß sie im eigentlichen Sinne als Kopie bezeichnet werden kann. Ein letztes Mal leuchtet in dem Bilde des Jünglings wie das Nachglühen der schon untergegangenen Sonne ein Abglanz klassischer Harmonie, deren Strahlungskraft alles was in der Spätzeit Hadrians in seinem engeren Umkreis an Werken der bildenden Kunst geschaffen wird, bestimmt.

Das eindruckvollste Zeugnis dieser Renaissance, die darum eine echte Renaissance ist, weil sie etwas anderes war als nur eine Wiederholung vorgeprägter Formen, weil sie in einem tiefen Erlebnis des Schönen gegründet ist, sind neben dem Kopf aus Mondragone die acht medaillon-
B.A. 11 artigen Reliefs, die im Jahre 313 bei der Errichtung des Bogens für den Sieger an der Milvischen Brücke, Konstantin, wieder verwandt wurden. Man weiß immer noch nicht recht, wozu sie ursprünglich einmal dienten. Da in sechs von den acht Tondi Jagden des Kaisers auf Eber, Bär

und Löwe und die ihnen folgende Darbringung der Jagdtrophäen an Silvan, Artemis und Herakles dargestellt sind, ein Zyklus, den der Auszug zur Jagd eröffnet, das Opfer an Apoll beschließt, spricht man von einem »Jagddenkmal«. Aber mit gleichem Recht könnte man die Folge auch einem Denkmal für den geliebten Jüngling zuweisen, der in sieben der Reliefs den Kaiser begleitet, zuerst als Knabe, schließlich als junger Mann. Nur in dem letzten Medaillon des Zyklus mit dem abschließenden Opfer an Apollon fehlt Antinous, der nun selbst ein Gott geworden war. Es möchte fast so scheinen, als trage der Gott dieses Reliefs seine Züge.

Was diese Medaillons vor allem, was wir sonst an Reliefs des 2. Jahrhunderts besitzen, auszeichnet, ist die Klarheit, mit der die Gestalten sich gegen den Grund absetzen, die Verhaltenheit der Bewegung, das Fehlen jeglichen Pathos, der Verzicht auf alle Raumillusion. Vergeblich würde man allerdings nach unmittelbaren griechischen Vorbildern suchen; und doch sind diese Bilder durchdrungen von klassischem Geist. Sicher beschränkte sich diese Renaissance zunächst nur auf den engen Kreis derjenigen, die dem Kaiser nahestanden; da aber der Kaiser im Laufe der Entwicklung immer mehr zur zentralen Gestalt des Imperiums wurde, da er der größte Bauherr und der größte Mäzen seiner Zeit war, überrascht es nicht, daß sein Geschmack zunächst in der Hauptstadt, dann aber auch im übrigen Reich den Ton angibt, so daß selbst bis an die Grenzen des Reiches etwas von dem zu spüren ist, was damals künstlerisch in Rom vor sich ging.

Im Jahre 138 starb Hadrian; als ein romantischer Schwärmer und zugleich ein kühler Politiker ist er die vielleicht eigenartigste Gestalt auf dem römischen Kaiserthron. Er war der erste, der erkannte, daß sich das Reich nicht bis ins Unendliche ausdehnen dürfe, wenn es nicht zerbrechen solle. Er macht halt, ja gibt Gebiete auf, deren Verteidigung nur die Kräfte zersplittern würde. Er war ein nicht weniger tüchtiger Soldat als Trajan, der ihn sicher zunächst wegen seiner militärischen Leistungen durch Adoption als Nachfolger bestimmte. Aber darüber hinaus war er ein Gelehrter und Kenner in vielen Dingen. Ihn trieb ein ungeheurer Wissensdrang durch das weite Reich. Alles will er in Erfahrung bringen. Er besteigt den Ätna, um die Sonne von seiner Höhe aus dem Meere auftauchen zu sehen. Er ist ein Verehrer Griechenlands wie kein anderer vor ihm und nach ihm auf dem römischen Kaiserthron. Und doch ist sein Grabmal auf dem rechten Ufer des Tiber, das dann die römischen Päpste zur Festung ausbauten, die Engelsburg, ebenso römisch wie das des Augustus. Ihm verdankt Rom den einzigen »griechischen Tempel« der Stadt, den der Roma und Venus, aber auch den römischsten: das Pantheon.

T. AURELIUS ANTONINUS PIUS
138–161 n. Chr.

Vielleicht hat das römische Reich in den vier Jahrzehnten, in denen Hadrian und sein ihm gleichgesinnter, wenn auch wohl weniger bedeutender Nachfolger, Antoninus Pius, es regierten, auch in kultureller Hinsicht seine größte Spannweite erreicht. Es ist eine Zeit des Friedens, aber schon spürt man, wie es so oft gerade in Zeiten äußerer Ruhe der Fall ist, untergründig die Erschütterung, die mit einem Schlage alles ändern wird. Daß es nicht die Bedrohung des Reiches durch die schweren Rückschläge an den nördlichen Grenzen war, die diesen Wandel herbeiführte, sondern ein innerer geistiger Vorgang, lehrt ein Denkmal, das heute im Giardino della Pigna des Vatikan steht und den meisten Besuchern Roms daher kaum bekannt ist.

Die Säule des Antoninus Pius

Als der gewissenhafte Verwalter des Reiches, Antoninus Pius, nach einer friedlichen Regierungszeit von einem Vierteljahrhundert die Augen schloß, errichteten seine beiden Söhne, Marcus Aurelius und Lucius Verus, an der Stelle, wo man im Marsfeld seinen Leichnam verbrannt hatte, eine Säule. Sie erhob sich auf einem würfelförmigen Sockel, dessen eine Seite eine Inschrift trägt, während die drei anderen mit Reliefs bedeckt sind. Auf der Rückseite des Sockels, der Inschrift an der Front also entsprechend, ist dargestellt, wie die Verkörperung der Zeit, ein geflügelter Jüngling, den Kaiser und seine ihm im Tode vorausgegangene Gemahlin, Faustina, himmelwärts trägt. Das Herrscherpaar begleiten zwei Adler, durch die die Entrückung unter die Götter, die Apotheose, zum Ausdruck gebracht wird. Zu den Füßen des Jünglings, der die von einer Schlange umwundene Himmelskugel trägt, ruht die Personifikation des Marsfeldes mit dem Obelisken, den Augustus auf ihm als Gnomon, als Zeiger der großen Sonnenuhr, hatte aufstellen lassen; Roma, auf den erbeuteten Waffen thronend und sich an den Schild mit der Wölfin und den Zwillingen lehnend, grüßt ein letztes Mal das aufwärtsschwebende Kaiserpaar.

B. A. 13

Die kühlen und prägnanten Formen, die Bestimmtheit, mit der die klar konturierten Gestalten auf den Grund wie aufgeheftet sind, das Hinabziehen des Horizontes bis auf die Bodenlinie, durch das der Grund zur Luft wird, dazu die etwas leer wirkende Schönheit der Darstellung – all das sind charakteristische Kennzeichen eines Klassizismus, der aus den sehr viel echteren Impulsen der hadrianischen Zeit abgeleitet werden kann. Man lebt in Schönheit, man stirbt und fährt in repräsentativer Schönheit himmelwärts. Spannungslos und ein wenig langweilig sind die akademische Akribie und die saubere Kalligraphie in der Darstellung dieser kaiserlichen Himmelfahrt.

Tritt man von diesem Relief aber vor die Nebenseiten des Sockels, auf denen zweimal die feierliche Leichenparade wiederholt wird, so kommt man plötzlich in eine völlig veränderte Welt. Im Detail zwar finden sich Beziehungen, etwa in der sorgfältigen Wiedergabe von Einzelheiten der Bewaffnung und Ausrüstung, die es wahrscheinlich machen, daß hier die gleichen Künstler am Werke waren, die auch die Himmelfahrt schufen. Aber hinter der Formenschönheit des klassizistischen Reliefs beginnt sich etwas zu vollziehen, das geradezu als ein Protest gegen das Herkömmliche und Gewohnte gelten kann, ein Vorgang, der auffallend an die Problematik in der darstellenden Kunst zu Beginn des 20. Jahrhunderts erinnert. Gegenüber der gewissenhaften Einfühlung in das Geschehen der Himmelfahrt ist die Wiedergabe der Leichenparade etwas eigenartig Abstraktes. Mit einem Male ist der Hintergrund, das heißt, die Wand des Sockels, aufrechtgestellte Fläche, und ohne jede Rücksicht auf Blickpunkt oder räumliches Verhältnis der Darstellungselemente zueinander sind die Soldaten über diese Fläche verteilt: die Fußtruppen in der Mitte, um die die Schwadronen im Kreise herumtraben. Gegenüber der bildhaften Komposition der Himmelfahrt, in der dem Betrachter vorgetäuscht wird, der Reliefgrund sei Luft, Himmel, Atmosphäre, das heißt, etwas Unfaßbares, ist in diesen Darstellungen ernst gemacht mit der Realität des Hintergrundes als Wandung des Sockels. An die Stelle der Scheinwelt des Bildes tritt eine neue Sachlichkeit. Fläche wird wieder Fläche, und die einzelnen Figuren sind dieser Fläche gewissermaßen wie einem in Aufsicht gegebenen Plan, nicht aber bildhaft, zugeordnet. Eine künstlerische Vorstellungswelt, die über ein halbes Jahrtausend gültig war, bricht zusammen. Darstellungsformen, die an Kinderkunst erinnern, die in der Volkskunst sich immer wieder einmal bemerkbar machten, ohne daß man ihnen einen besonderen Wert beizumessen hätte, setzen sich hier plötzlich in dem Bereich der tonangebenden Hofkunst durch und bedrohen die ererbte Formenwelt: erstes Wetterleuchten jener radikalen Umwertung, die wir als »Spätantike« zu bezeichnen pflegen und die man allzu einfach im allgemeinen mit den schweren Erschütterungen in Zusammenhang bringt, denen das Reich etwa seit 170 n. Chr. für mehr als ein Jahrhundert ausgesetzt war.

B.A. 14

Die jahrzehntelangen Kriege an den nördlichen Grenzen und im Orient, die schweren Seuchen, die die heimkehrenden Truppen in Rom und Italien einschleppten, die Einbrüche umherschweifender Völker in das Reich, die oft furchtbaren Auseinandersetzungen der miteinander rivalisierenden Kronprätendenten, die meist von revolutionierenden Soldaten mit dem Purpur bekleidet wurden, bedeuteten sicher nach dem fast zwei Jahrhunderte währenden glückhaften Wachstum des Reiches eine bis an das Äußerste gehende Belastung seiner Bürger. Aber gerade

das Nebeneinander der beiden Darstellungen am Sockel der Säule für Antoninus Pius, die nach einem über vierzig Jahre währenden Frieden errichtet wird, zu einer Zeit, als noch keine Wolke den politischen Himmel trübt, lehrt, daß nicht in den äußeren Ereignissen die Ursache für den sogenannten Niedergang der Kunst zu suchen ist, mögen sie auch den Prozeß beschleunigen, sondern in einem Alterungsvorgang der Kultur. Das klassische Schönheitsideal wird unglaubwürdig, da es nicht mehr das ausdrückt, was der Mensch dieser Zeit erfährt, sucht, erhofft. Natürlich vollzieht sich der Prozeß der Umwandlung aller bisherigen Werte im Laufe einer langen Zeit. Es hat immer wieder Versuche gegeben, die langsam ausbrennende Flamme des Klassischen neu zu entfachen, wobei es allerdings nur dann, wenn man sich aus einer tieferen Notwendigkeit zu den Quellen des klassischen Griechentums zurückwandte, auch im Bereiche der bildenden Kunst zu etwas gekommen ist, das die Bezeichnung einer Renaissance verdient. Am eindrucksvollsten und echtesten ist das Wiederaufleben antiken Weltverhaltens wohl in der Zeit des Gallien, der genau ein Jahrhundert nach dem Tode des Antoninus Pius den Thron besteigt. In manchem gleicht dieser Kaiser Hadrian. Wie jener war auch er ein echter Philhellene, hatte sich wie er in die Eleusinischen Mysterien einweihen lassen, war wie er Archont von Athen. An seinem Hofe lebte und lehrte der bedeutendste Philosoph, den die griechische Welt während der römischen Kaiserzeit hervorgebracht hat, Plotin aus Alexandria. Der zu seinen Schülern gehörende Kaiser selbst war der Überzeugung, daß nur aus den schöpferischen Kräften griechischen Geistes etwas wie eine Rettung der antiken Welt vor dem Chaos, das sie von außen wie von innen bedrohte, möglich sei. Aus dieser Notwendigkeit einer Hinwendung zu den heilenden Kräften des Griechentums kommt es damals wohl auch im künstlerischen Bereich zu jener Renaissance, die sich eben dadurch von gelegentlichen klassizistischen Strömungen unterscheidet, daß ihre Impulse aus einem wirklichen Erlebnis der großen Werte des Klassischen stammen.
B.A. 10 Das Bildnis des Kaisers im Alten Museum in Berlin, das ihn in der Zeit darstellt, in der er den Thron besteigt, unterscheidet sich von den Bildnissen derer, die im 3. Jahrhundert Kaiser waren, nicht so sehr durch

ABB. 44 – Das Innere des Pantheons mit der wiederhergestellten Gliederung des Attikagesdiosses. Nach 126 n. Chr. Vgl. S. 149.

ABB. 45 – Die Reste der westlichen Zella des Venus- und Romatempels in Rom. Um 130 n. Chr. Mit Wiederherstellungen aus der Zeit um 300 n .Chr. *Vgl. S. 16, 149.*

46

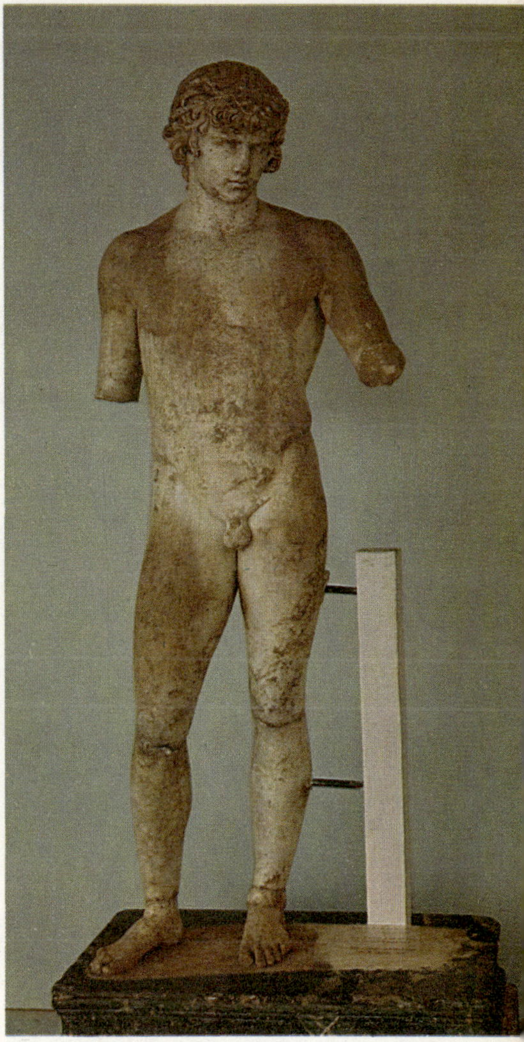

47

eine von klassischen Vorbildern abzuleitende Formenschönheit als vielmehr durch eine Geistigkeit, die ihren Ursprung in den plötzlich neuerschlossenen Quellen der griechischen Welt hat. Auch hier ist es ähnlich wie in hadrianischer Zeit. Es ist ganz eindeutig der Kaiser selbst, der den Ton angibt, obwohl sich auch über den engsten Bereich des Hofes hinaus in der Kunst dieser Zeit Zeichen einer Renaissance bemerkbar machen. Denn als Gallien im Jahre 268 ermordet wird, erlischt auch sofort das Licht dieser letzten Renaissance.

M. AURELIUS ANTONINUS
161–180 n. Chr.

Die römische Kunstgeschichte ist an sich arm an großen freiplastischen Schöpfungen. Die Statuen, welche die Villen und öffentlichen Bauten, wie Thermen, Fontänen und Theaterfassaden, schmückten, waren im allgemeinen Kopien nach griechischen Werken. Ebenso waren wohl auch die Kultstatuen in den Tempeln, die nach dem Siege des Christentums der Vernichtung anheimfielen, nach den kläglichen Überresten zu schließen, von griechischen Vorbildern abgeleitet. Sie besitzen also keine Aussagekraft für die speziell römische Kunstgeschichte. Wie ein Wunder aber hat sich durch die Jahrtausende ein im eigentlichen Sinne römisches freiplastisches Bildwerk erhalten. Es ist die bronzene Reiterstatue Marc Aurels, die im Mittelalter für Konstantin gehalten wurde ABB. 50 und neben dem Palast der römischen Päpste, dem Lateran, stand; 1538 ließ Michelangelo sie in der Mitte des von ihm gestalteten Kapitolsplatzes aufstellen. Die Bedeutung des Denkmals beruht vielleicht nicht so sehr in seiner künstlerischen Originalität – denn sicher gab es in Rom in der Kaiserzeit zahlreiche derartige Reiterstatuen und Viergespanne aus Bronze –, sondern vor allem in der Tatsache, daß es offenbar niemals der Sichtbarkeit entzogen war. So wurde es zum Vorbild für die Reiterstatuen des Mittelalters und der Renaissance. Die Entstehungszeit läßt

ABB. 46 – Kopf des Antinous aus Mondragone. Um 130 n. Chr. *Marmor. Höhe 0,95 m. Paris, Louvre. Vgl. S. 152.*

ABB. 47 – Statue des Antinous. Um 130 n. Chr. *Marmor. Höhe 1,80 m. Delphi Museum. Vgl. S. 152.*

ABB. 48 – Die Engelsburg in Rom, das Grabmahl Hadrians. Um 130 n. Chr.

sich ziemlich genau bestimmen, da das Bildwerk wahrscheinlich den
ABB. 52 Ehrenbogen bekrönte, von dem die acht Reliefs aus der Zeit Marc Aurels an der Attika des Konstantinsbogens stammen. Dieser wurde im Jahre 173 errichtet, als Marc Aurel seinen Aufenthalt im Norden für kurze Zeit unterbrach, um in Rom den Antritt des Konsulats durch seine beiden Schwiegersöhne zu feiern. Da Marc Aurel nicht damals, sondern erst vier Jahre später triumphierte, trug der Ehrenbogen anläßlich des Adventus des Kaisers nicht die Triumphalquadriga, sondern das Roß mit dem Kaiser im Gewande des Feldherren, der kurzen Tunika, dem Feldherrnmantel und den geschnürten Reitstiefeln, ein
ABB. 50 Bildwerk also, das der Figur auf dem Kapitolsplatz in seiner Erscheinung entsprochen haben muß, und es besteht eigentlich kein Bedenken gegen die Vermutung, daß die Reliefs am Konstantinsbogen und die Reiterstatue zu dem gleichen Denkmal gehört haben.

Überraschen mag es zunächst, daß in der künstlerischen Hinterlassenschaft aus der Zeit Marc Aurels, der im Jahre 161 den römischen Thron bestieg, sich kaum etwas findet, das auch nur als Nachklang jener Renaissance in der ersten Hälfte des zweiten Jahrhunderts gelten kann; denn auch die Reiterstatue auf dem Kapitol hat, obwohl sie beispielhaft für die Reiterbilder der neueren Kunstgeschichte wurde, nichts im eigentlichen Sinne »Klassisches«; sie ist vielmehr in ihrer ganzen Erscheinung, in dem Verhältnis von Reiter und Pferd ohne den Wohllaut klassischer Kompositionen.

Dabei war auch dieser Kaiser ein Mann, der wie kaum ein anderer aufgeschlossen war für die Gedankenwelt der großen griechischen Philosophen. Aber im Unterschied zu Hadrian, den die klassische Formenschönheit in ihren Bann geschlagen hatte, steht Marc Aurel dem künstlerischen Erbe Griechenlands seltsam fremd gegenüber, ja, aus seinen in griechischer Sprache abgefaßten Selbstbetrachtungen wird deutlich, daß er gegenüber Schönheit und körperlicher Vollkommenheit voller Skepsis war. Eines der Prinzipien der Klassik wie des Klassizismus, die Vorstellung, daß in einem vollendeten Körper ein schöner Geist wohne, daß eine Identität zwischen körperlicher Vollkommenheit und seelischer Schönheit bestehe, wird durch diesen Philosophen auf dem römischen Kaiserthrone in Frage gestellt. Wenn in der Hofkunst seiner Zeit, etwa den Reliefs des Triumphbogens, der ihm nach der Überwindung der Sarmaten und Markomannen im Jahre 176 errichtet wurde, und die sich heute im Konservatorenpalast auf dem Kapitol in Rom befinden, gelegentlich einmal klassizistische Tendenzen in Erscheinung treten, so mag man sich fragen, wie weit darin ein Einfluß des Kaisers zu erkennen ist.

Die Markussäule Viel eher paßten zu dem, was wir aus seiner Feder besitzen, die Darstellungen in dem Reliefband der hundert Fuß hohen Säule, die aus dem gleichen Anlaß entstand, die aber erst nach seinem Tode fertig geworden zu sein scheint. Man braucht den Bildschmuck dieses Denkmals nur einmal mit dem der etwa 70 Jahre älteren Trajanssäule zu vergleichen, die der Markussäule als Vorbild gedient hat, um des grundsätzlichen Wandels inne zu werden, den wir als Beginn der Spätantike bezeichnet haben. Der Umbruch, der in den Reliefs auf dem Sockel der Säule für Antoninus Pius exemplarisch sich manifestiert, wird, wenn man die beiden größten römischen Reliefkompositionen miteinander vergleicht, jedem ohne weiteres offenbar. Könnte man die Darstellungsweise der Trajanssäule mit dem in der neueren Kunstgeschichte geläufigen Begriff der Einfühlung kennzeichnen, so bestimmt die der Markussäule das, was im Gegensatz dazu als Abstraktion verstanden wird. Alles illustrative Detail ist aus dem Bericht verbannt; selten erscheint einmal ein Baum oder ein Tier, kaum noch Darstellung der Landschaft, geschweige denn das Abstimmen der Gestalten auf ein räumliches Verhalten zueinander und zu ihrer Umwelt. Man könnte von einem neuen Streben nach dem Wesentlichen sprechen, das das Geschehen ausschließlich auf ihre Träger konzentriert, die Menschen, deren Aktion mit expressiver Eindringlichkeit vorgetragen wird. Beschreibt der Fries der Trajanssäule wie der Bericht des Historikers die Vorgänge des Krieges gegen die Daker mit allen Einzelheiten, aber doch so, daß man, ähnlich wie man ein Buch aus der Hand legen kann, Abstand behält, so geht das Relief der Markussäule bewußt auf Wirkung aus. Durch Wiederholung gleicher Bewegung, durch stark ausladendes Volumen, tief eingegrabene Schatten, durch zeichenhafte Vereinfachung springt die Darstellung den Betrachter gleichsam an, läßt ihm keine Freiheit, über eine Einzelheit nachzusinnen, da die Szenen mit einer gewaltsamen Eindringlichkeit auf ihn einhämmern. Wenn in dem trajanischen Fries der Kaiser als die die Handlung vorantreibende und bestimmende Person fast ausnahmslos im Profil dargestellt ist, das heißt, mit seiner Aktion in das Geschehen innerhalb des Bildes, des Berichtes, eingeschlossen bleibt, wendet sich in dem Fries der Markussäule der Kaiser immer wieder aus dem Relief heraus dem Beschauer entgegen. Damit zieht er diesen in das Geschehen hinein, am eindrucksvollsten wohl in einer Szene im obersten Teil des Frieses, kurz vor dem siegreichen Abschluß des Krieges. Im Standlager erhält, begleitet von zwei hohen Offizieren, Marc Aurel eine wichtige Nachricht. Ganz frontal erscheint er über dem Tor, das der Bote durcheilt, dessen Bewegung den durchmessenen Weg und das erreichte Ziel sichtbar werden läßt. Seinen Kopf wendet er aufwärts, dem Kaiser entgegen. Es ist eine Darstellungsweise, die uns dann in mittelalterlichen Reliefs wieder begegnet.

B.A. 15

ABB. 37

B.A. 15

So wie Marc Aurel zwischen seinen beiden sich ihm zuwendenden Begleitern steht, in der Linken die Schriftrolle, die Rechte weisend und deutend auf den Boten, so erscheint später Christus zwischen den Jüngern in den Tympana romanischer Kirchenportale. Das an der Markussäule zum ersten Male festzustellende Gestaltungsprinzip löst die bis dahin gültige Kompositionsweise ab, bei der alle Vorgänge gleichsam innerbildlich waren und der Beschauer an dem Geschehen zwar teilnahm, aber durch dieses nicht unmittelbar angesprochen wurde.

DIE ZEIT DER SOLDATENKAISER
193–284 n. Chr.

Was sich schon längst in der Volkskunst, erstmalig in den Reliefs am Sockel der Säule für Antoninus Pius und in den Darstellungen der Markussäule an den Denkmälern der Staatskunst als Phänomen der Spätantike ankündigt, wird in der Folgezeit sehr bald eines der wesentlichen Gestaltungsprinzipien.

Das Relief vom Quadrifons in Leptis Magna

Eines der charakteristischsten Beispiele für diesen Vorgang sind die vier großen Reliefs, die an der Attika eines Quadrifrons, eines Ehrenbogens mit vier Toröffnungen, in Leptis Magna angebracht waren. Im Jahre 193 hatten die Soldaten des Standlagers in Carnuntum-Petronel, nicht weit von Wien, den aus einem alten punischen Geschlecht in Leptis Magna stammenden römischen Ritter L. Septimius Severus, der damals Statthalter von Oberpannonien war, zum Kaiser ausgerufen. Er ist der erste der sogenannten Soldatenkaiser, in deren Händen das Schicksal des Reiches im 3. Jahrhundert liegt, und unter ihnen ist er ohne Zweifel die bedeutendste Gestalt. Als er im Jahre 204 nach einem Feldzug gegen die Parther und einem Triumph in Rom sich in seine nordafrikanische Heimat begibt, der er durch zahlreiche öffentliche Bauten, wie die großartige Hafenanlage, das Forum, die Basilika, ausgedehnte Säulenstraßen, zahlreiche Fontänen, einen Glanz gegeben hatte, der sie durchaus mit Rom rivalisieren läßt, errichtete man ihm dort an der Kreuzung
B.A. 12 der beiden Hauptstraßen einen Ehrenbogen, von dem auch das Relief stammt, das seinen feierlichen Einzug zusammen mit seinen beiden Söhnen Caracalla und Geta in Leptis Magna darstellt. Die Ausführung des Bogens übertrug man den Werkleuten aus Aphrodisias im westlichen Kleinasien, denen der Kaiser auch die genannten Bauten in der Stadt anvertraut hatte. Diese Künstler galten damals als die bedeutendsten Marmorarbeiter in der antiken Welt, ähnlich wie eine Zeitlang im Mittelalter die Künstler der Lombardei. Und wie diese durch die ganze abendländische Welt wanderten, so trifft man auch im römischen Reich

allenthalben auf Zeugnisse der Tätigkeit jener Schule von Aphrodisias. Es sind Griechen, und in der Delikatesse, mit der sie aus leuchtend weißem Marmor des westlichen Kleinasiens Ornamente und Reliefs herausarbeiten, lebt noch etwas von der Tradition griechischer Bildhauerkunst. Aber gerade die Tatsache, daß hier Griechen am Werk sind, macht das Relief vom Septimius-Severus-Bogen in Leptis Magna für die Beurteilung der kunstgeschichtlichen Situation so bedeutsam. Denn es lehrt, daß auch im griechischen Osten die in Rom sich durchsetzenden Gestaltungsprinzipien Geltung gewinnen.

Kompositionell ist das Relief eigentlich ein Fries. Von links nach rechts bewegt sich die feierliche Prozession, die noch wesentlich ausgedehnter war als der hier abgebildete Ausschnitt; es fehlen die dem kaiserlichen Gespann vorausziehenden Gefangenen und auch weitere Reiter des Gefolges. Ergänzt man diese Teile, so wird der Friescharakter nur noch deutlicher; denn alle Gestalten sind von links nach rechts bewegt, ziehen also an dem Beschauer vorüber, wie auch der Karren und die vier Rosse, deren Zügel ein Herold hält, im Profil nach links dargestellt sind. Der Kaiser und seine Söhne, die mit ihm auf dem Wagen stehen, in ganz ähnlicher Anordnung wie Marc Aurel mit den Offizieren im Relief der Säule, erscheinen dagegen in reiner Frontalität, und zwar genau in der Mitte der Komposition, wie ähnlich noch ein zweites Mal am Wagenkasten die Götter von Leptis die Anordnung wiederholen. B.A. 15

Der Septimius-Severus-Bogen in Rom

Um die gleiche Zeit wie der Quadrifrons in Leptis Magna wird auch in Rom am Westende des Forum Romanum ein dreitoriger Ehrenbogen für Septimius Severus und seine Söhne errichtet, dessen vier große Relieftafeln über den Seitenpforten allerdings sehr zerstört sind, da der Bau niemals verschüttet und im Mittelalter zu einer Burg ausgebaut war. Schon durch die Beschädigung wird der Vergleich mit dem Attikarelief des Bogens von Leptis sehr erschwert, ganz abgesehen davon, daß zwei sehr verschiedene Vorgänge dargestellt sind. Das stadtrömische Relief führt die Kompositionsweise, der wir im Fries der Markussäule begegnen, fort und stammt vielleicht von den gleichen Bildhauern. Es gibt in zwei übereinander geordneten Streifen eine Art von Kriegsbericht.

Dieser beginnt im linken Relief der dem Forum zugewandten Ostseite des Monumentes mit den Ereignissen zu Anfang des Krieges, dem vergeblichen Angriff der Parther auf die römische Grenzfestung Nisibis, schildert dann die Eroberung von Seleukia und Babylon und schließlich die Einnahme von Ktesiphon; den Abschluß des Krieges und der Darstellung bildet im oberen Streifen des rechten Reliefs der Westseite die Ansprache des Kaisers an das siegreiche Heer. Umgeben von seinen Söhnen und den Fahnen erscheint er auch hier in reiner Frontalität auf dem hohen Podium, vor dem sich seine Truppen versammelt haben, ABB. 49

während in der linken oberen Ecke sein Leibroß auf ihn wartet. Daß er und seine Söhne, deren Köpfe leider fortgeschlagen sind, in reiner Frontalität erschienen, gehört zu den skizzierten Eigenarten spätantiker Gestaltungsweise. Wie auf den Nebenseiten der 40 Jahre älteren Säule für Antoninus Pius verwandelt sich zudem im unteren Teil der Darstellung der Charakter des Bildes. Man sieht unten auf eine von den Römern angegriffene Festung wie auf einen Plan, in den die agierenden Personen, aber zum Teil auch die Bauwerke in reiner Ansicht hineingesetzt sind, indem ihnen, ähnlich wie den Reitern und Fußsoldaten auf dem Sockel der Säule für Antoninus Pius, eine bankartig vorspringende Bodenleiste gegeben wird. Raum wird Fläche und damit das Hintereinander zwangsläufig zum Übereinander. Nur noch in Teilen der Gesamtkomposition, etwa in den Gestalten um den Kaiser, halten sich Reste einer zu Ende gehenden illusionistischen Darstellungsweise, wobei selbst hier aus dem Hintereinander ein Übereinander wird.
Gegenüber dem Relief aus Leptis wird bei dem in Rom befindlichen auch durch die Zerstörung hindurch ein sehr auffallender Formverfall im Detail deutlich. Die Figuren werden plump und untersetzt, die Bewegung ausdrucksarm, das Verhältnis der Teile zum Ganzen erschöpft sich in einer symmetrischen Anordnung und netzartigen Verspannung der Fläche, während das nordafrikanische Relief bei aller Steifheit noch einen Rest von klassischem Linienfluß bewahrt. Was sonst an dem stadtrömischen Denkmal dargestellt ist, gehört zu der üblichen Triumphalsymbolik. Auf den acht Säulensockeln führen römische Legionäre Gefangene aus dem Partherkrieg an Ketten; acht Statuen von Gefangenen standen zudem auf den Verkröpfungen des Gebälks über den Säulen vor der Attika, die nach Darstellungen des Baues auf zeitgenössischen Münzen den von sechs Pferden gezogenen Triumphkarren trug. Über der mittleren Durchfahrt schweben Victorien mit Trophäen; zu ihren Füßen erscheinen, um das segensreiche Wirken des Kaisers anzudeuten, die Genien der vier Jahreszeiten. Die ruhig gelagerten Fluß- und Quellgottheiten über den seitlichen Öffnungen, über denen in einem schmalen Fries viermal die unterworfenen Parther mit der Kriegsbeute der am rechten Ende thronenden Roma huldigen, sollen wohl dem gleichen Gedanken Ausdruck geben wie die Personifikationen der Jahreszeiten unter den Siegesgöttinnen.
Die beiden Bauten in Rom und in Leptis Magna sind für ein Jahrhundert die letzten Träger monumentaler historischer Reliefs. Welches die Gründe dafür sind, daß im Beginn des 3. Jahrhunderts diejenige Kunstgattung, die für mehr als zwei Jahrhunderte die eigentliche bildnerische Aussage römischer Künstler war, versiegt, um erst im vierten Jahrhundert eine kurze Nachblüte zu erfahren, läßt sich nur vermuten. Es sind

sicher zum Teil die politischen Verhältnisse. Septimius Severus war, wie gesagt, der erste, der nicht durch Blutsverwandtschaft mit seinem Vorgänger oder durch dessen eindeutige Willensäußerung, die meistens durch den Akt der Adoption bekundet wurde, auf den römischen Kaiserthron gelangte; seine Soldaten hatten ihm den Purpur umgeworfen. Wer in der Folgezeit als Berufssoldat sich allmählich zum Legionskommandanten hinaufgedient hatte, und wer es verstand, sich bei seinen Truppen den nötigen Rückhalt zu verschaffen, dem stand der Weg zum Throne offen. Aber er trat natürlich damit auch in den Gegensatz zu den mit ihm rivalisierenden Generälen. So ist das 3. Jahrhundert politisch gekennzeichnet durch einen ständigen Wechsel in der Staatsführung, für die der Senat kaum noch Bedeutung hat, durch das rücksichtslose Sich-Vordrängen der bedenkenlosesten Gestalten, aber auch durch das Fehlen einer klaren Kontinuität in der Außenpolitik.

Unter dem Ansturm von Völkerschaften, die aus ihren zum Teil unwirtlichen Wohnbereichen in die reichen und blühenden Grenzgebiete des Reiches eindringen, bricht zudem um die Mitte des 3. Jahrhunderts das großartige Verteidigungssystem des Imperium Romanum zusammen, nachdem es über drei Jahrhunderte standgehalten hatte. Bis durch die Alpen, durch die Poebene, ja, bis weit nach Mittelitalien dringen im dritten Viertel dieses Jahrhunderts diese ersten Stöße der Völkerwanderung vor und bedrohen selbst Rom, eine Stadt von fast einer Million Einwohnern, die, während der Kaiser Aurelian die Juthurgen und Alemannen im Jahre 270 bei Piacenza in Umbrien schlägt, den riesigen Mauergürtel erhält, der bis zum Ende des 19. Jahrhunderts ihren Stadtbereich bezeichnete. Die notwendigen Kriege werden nur selten mit Durchschlagskraft und Erfolg geführt; denn der Kaiser, der zugleich oberster Feldherr war, hatte natürlich Scheu, sich an die Peripherie des Reiches zu begeben, wenn er befürchten mußte, daß in seinem Rücken ein Prätendent ihm den Thron streitig machte oder aber daß ein militärischer Mißerfolg ihn der Gunst seiner eigenen Truppe beraubte. Im 3. Jahrhundert fehlen nennenswerte historische Reliefs also zunächst deswegen, weil die Ereignisse einer Darstellung entweder nicht wert sind oder aber durch Thronwechsel überholt werden. Doch nicht nur in den politischen Verhältnissen ist der Grund dafür zu suchen, daß das historische Relief während des 3. Jahrhunderts so ganz in den Hintergrund tritt. Schon in der zweiten Hälfte des 2. Jahrhunderts beginnt die durch den Kaiser oder den Senat in Auftrag gegebene monumentale Darstellung politischer oder militärischer Vorgänge als künstlerische Aussage an Bedeutung zu verlieren. An die Stelle des sich in seiner Typik wiederholenden und so zur Schablone erstarrenden Staatsreliefs treten andere, vorwiegend durch private Initiative angeregte und geförderte

ABB. 54

Schöpfungen, aus denen deutlich wird, daß die Zeit der sogenannten Soldatenkaiser keineswegs nur als kulturelle Krise oder Erschöpfung der künstlerischen Kräfte zu verstehen ist. So ist das 3. Jahrhundert die große Zeit des mit Reliefs geschmückten Sarkophags, und ebenso erschließen sich damals im Porträt neue Möglichkeiten der Aussage.

Verbrennung und Bestattung

Man weiß bis heute nicht, warum seit dem Beginn des 2. Jahrhunderts n. Chr. in Rom und dem lateinisch sprechenden Westen die bis dahin übliche Verbrennung der Leichen und die Bergung der Asche in Urnen aufgegeben wird. Zwar hatte man auch früher vereinzelt Tote in Sarkophagen beigesetzt; beispielsweise hatten die Mitglieder der aus dem Sabinischen stammenden Gens Cornelia, zu denen die Scipionen und Sulla gehörten, ihre Toten nicht verbrannt, sondern bestattet. Aber es ist doch wohl symptomatisch, daß sich in den Nekropolen Pompejis, das im Jahre 79 n. Chr. verschüttet wurde, neben Hunderten von Aschenurnen bisher nur ein einziger Sarkophag gefunden hat.

Man hat den Übergang von der Leichenverbrennung zur Bestattung im Beginn des 2. Jahrhunderts damit erklären wollen, daß seit hadrianischer Zeit der griechische Osten, in dem man gewohnt war, die Toten zu bestatten, stärkeren Einfluß auch auf den lateinischen Westen gewann, obwohl weder der Philhellene Hadrian noch seine Nachfolger durch ihr persönliches Verhalten diesen Wandel selbst beeinflußt haben können. Hadrians Asche wurde in dem von ihm errichteten Grabmal am Tiber beigesetzt, das auch die Urnen mit der Asche seiner Nachfolger bis zum Beginn des 3. Jahrhunderts aufnahm. Daß die Verbrennung des Leichnams der Vorstellung vom Weiterleben nach dem Tode nicht widersprach, lehrt ja mit aller Deutlichkeit die Darstellung auf dem Sockel der Säule für Antoninus Pius. Sie stand im Marsfeld neben dem Ustrinum, dem von Gitter und Mauer umschlossenen quadratischen Platz, auf dem die Leiche des Kaisers auf einem hohen Scheiterhaufen verbrannt worden war. In dem dieser Stelle zugewandten Relief trägt Aion, die Personifikation der Ewigkeit, auf mächtigen Schwingen den Verstorbenen und seine Gemahlin gen Himmel. Offenbar waren es also nicht neue Jenseitsvorstellungen, die den Wandel in der Bestattungsform bedingten; denn will man das Festhalten an der Verbrennung der toten Kaiser mit dem Beharren in alter Tradition erklären – schon Augustus war so verbrannt worden, und aus den Flammen des Scheiterhaufens war als Zeichen seiner Entrückung unter die Götter ein Adler aufgestiegen –, dann wieder versteht man es nicht, warum im 3. Jahrhundert die toten Kaiser in Sarkophagen beigesetzt wurden.

B.A. 13

Der Sarkophag des Junius Balbus

Der erste, dessen Sarkophag erhalten ist, war Balbinus, der im Jahre 238 für nur 99 Tage Kaiser war; aus dem gleichen Jahre stammt einer der größten und bedeutendsten Marmorsarkophage. Wenn auch nur die linke Hälfte einigermaßen unversehrt erhalten blieb, so genügt dieser Rest nicht nur, um sich eine Vorstellung von der ganzen Komposition zu machen, sondern auch um einen Eindruck von dem hohen künstlerischen Rang dieses Werkes zu bekommen, das dem wenigen, was wir von Staatsdenkmälern aus dem 3. Jahrhundert besitzen, an Qualität weit überlegen ist. B.A. 19

Diese Qualität erklärt sich schon durch den Auftraggeber, der offenbar niemand anderes war als der Kaiser Gordian III. Dieser hatte im Jahre 238 im Alter von nur dreizehn Jahren den römischen Thron bestiegen, nachdem die Römer es etwa drei Monate zuvor bei der Wahl der Senatoren Pupienus und Balbinus zu Kaisern durch eine Demonstration erreicht hatten, daß der Senat dem Knaben die Würde eines Thronfolgers, eines Cäsars, verliehen hatte. Als Pupienus und Balbinus kurz darauf ermordet wurden, fiel das schwere Amt an diesen Knaben aus einer der vornehmsten und reichsten römischen Adelsfamilien, der sein Geschlecht bis auf die Gracchen und auf den Kaiser Trajan zurückführte; seinen Großvater und seinen Onkel mütterlicherseits hatte der Senat Anfang des Jahres 238 als Gegenkaiser gegen den General Maximinus Thrax aufgestellt, ohne daß es beiden gelungen war, das ihnen anvertraute Reich in die Gewalt zu bekommen. Kurz zuvor muß der Vater des Knaben, ein römischer Ritter, gestorben sein. Für ihn und für seine anscheinend bald darauf verstorbene Mutter hat der junge Gordian den Sarkophag wohl noch im Jahre 238 schaffen lassen, einen der größten Marmorsarkophage, den wir, wenn auch nur in Resten, besitzen. Er hat die Form einer ovalen Wanne von fast 2,50 m Länge und ohne den mit Reliefs verzierten Deckel eine Höhe von 1,50 m. Nach zahlreichen erhaltenen Spuren waren die Gewänder und die Haare und Bärte der ihn schmückenden Gestalten vergoldet. Vor der Mitte der Frontseite standen einander zugewendet die Eltern Gordians, links in der Toga des hohen Beamten der Vater, Junius Balbus, rechts seine Mutter, Maecia Faustina. Wie sich an diese, nach geringen Spuren, rechts eine Reihe von Frauen anschloß, so folgt dem Mann eine Schar von sieben Togati. Es ist die gleiche Anordnung, wie wir sie von einer ganzen Reihe von Sarkophagen kennen, bei der das Ehepaar in der Mitte der Front umgeben ist von Männern und Frauen, die nach ihrer ganzen Erscheinung und ihren Attributen nur als Philosophen und Musen verstanden werden können. Es war offenbar die Vorstellung und die Hoffnung derjenigen, deren sterbliche Überreste in diesen großen Steinkisten bestattet wurden, daß sie nach ihrem Tode in das Reich der hohen Geister der Vergangenheit entrückt werden möchten, um dort mit ihnen das still vertraute Gespräch fortzusetzen, das in der heillosen Zeit gerade denen, die von dem Leben etwas mehr erwarteten als nur die Erhaltung der physischen Existenz, der einzige Lichtblick gewesen sein mag. Dieses Programm der sogenannten Philosophensarkophage ist bei unserem Sarkophag allerdings in einer sehr eigentümlichen Weise abgewandelt: mögen die fast vollkommen zerstörten Gestalten rechts der Frau auch als Musen ergänzt werden, die Männer tragen, selbst wenn sie in Ausdruck und Physiognomie und durch die Schriftrollen in ihren Händen oder neben ihren Füßen wie Philosophen wirken, die feierliche Toga, sind also nicht Philosophen, sondern Mitglieder des Senats; als Genius des Senats muß nach dem Diadem auch der Togatus neben dem hohen Beamten verstanden werden, der mit seiner Rechten auf den noch fast knabenhaften Jüngling in der reichgefalteten Toga weist, der dort steht, wo die Darstellung der Front überleitet in die der Nebenseite, und der nach dem Vergleich mit den erhaltenen Bildnissen doch wohl niemand anderes sein kann als Gordian III. Sein Vater mag unter den Senatoren gesessen haben, die sich damals dem Willen des Volkes beugten und den beiden von ihnen gewählten Kaisern den vornehmen Knaben als Cäsar zugesellten. Als der Vater kurz darauf starb, hat ihm sein Sohn, der inzwischen selbst nach dem Tode des Pupienus und Balbinus den Thron bestiegen hatte, diesen Sarkophag als letzte Ruhestätte bereiten lassen, in dessen seltsamem Schmuck noch einmal etwas von dem geistigen Rang der hohen Versammlung zum Ausdruck gebracht wird, die den allerdings vergeblichen Kampf gegen die Willkür der Legionen und ihrer nach der Macht drängenden Generale führte.

Etwa dreißig Jahre nach dem Sarkophag des Junius Balbus muß der noch größere Sarkophag entstanden sein, der sich heute im Lateranischen Museum in Rom befindet. Man weiß nicht, von welcher der alten Gräberstraßen Roms er stammt. Auch von ihm hat sich nur ein Teil erhalten, diesmal die Mitte der Frontseite.

Der »Philosophensarkophag« im Lateranischen Museum

B.A. 17

Auf einem erhöhten Sessel sitzend, interpretiert ein Mann einen philosophischen Text, den er zwei Frauen aus einer Schriftrolle vorliest. Weitere Rollen stehen gebündelt neben dem Lehrenden. Und auch die Frau zu seiner Rechten hält eine Rolle in den Händen, während sich die andere auf die Lehne seines Stuhles stützt. Dabei nimmt sie eine Stellung ein, wie seit dem Hellenismus eine der neun Musen dargestellt wird, die Polyhymnia. Auch die drei Männer neben der Mittelgruppe sind Philosophen, doch nicht wie der Lehrende und die beiden Frauen Menschen des 3. Jahrhunderts n. Chr., sondern Gestalten längst vergangener Zeit. Einer von ihnen dürfte nach den Resten einer Sonnenuhr ihren Erfinder Anaximandros von Milet darstellen, der in der ersten Hälfte des 6. Jahrhunderts v. Chr. lebte. Die beiden anderen lassen sich nicht benennen, doch muß der eine, schon nach seiner Tracht, dem Mantel, den er um den nackten Körper geschlungen hat, ebenfalls einer der alten griechischen Philosophen sein; und nicht anders wird auch der Bärtige neben dem Lehrenden zu deuten sein.

Klarer als in dem anderen Sarkophag kommen hier die Gedanken zum Ausdruck, die jene beseelten, deren Körper dieser mächtige, steinerne Kasten einmal bergen sollte. Nach dem Ende ihres Erdendaseins hofften sie in jene Gefilde entrückt zu werden, in denen sie mit denen zusammentrafen, die sie in dieser Darstellung umgaben.

Wir wissen nicht mehr, wer die Menschen waren, die in diesem mächtigen Sarkophag beigesetzt waren; durch die Besonderheiten der Haartracht, vor allem der beiden Frauen, läßt sich die Ausführung des Reliefs in die Zeit um 270 n. Chr. datieren. Man hat daher geglaubt, daß dieser Sarkophag einst die letzte Ruhestätte des Alexandriners Plotin gewesen sein könnte, der von 244–270 n. Chr. in Rom lebte und lehrte. Zu denen, die seine Vorträge besuchten, in denen er, ausgehend von der Ideenlehre Platons, die stufenweise Befreiung der Seele von der Materie zum reinen Sein im Geist entwickelte, gehörten auch der Kaiser Gallien und seine Gemahlin Salonina. Doch starb Plotin nicht in Rom, sondern in Minturnae und auch das Bildnis Plotins, das wir seit kurzem zu kennen glauben, hat nichts gemein mit der Erscheinung des Lehrenden auf dem Sarkophag.

Dagegen weist der Kopf des Mannes, der ja nicht notwendig ein Philosoph im eigentlichen Sinne des Wortes gewesen sein muß, sondern eher ein »homo spiritualis«, eine so auffallende Verwandtschaft mit dem Bildnis Galliens auf, dessen Gemahlin Salonina man schon früher in einer der beiden Frauen hat erkennen wollen, daß man sich fragen mag, ob es sich bei dem Relief im Lateran nicht um den Rest des Sarkophags dieses Kaisers handeln könnte, der zwar 268 vor Mailand ermordet wurde, der jedoch nach seinem Tode nicht der Ächtung verfiel, dessen Leiche also wohl in der Hauptstadt feierlich bestattet wurde. Ja, selbst die Besonderheit, daß zu den Seiten des thronenden Mannes zwei Frauen stehen, die doch wohl beide in der mächtigen Steintruhe beigesetzt waren oder doch beigesetzt werden sollten, fände so eine Erklärung; denn wahrscheinlich schon im Jahre 254 hatte der Kaiser dem Markomannenkönig Attalus ein Teil von Oberpannonien überlassen und von diesem zur Besiegelung des Bündnisses seine Tochter Pipara als Nebenfrau erhalten, der er nach antiken Quellen in tiefer Liebe verbunden gewesen sein soll.

B. A. 10

Das Bildnis des 3. Jahrhunderts

Eindringlicher noch als das Sarkophagrelief, das gewissermaßen an die Stelle des historischen Reliefs tritt, lehrt vielleicht das Bildnis, daß die Kunst des 3. Jahrhunderts keineswegs nur als Verfall verstanden werden kann, daß sie vielmehr durchaus ihr eigenes »Gesicht« hat. Die Zeit der Soldatenkaiser mit ihren Spannungen und Erschütterungen des antiken

Lebensgefüges bringt gerade für das Bildnis einen ganz entscheidenden Wandel, der gleichbedeutend ist mit jenem großen Umbruch vom Idealporträt zum Individualporträt ein halbes Jahrtausend zuvor.

Die römische Porträtkunst des 1. und weitgehend auch des 2. Jahrhunderts n. Chr. stand noch durchaus in der Tradition jener Auffassung vom Bildnis, die mit dem Hellenismus aufgekommen war. Das Porträt war bestimmt durch die Wiedergabe der äußeren Erscheinung eines Menschen, die je nach der Fähigkeit des Künstlers über ihre Zufälligkeit hinaus zum Spiegel der besonderen einmaligen Persönlichkeit wird. Das hellenistische Bildnis war nie reines Abbild im Sinne etwa der Photographie, sondern eine auf der physiognomischen Eigenart des Dargestellten beruhende Wesensschau.

Die Römer hatten in ihrer Berührung mit der hellenistischen Welt ihre eigene Vorstellung vom Wesen des Bildnisses gewandelt und hatten das zunächst auf das reine Abbild, ja die Abformung ausgerichtete Bildnis, indem sie nun entweder griechische Künstler mit der Ausführung beauftragten oder bei solchen in die Lehre gingen, zu jener besonderen Form des Porträts entwickelt, die so typisch römisch ist, daß man unwillkürlich von einem »Römerbildnis« spricht, ohne daß man sich vielleicht im klaren darüber ist, worin, auch wenn der Künstler ein Grieche
ABB. 8 ist, gerade das »Römische« liegt. Aus einer sehr genauen und sachlichen Beobachtung der äußeren Erscheinung resultiert eine bis zur Abstraktion gehende Präzision der Beschreibung mit klar bestimmten Konturen, Falten und Linien. Nicht so sehr die Masse, Flächen, Lichter und Schatten formen einen Römerkopf, sondern die Umrisse, in denen Blick, Wille, Persönlichkeit sich ausprägen. Daß gewisse Menschen, wie vor allem die Kaiser, darüber hinaus in ihrem Bildnis zu einer allgemeineren Gültigkeit erhoben werden können, indem sie unter Rück-
ABB. 6 griff auf klassische Schöpfungen der griechischen Kunst idealisiert werden, wurde bei der Behandlung des Augustusbildnisses angedeutet. Doch Herrscherbild wie Privatporträt sind trotz gewisser Unterschiede in einem wesensmäßig verwandt. Sie sind alle irgendwie einer handgreiflichen Wirklichkeit verhaftet, haben, selbst wenn sie überhöht werden, eine besondere diesseitige Prägnanz, sind Abbilder, manchmal mit einem derartigen Verismus, daß man sich fragen kann, ob den Bildnissen nicht bloße Abformungen von Gesichtern zugrunde lagen; muß doch die Totenmaske als eine der Voraussetzungen des römischen Bildnisses angesehen werden, das ja der Aufgabe diente, das Andenken an die Verstorbenen, die Ahnen, weitgehend unter den Lebenden wachzuhalten. Das spricht, wie gesagt, nicht dagegen, daß es unter diesen Römerbildnissen Kunstwerke von hohem Range gibt, wie ja das Bildnis des Augustus in seinen verschiedenen Fassungen zu den bedeutendsten

Leistungen der römischen Kunstgeschichte gehört, selbst wenn es vielleicht Griechen waren, die es schufen.

Auch der etwa ein Jahrhundert nach dem Bildnis des Augustus in der vatikanischen Bibliothek wohl von einem Griechen ausgeführte Kolossalkopf des Trajan aus dem Theater von Ostia, der wohl den bereits verstorbenen und unter die Götter erhobenen Kaiser wiedergibt, der also B.A. 3 ebenfalls den Dargestellten idealisiert, zeigt die ebenso bestimmte wie charakteristische Erfassung des Römertums, mag er auch seine spätere Entstehungszeit nicht verleugnen. Wohl herrscht in ihm bei aller Bändigung ein anderes Pathos als im Bildnis des Augustus, sind die Formen kraftvoller, Licht und Schatten großflächiger. Eine barocke Gestaltungsweise hat die klassizistische abgelöst. Und doch – wenn die in den beiden Bildnissen Dargestellten Götter sind, so sind sie Götter, die unter den Lebenden walten, diesseitig, mächtig, Ehrfurcht gebietend in ihrem Ernst, aber greifbar, nicht entrückt oder aus einer anderen Welt herabblickend. Auch in den Bildnissen der Menschen aus der ersten Hälfte des 2. Jahrhunderts bleibt, selbst wenn sie, wie etwa der Kopf Hadrians in Rom, von einem Klassizisten geschaffen sind und fast wie B.A. 4 griechische Heroen wirken, dieser besondere Realitätscharakter.

Mit dem Ende des 2. Jahrhunderts und vorzüglich dann im 3. verwandelt sich jedoch das römische Bildnis zu einer bis zu diesem Zeitpunkt nicht bekannten Darstellung des Menschen. Noch das Bildnis des Antoninus Pius und seiner Zeitgenossen steht diesseits der Grenze, die damals überschritten wird, ohne daß der Schritt je wieder zurückgetan werden kann, das des Marc Aurel ebenso eindeutig jenseits, und in den Porträts, B.A. 5 die dann folgen, verstärken sich die Merkmale der Verwandlung. Bei keinem von ihnen wird man noch den Eindruck haben, der sich zuvor vor allem beim Privatporträt immer wieder einstellen mochte, daß das Bildnis auf einer überarbeiteten Abformung vom lebenden Gesicht oder gar auf einer Totenmaske beruhen könnte. Denn es handelt sich nun bei der Darstellung des menschlichen Antlitzes nicht mehr um das Abbild der bloßen physiognomischen Realität, mag auch noch soviel von dem »Aussehen« des Dargestellten in das Bildnis hineingenommen sein. Sicher ist beispielsweise das Porträt des Thrakers Maximinus, des ersten B.A. 6 Barbaren, der im Jahre 235 von seinen Soldaten mit dem Kaiserpurpur bekleidet wurde, in der Wiedergabe des Fremden, Ungezähmten, Grobschlächtigen eine ebenso zutreffende Erfassung der besonderen und einmaligen Physiognomie wie das Bildnis seines Nachfolgers Balbinus eine ebenso lebendige Vorstellung von diesem durchaus ehren- B.A. 8 haften, doch kraftlosen Mitglied des Senats vermittelt, der sicher nicht der Mann war, das Staatsschiff mit Entschlossenheit durch die Wirren der damaligen Zeiten zu lenken. Aber in diesen Bildnissen wird das,

was als greifbare Substanz vor uns erscheint, für etwas Neues transparent, ja, dieses Neue unterwirft sich geradezu die bisherige Grundlage des Bildnisses, das faßbare, ja abformbare Antlitz des Menschen, bildet es um, deformiert es unter Umständen, macht es zum Träger für etwas, das sich im Grunde der Erfassung durch den Bildhauer entzieht. Die Form beginnt zu transzendieren, indem die plastische Substanz einer inneren, nicht mehr organischen Bewegung unterworfen wird. Diese bricht zuerst in dem Bereich durch, in dem auch schon zuvor im Bildnis am ehesten etwas Geistiges sich offenbarte, in der Gestaltung des Auges, um allmählich das ganze Gesicht zu verwandeln – ja, man könnte in vielen Fällen sagen, daß der Aufbau des Kopfes dem Auge geradezu unterworfen sei. Schicksal, Not, Sehnsucht, Trauer, Versonnenheit, Hintergründigkeit, Sensibilität, auch Erregung und Gewaltsamkeit prägen das neue Gesicht. Auf diesem Weg, der vom Bildnis Marc Aurels
B.A. 7 über das des Balbinus oder den eigentümlich wetterleuchtenden Kopf des Trajanus Decius bis zu dem erschütternden Porträt eines Römers
B.A. 9 aus der Zeit Diokletians mit absoluter Folgerichtigkeit führt, und an dessen Ende als das erste im eigentlichen Sinne spätantike Bildnis der
ABB. 60 Kolossalkopf Konstantins aus der Basilika am Forum Romanum steht, bedeutet auch die Renaissanceströmung in der Zeit des Gallien keine
B.A. 10 Unterbrechung. Mag auch das Galliensbildnis auf Vorbilder der augusteischen Zeit zurückgreifen wie dann das Konstantins auf das Bildnis Trajans – zwischen ihnen und ihren Vorbildern liegt unverkennbar der Umbruch zu einem Menschenbild, in dessen Erscheinung sich die Transzendenz der Ikonen vorbereitete.

DIE TETRARCHEN UND KONSTANTIN

Bezeichnend aber für die Situation des historischen Reliefs ist wohl, daß es in dem Augenblick wieder in Erscheinung tritt, wo es Diokletian, dem letzten der 19 Soldatenkaiser, im Jahre 283 gelingt, das Reich in seine Gewalt zu bekommen, indem er sich die Herrschaft mit seinem Waffengefährten Maximian teilt und zehn Jahre später noch zwei weitere besonders befähigte, aber vielleicht auch nicht ungefährliche Armeegeneräle, Constantius Chlorus und Galerius, zu Mitkaisern macht.

Der Bogen von Saloniki

In Thessaloniki, dem heutigen Saloniki, der Residenz des Galerius, steht noch heute der Rest eines Ehrenbogens, eines sogenannten Tetrapylon, dessen vier Mauerpfeiler, auf denen eine halbkugelige Kuppel ruhte, über und über mit Reliefs bedeckt sind, die die Ereignisse des großen Krieges gegen die Perser verherrlichen, an dem Galerius seit 297 entscheidend beteiligt war. In unserer Abbildung, die nur eine Seite eines der vier Pfeiler gibt, ist im obersten Streifen die Reise eines Kaisers von einer Stadt zur anderen dargestellt. Der Kaiser sitzt in einem Reisewagen. Reiter begleiten ihn. Im Tor der Stadt, die er verläßt, steht eine Wache; aus der Stadt, zu der die Reise geht, kommen grüßend Soldaten mit Standarten. Victorien rahmen das Bild. Darunter findet sich eine Reiterschlacht aus dem Perserkrieg mit dem Kaiser in der Mitte. Über ihm hält im Lorbeerpolster zwischen den Friesen ein Adler den Kranz. Gelten für die beiden oberen Friese, wenn auch in einer früher so nicht üblichen symmetrischen Verteilung der Gewichte, Gesetze, denen wir bis zurück in die Frühzeit begegnen, so ist das daruntersitzende Relief mit der strengen Frontalität und Achsialität ein typisches Beispiel für das, was wir als spätantike Komposition bezeichnen möchten. In der Mitte des Bildes thronen zwei Kaiser, wohl Diokletian und Galerius, unter denen Götter mit sich blähendem Mantel auftauchen. Die Kaiser sind, auch wenn neben ihnen Offiziere stehen, Göttern gleich. Vor ihnen, das heißt für die Darstellung rechts und links von ihnen, knien huldigend Frauengestalten als Personifikationen der unterworfenen Völker, während Diana und Mars mit geschulterten Feldzeichen in stürmender Bewegung ihre Rosse heranführen; Flußgötter, wohl Euphrat und Tigris, vervollständigen das Bild, unter dem gleich einer Predella siebenmal in einer Muschelnische eine Victoria erscheint, als Symbol der unerschöpflichen Siegeskraft des Kaisers. ABB. 51

Annähernd zu gleicher Zeit entsteht nach einer Unterbrechung von fast drei Generationen auch in Rom für Diokletian und seine Mitkaiser ein Triumphbogen, von dem sich nur zwei Säulensockel erhalten haben, die sich heute im Giardino Boboli in Florenz befinden. Wenn selbst diese Sockel mit Reliefs geschmückt sind, mit Victorien, den Dioskuren und römischen Soldaten, die Gefangene führen, dann darf man wohl annehmen, daß der ganze Bau über und über mit Reliefs bedeckt war, ähnlich wie der etwa zwanzig Jahre später in Rom errichtete Bogen für Konstantin, den Sohn des Constantius Chlorus. ABB. 52

Die Friese des Konstantinsbogens

Im Jahre 305 hatten Diokletian und Maximian zugunsten ihrer Mitregenten Galerius und Constantius Chlorus abgedankt. Als kurz darauf letzterer in York in England starb, hatten seine Soldaten seinen Sohn Konstantin zum Kaiser ausgerufen. Das hatte zur Folge, daß in Rom die Prätorianergarde ihrerseits den Sohn des Maximian, Maxentius, mit dem Purpur bekleidete. Wieder drohte dem Reich der Krieg der Prätendenten, da auch der Vater des Maxentius und ebenso Galerius in den Kampf eingriffen. In der Schlacht an der Milvischen Brücke verlor Maxentius gegen seinen Gegner Konstantin am 28. Oktober 312 Rom und zugleich sein Leben. Dieses Ereignis feiert der letzte erhaltene

Triumphbogen Roms, an dem zum letzten Male in der alten Hauptstadt des Reiches ein historisches Relief erscheint. In einem sich um den Bau herumziehenden Fries werden die einzelnen Ereignisse, die der Errichtung des Bogens vorausgingen, dargestellt: der Aufbruch Konstantins zum Krieg, die Belagerung von Verona, die Schlacht an der Milvischen Brücke, der Einzug des Siegers in Rom, seine feierliche Ansprache auf dem Forum und die ebenso feierliche Verteilung eines Geldgeschenkes in einer der großen Basiliken an die Bevölkerung Roms. Mit Ausnahme der beiden letzten Vorgänge ist das Geschehen in der Art dargestellt, wie man es seit Jahrhunderten gewohnt war: eine Reihe von einzelnen Szenen, in denen sich die Aktion im Sinne der Schrift von links nach rechts vollzieht, ein Prinzip also wie in den oberen Friesen des Galeriusbogens von Saloniki. Dagegen ist in den beiden Repräsentationsakten
B.A. 16 des Kaisers, von denen wir die Ansprache auf dem Forum abbilden, jene Form der Wiedergabe gewählt, der wir zuerst an der Markussäule be-
B.A. 15 gegnen. In der Mitte des Bildes erscheint der Kaiser, dessen heute verlorener Kopf gesondert gearbeitet war, auf der Rednerbühne, die an ihren Enden die Statuen der Kaiser Antoninus Pius und Marc Aurel trägt. Hinter dem Sieger werden die Fahnen seines Heeres getragen, und die Mitglieder des Senats umgeben ihn. Seine Ansprache gilt dem römischen Volk, das sich von rechts und links zur Rednerbühne drängt, während der Platz vor ihr frei bleibt, frei gewissermaßen für den, der zu diesem Relief hinaufblickt. Er ist als der eigentlich Angesprochene in das Geschehen miteinbeschlossen, nicht mehr so, daß er durch die Perspektive oder die Räumlichkeit der Darstellung die Illusion des Zuschauenden oder des in das Bild Einbezogenen hat. Raum und Perspektive sind vielmehr aus der Darstellung verbannt. Die Fläche ist bestimmend. Aber das, was in ihr sich darbietet, wird nun zum unmittelbaren Gegenüber des Beschauers, in der gleichen Weise wie in den Tympana oder Türstürzen mittelalterlicher Portale Christus inmitten der Jünger aus dem Bilde heraus sich dem zuwendet, der in diese Kirchen tritt. Zum ersten Male ist in diesem Relief und seinem Gegen-

ABB. 49 – Der Septimius-Severus-Bogen am Forum Romanum. Die südliche Seitenpforte. Um 203 n. Chr. *Vgl. S. 165.*

ABB. 50 – Die Reiterstatue Marc Aurels auf dem Kapitolsplatz in Rom. Um 173 n. Chr. *Bronze. Höhe 5,12 m. Vgl. S. 161.*

ABB. 51 – Reliefierter Pfeiler des Galeriusbogens in Saloniki. 300 n. Chr. *Vgl. S. 175.*

49

IMP·CAESARI DIVI ANTONINI
NEPOTI DIVI TRAIANI
NERVAE ABNEPOTI M·
AVG·GERM·SARM·PONT·MAX·

50

51

52

53

54

55

stück, der Geldspende an das römische Volk, das, was sich im 2. Jahrhundert n. Chr. vorbereitet, in letzter Konsequenz ausgebildet: das spätantike Repräsentationsbild.
Doch nicht nur mit der Verbindung der beiden Bildtypen in seinem Fries, auch in anderer Hinsicht ist der Konstantinsbogen, für den der etwa ein Jahrhundert ältere Bogen des Septimius Severus am Forum Romanum das Vorbild abgab, ein Denkmal der Zeitenwende. Zum ersten Male werden an ihm Überreste älterer Denkmäler wiederverwandt: an den beiden Fronten der Attika sitzen acht Reliefs eines Ehrenbogens für Marc Aurel aus dem Jahre 173, an ihren Nebenseiten zwei Ausschnitte aus einem Fries mit Kämpfen gegen die Daker, die einst ihren Platz im Bereich des Trajansforums hatten. Weitere Teile dieses Frieses sind in der Wandung der mittleren Durchfahrt angebracht, indem ihnen durch Umwandlung der Trajansköpfe in Bildnisse Konstantins und die Inschriften »Restitutori urbis« und »Pacatori orbis«, Wiederhersteller Roms und Friedebringer der Welt, ein neuer Sinn unterlegt ist. Die acht Tondi über den Seitenfronten stammen von dem sogenannten hadrianischen Jagddenkmal. Ja selbst die Gebälke, Säulen und Kapitelle sind von älteren Bauten genommen. Noch für die Bauten der diokletianischen Zeit wurde jedes Glied und jedes Relief neu angefertigt. Am Konstantinsbogen und in den kurz darauf entstehenden großen Kirchenbauten Roms – dem ältesten im Gebiete des lateranischen Kaiserpalastes, dem zweiten im Bereich des neronischen Zirkus, der über dem Grab des Petrus errichtet wurde, und in der dritten großen Kirche, die über dem Grabe des Paulus sich erhob – waren die Säulen und Kapitelle von älteren Bauten genommen. Anläßlich der Erbauung des Konstantinsbogens scheute man sich offenbar nicht, noch aufrechtstehende Ehrendenkmäler, wie die für Trajan, Hadrian und Marc Aurel, ihres Schmucks zu berauben. Doch ist es kaum Mangel an Mitteln. In diesem Vorgang zeichnet sich vielmehr ein Bruch mit der Vergangenheit ab, ein Aufhören des bisher geltenden Traditionsbewußtseins.

B.A. 11

ABB. 52 – Der Konstantinsbogen in Rom. Um 313 n. Chr. *Vgl. S. 162, 175.*

ABB. 53 – Das Caldarium der Kaiserthermen in Trier. Blick von Osten. Um 300 n. Chr. *Vgl. S. 193.*

ABB. 54 – Blick auf die Aureliansmauer in Rom im Bereich der Cestiuspyramide. Um 270 n. Chr. mit späteren Zutaten. *Vgl. S. 167, 182.*

ABB. 55 – Die Basilika in Trier. Blick von Norden. Um 310 n. Chr. *Vgl. S. 194.*

Klarer als in der bildenden Kunst wird wohl in der Architektur deutlich, daß es ein langer Weg war, der zur endgültigen Entthronung Roms führte. Zwar genießt Rom durch das ganze 3. Jahrhundert immer wieder die Beweise der kaiserlichen Munifizenz in großen öffentlichen Bauten. Vor allem Thermen, riesige Anlagen, in denen die Millionenbevölkerung der Hauptstadt kostenlos oder für einen geringen Betrag baden konnte, gehören zu solchen kaiserlichen Stiftungen. Nachdem Nero, Titus und Trajan in der zweiten Hälfte des 1. Jahrhunderts solche, heute weitgehend zerstörte Badehäuser hatten bauen lassen, hatten neben Decius vor allem Caracalla und Diokletian die nach ihnen benannten Thermen errichtet, die dem Besucher Roms auch noch als Ruinen einen lebhaften Eindruck von dem Wirken eines Kaisers vermitteln. Wer in die Kirche S. Maria degli Angeli unweit des Hauptbahnhofs tritt, die Michelangelo und Vanvitelli in der Mitte des 16. Jahrhunderts in einem einzigen der großen Gesellschaftsräume, dem Kaltbadesaal der Diokletiansthermen, eingerichtet haben, bekommt einen Eindruck von der Monumentalität solcher Anlagen.

Die Wiederbefestigung Roms unter Aurelian

ABB. 54

Ebenso ist natürlich die im letzten Viertel des 3. Jahrhunderts durchgeführte Wiederbefestigung Roms durch eine mit 350 Türmen bewehrte Mauer von 16 km Länge und durchschnittlich 8 m Höhe ein Zeugnis für die Bedeutung, die der Kaiser der Hauptstadt des Reiches beimaß. Aber es darf doch eines nicht übersehen werden: während seit der Zeit des Tiberius immer wieder an der kaiserlichen Residenz auf dem Palatin gebaut wurde, zuletzt am Ende des 2. Jahrhunderts unter Septimius Severus, dem ersten der sogenannten Soldatenkaiser, hört im 3. Jahrhundert die Bautätigkeit an den Kaiserpalästen in Rom fast vollständig auf. Es gibt Kaiser, die nie in Rom gewesen sind. Einer der größten Bauherrn im Rom des 3. Jahrhunderts, der Kaiser Diokletian, dem die Stadt nicht nur die nach ihm benannten Thermen verdankt, sondern auch die ausgedehnte Wiederherstellung des Forums nach einem Großbrand im Jahre 286, war während der 22 Jahre seiner Regierung nur ein einziges Mal im Jahre 303 für wenige Wochen in der Hauptstadt. Er erfüllte ihr gegenüber seine kaiserliche Pflicht, aber der Schwerpunkt der Tätigkeit des Regenten lag woanders.

Diese Gewichtsverlagerung der Politik beginnt schon im 2. Jahrhundert. Wenn der Friedenskaiser Antoninus Pius während seiner fast fünfundzwanzigjährigen Regierung Rom nicht verlassen haben soll, so ist sein Sohn und Nachfolger Marc Aurel insgesamt fast ein Jahrzehnt von der Hauptstadt abwesend, um sich mit den Sarmaten und Markomannen herumzuschlagen. Nicht viel anders ist es mit dem Afrikaner Septimius Severus, der während des größten Teils seiner Regierungszeit in Kämpfe im Osten und in Britannien verwickelt war. Dienen die Kriege dieser

Kaiser und ihrer Söhne, Commodus und Caracalla, im wesentlichen der Stabilisierung der Verhältnisse an den Grenzen des Reiches, zum Teil sogar noch der Mehrung des schon übergroßen Reichsgebietes, so ändert sich die Situation des Reiches ganz entscheidend seit der Mitte des 3. Jahrhunderts, als erstmalig seit drei Jahrhunderten Völker aus Räumen, die der Kontrolle durch römische Armeen entzogen sind, in Bewegung geraten und die Grenzen des Reiches berennen, wiederholt auch durchbrechen. Unter dem Kaiser Gallien geht der obergermanische und rätische Limes verloren und wird die Grenze gegen Germanien auf den Rhein und die Donau zurückgenommen. Im Jahre 258 gelingt es erstmalig den Alemannen, aus dem südwestdeutschen Raum durch die Alpen bis in die Poebene vorzustoßen, was zur eiligen Wiederbefestigung der norditalienischen Städte wie Verona, Como, Aquileia führt, für deren Mauern man das Material zum Teil von den Grabbauten nimmt, die die Straßen vor den Städten flankieren. Als sich 268 und 270 die Juthurgen, Alemannen und andere Völker auf 100 km der Hauptstadt nähern, erhält diese ihren mächtigen Mauergürtel. Während so selbst das Kernland Italien überhaupt nicht mehr zur Ruhe kam, ja überall an den Grenzen sich der Druck von außen verstärkte, drohte der Ehrgeiz rivalisierender Truppenoffiziere, die von ihren Soldaten gegeneinander zu Kaisern ausgerufen wurden, die Kraft des Reiches auch innerlich auszuhöhlen. Nur besonders wendigen und energischen Regenten, wie etwa Aurelian, gelang es zeitweilig, das Reich fest in die Hand zu bekommen. Wer unentschieden war, hatte von vornherein das Spiel verloren. In dieser Situation war es eine ebenso geniale wie nicht ungefährliche Lösung, als Diokletian, um der Zersplitterung der Kräfte Herr zu werden, das Reich in vier Sprengel teilte, die er besonders bewährten Offizieren als Mitkaisern unterstellte. Daß keiner der sogenannten Tetrarchen in Rom residierte, sondern daß ihre Residenzen Mailand, Trier, Saloniki und Nikomedia gegen die Nord- und Ostgrenze vorgeschoben waren, hatte zunächst nichts damit zu tun, daß Rom als Hauptstadt entwertet war oder daß man sich gescheut hätte, einem der vier Kaiser durch Überlassung Roms als Regierungssitz eine zu große Macht in die Hand zu geben. Roms topographische Situation war in einer Zeit, wo man um den Bestand der Grenzen im Norden und Osten kämpfte, in doppelter Hinsicht ungünstig. Es lag nicht nur zu weit vom Schuß; die Ereignisse in der Zeit um 270 hatten zudem gezeigt, daß die alte Metropole bei einem Durchbruch der Nordvölker durch die Alpen ohne weiteres von den Verbindungen mit dem übrigen Reich abgeriegelt werden konnte.

Allerdings spielte die Stadt am Tiber, von der einst jene bedeutungsvolle Vereinigung eines großen Teils Europas, Kleinasiens und Nord-

Die Entwertung Roms als Hauptstadt des Imperium Romanum

afrikas zu einem einzigen Reich ihren Ausgang genommen hatte, in dieser Zeit nicht mehr die Rolle wie früher. Wenn Kaiser Commodus im Jahre 190 den Mittelpunkt des Imperium Romanum selbst in eine Kolonie verwandelte, die er nach seinem eigenen Namen Colonia Lucia Antoniniana Commodiana nannte, so war das mehr eine ephemere Marotte gewesen. Aber schon kurz darauf erfolgte ein ernsthafterer Angriff auf die Hoheit der Hauptstadt, als Septimius Severus die militärischen Vorrechte Italiens beseitigte, die Prätorianergarde auflöste, sich mit einer viermal so starken Garde umgab, die er vorwiegend aus Illyrern rekrutierte, und als er in die nächste Nähe Roms eine stets einsatzbereite Legion legte. Als offizielles Indiz der Herabwürdigung Italiens und Roms muß es gelten, daß der Kaiser, auch wenn er sich in Italien und Rom aufhielt, den Titel Proconsul führte, so, als befände er sich nicht im Kernland des Reiches, sondern in einer seiner Provinzen. Dann hatte Caracalla mit der sogenannten Constitutio Antoniniana sämtliche Angehörige des Reiches gleichgestellt und damit alle Vorrechte der Nachkommen derer, die dieses Reich gegründet hatten, aufgehoben. Dieser politischen Veränderung waren Wandlungen auf religiösem und kulturellem Gebiet gefolgt. Die großen alten Götter der Stadt, wie vor allem Jupiter und Mars, hatten gegenüber fremden Gottheiten, wie dem persischen Mithras oder dem syrischen Sonnengott, an Bedeutung verloren; und schon begann das ebenfalls aus dem Osten stammende Christentum trotz der Verfolgungen immer größere Kreise der Bevölkerung den offiziellen Staatskulten zu entziehen.

Die Residenzen der Tetrarchen

War einst Rom das Herz des Reiches gewesen, dessen Schlag die lebensspendenden Kräfte bis an die äußerste Peripherie getrieben hatte und zu dem alles – neuen Auftrag heischend – zurückdrängte, so stirbt diese

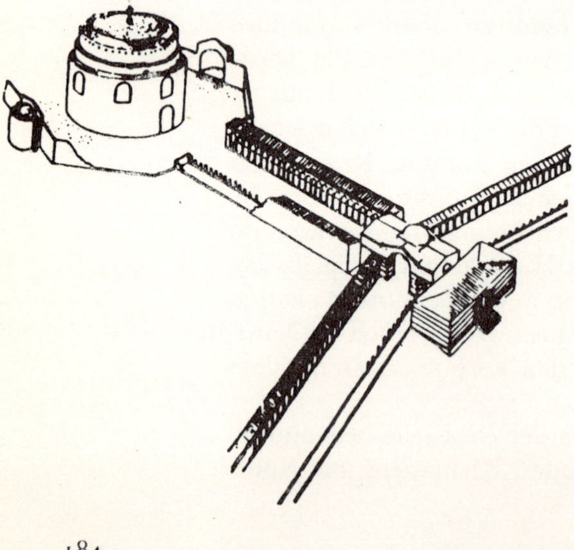

Fig. 38 – Tetrapylon, Säulenstraße und Zentralbau in der Kaiserresidenz Thessalonike. Um 300 n. Chr. Vgl. S. 197.

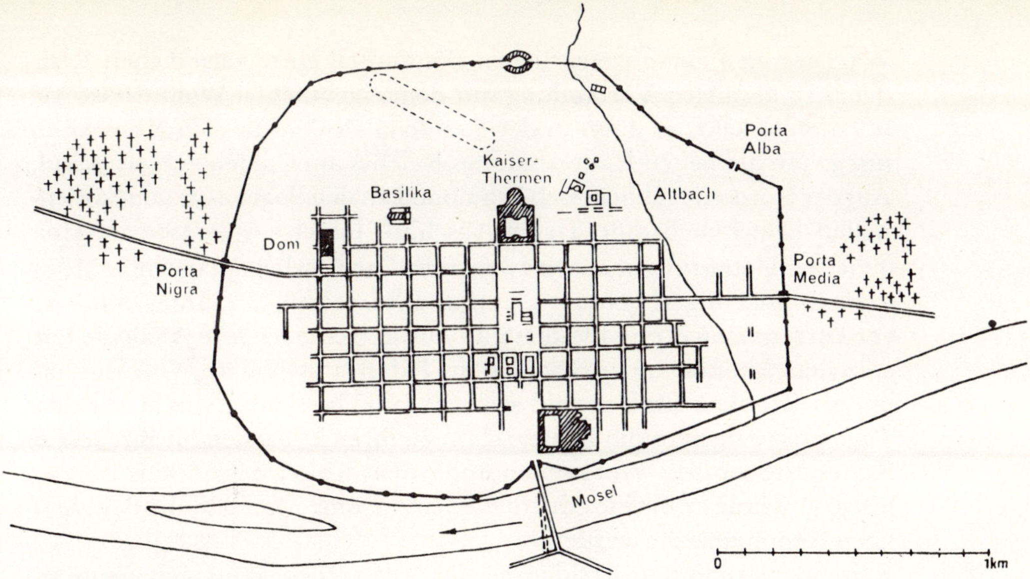

Fig. 39 – Plan des römischen Trier.

Beziehung zwischen dem weiten Raum und seiner Mitte im Laufe des 3. Jahrhunderts in zunehmendem Maße ab. Des Reiches Mitte ist jetzt dort, wo der Kaiser sich befindet. Als daher die vier Residenzen der Tetrarchen an den militärpolitischen Brennpunkten entstehen, verlagert sich naturgemäß das Gewicht auch der kaiserlichen Bautätigkeit an die Peripherie.

Kein Ort verdeutlicht diesen Vorgang heute noch so handgreiflich wie Trier, die Residenz des sogenannten Cäsars der westlichen Reichshälfte, des Unterkaisers, der dem in Mailand sitzenden Augustus, dem Oberkaiser, zugesellt war. In Mailand sind die Überreste der Kaiserresidenz durch die moderne Großstadt bis auf geringe Spuren verschwunden. In Nikomedia könnten Grabungen noch zu bedeutenden Ergebnissen führen. In Saloniki, der Residenz des Cäsars in der östlichen Reichshälfte, haben sich im Bereich des Tetrapylons noch eindrucksvolle Bauten erhalten.

Hier hat man bei Grabungen in dem letzten Jahrzehnt die Bauten des eigentlichen Wohnpalastes feststellen können, unter ihnen einen großen, achteckigen Saalbau. Der Palast lag westlich einer Prachtstraße, die vom Meer her über eine breite Freitreppe zu einem quergelegten Saal von 42 m Breite und 17 m Tiefe führte, vielleicht ein riesiges Vestibül, an das der prunkvolle Ehrenbogen unmittelbar anschloß. Östlich dieser Straße haben sich über eine Länge von 150 m die gewölbten Substruktionen erhalten, auf denen die Sitzbänke des Hippodroms ruhten; seit den Tagen des Septimius Severus bildete ein solcher Kampfplatz für

Saloniki

FIG. 38

Wagenrennen einen wesentlichen Bestandteil einer kaiserlichen Residenz. In ähnlicher Verbindung mit dem eigentlichen Wohnpalast wie in Saloniki kehrt er dann in der Residenz wieder, die sich Konstantin um 325 in der neuen Hauptstadt des Reiches am Goldenen Horn schuf. Auf der Nordseite schließt sich in Saloniki an den Bogen eine von Säulenhallen begleitete Straße. Deren Abschluß bildet ein achtseitiger Hof, in dessen Umfassungsmauern zwei große Exedren liegen; in seiner Mitte steht ein mächtiger, heute noch erhaltener Zentralbau, unter dem erst vor kurzem eine Krypta festgestellt wurde. Seine nächste Analogie hat er in dem Mausoleum des Diokletians-Palastes in Spalato; Galerius hat ihn als Grabbau für sich und seine Familie bestimmt, wie ja seit den Tagen des Augustus die Kaiser schon zu ihren Lebzeiten für ihre letzte Ruhestätte sorgten. Wohl schon unter dem Kaiser Theodosius I. (379 bis 395) wurde er in eine christliche Kirche umgewandelt, die dem heiligen Georg geweiht wurde.

Trier Keine der genannten Residenzen der Tetrarchen kann sich heute in ihrer monumentalen Hinterlassenschaft allerdings mit Trier messen. Schon um die Mitte des 3. Jahrhunderts, unter den Kaisern Postumus und Tetricus, war die Stadt an der Mosel, deren Anfänge bis in die Zeit des Claudius zurückreichen, Residenz eines gallischen Sonderreichs gewesen. Doch durch die Frankeneinfälle des Jahres 271 sind ihre Bauten in Schutt und Asche gesunken, so daß der Statthalter des nordwestlichen Reichssprengels, Constantius Chlorus, als er im Jahre 293 von Maximian, dem Augustus in der Westhälfte des Reiches, zum Mitregenten gemacht wurde, für die Anlage seines Wohnpalastes und der mit ihm verbundenen Repräsentationsbauten offenbar keine Rücksichten auf ältere Anlagen zu nehmen brauchte. Allem Anschein nach stand dem energischen Kaiser und seinem Sohn, der nach dem Tode des Vaters von seinen Soldaten zum Kaiser ausgerufen wurde, das nordöstliche Viertel des Stadtbereichs, der mit einer heute zum Teil noch aufrechtstehenden Mauer umgeben wurde, für die Anlage des Palastes uneingeschränkt zur Verfügung. (FIG. 39) Denn in dem Bereich, der im Westen durch die Hauptstraße der Stadt, den Cardo Maximus, im Süden durch das Forum und auf den beiden anderen Seiten durch die Stadtmauer begrenzt wurde, haben sich zum Teil über dem Brandschutt der Katastrophe des Jahres 271 die Reste von kaiserlichen Großbauten gefunden, die offensichtlich nach einem einheitlichen Plan angelegt wurden. In der Nähe der Stadtmauer vermutet man das Hippodrom, von dem allerdings bisher noch keine Spuren gefunden wurden. Der eigentliche Wohnpalast lag dort, wo der Dom und die Liebfrauenkirche stehen, deren Vorgängerbauten aus spätkonstantinischer Zeit über Anlagen errichtet wurden, die, nach den Resten kostbarer Deckengemälde zu schließen, die kaiser-

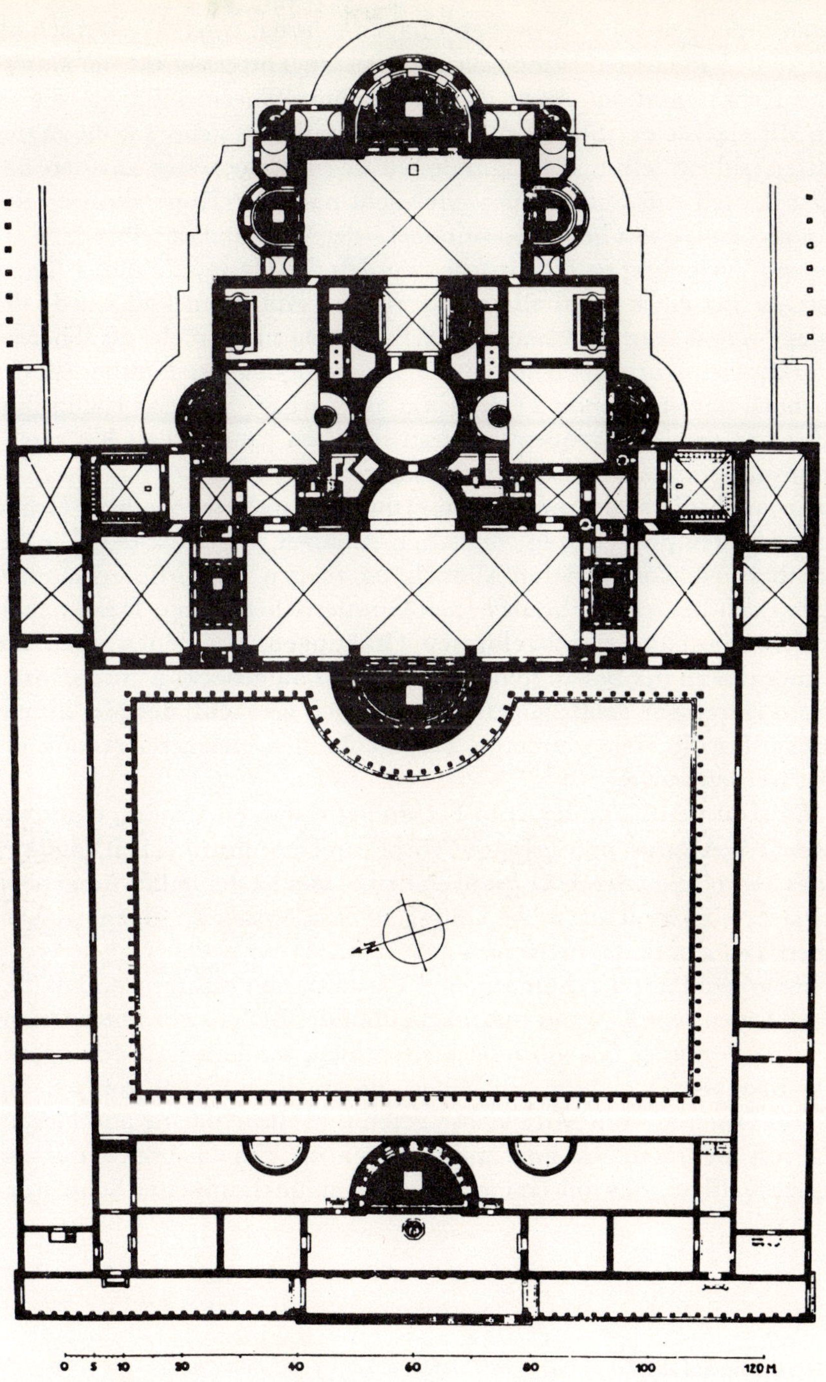

Fig. 40 – Plan der Kaiserthermen in Trier. Um 300 n. Chr.

lichen Privatgemächer beherbergt haben müssen. Nach Westen schloß sich an den Palast eine große Basilika an, ein Thronsaal für die kaiserliche Repräsentation. Auch die ausgedehnte Thermenanlage, die in der Mittelachse der Stadt östlich des Forums liegt, gehört wohl zu der Kaiserresidenz selbst. Zum mindesten ist sie gleichzeitig mit den übrigen Bauten entstanden. Als – vielleicht nach der Konzentration der kaiserlichen Gewalt in Konstantinopel – der Wohnpalast selbst der Kirche zur Verfügung gestellt wurde, wurden die Hauptsäle dieser Thermen als Sitz eines Statthalters eingerichtet. Auf jeden Fall wurde die Anlage schon sehr bald nach ihrer Erbauung nicht mehr als Therme benutzt; vielmehr erhielt sie, als nach Beseitigung des Kaltbadesaales nur noch das kreisrunde Tepidarium als Vorhalle und das Caldarium mit seinen drei, von großen Fenstern erhellten Konchen als Repräsentationssaal standen, zusätzlich eine kleine Badeanlage.

Die Trierer Kaiserthermen

Wenn auch die sogenannten Kaiserthermen in Trier in ihrer Größe nicht mit den großen stadtrömischen Anlagen, wie etwa den Diokletiansthermen, konkurrieren können, so zeugen doch die erhaltenen Reste noch heute von ihrem hohen künstlerischen Rang. Dazu haben die sehr sorgfältig durchgeführten Grabungen, bei denen auch die Grundmauern des beseitigten Kaltbadesaals aufgedeckt wurden, ihren ebenso klaren wie großzügigen Plan deutlich gemacht, der hier als ein Beispiel für die vielen anderen Thermenbauten gleicher Art kurz erklärt werden möge. FIG. 40

Man betrat den Komplex vom Forum her durch ein großes, triumphbogenartiges Portal und gelangte, vorbei an einer prunkvollen Fontäne, in der Mittelachse der Anlage auf eine rings von Säulenhallen umgebene Palästra, wie ja gymnastische Übungen seit altersher zu einem wesentlichen Teil des Badeprogramms gehörten.

Es hängt wohl mit den klimatischen Verhältnissen zusammen, daß dieser Hof nicht wie in Rom und in Städten des Südens ein unter freiem Himmel liegendes Schwimmbecken enthielt, sondern daß der eigentliche Badebetrieb sich in den hohen, überwölbten Sälen vollzog, die sich im Osten auf die Mittelachse gereiht an die Palästra anschlossen und von niedrigen Räumen umgeben waren. Um das breite, quergelagerte Kaltbad, das mit einem halbrunden, überkuppelten Schwimm-

ABB. 56 – Blick von Nordosten auf die Porta Nigra in Trier. Ende des 3. Jahrhunderts n. Chr.

ABB. 57 – Die Porta Aurea, das Nordtor des Diokletianspalastes von Spalato. Um 300 n. Chr. *Vgl. S. 198.*

58

59

60

becken gegen die Palästra vortrat, gruppieren sich beiderseits Auskleideräume, aus denen man durch Korridore auch in die großen Latrinen gelangen konnte, die natürlich in keiner römischen Thermenanlage fehlten. Vom Kaltbad betrat man das zylindrische Tepidarium, einen relativ kleinen Raum, der den Übergang in das eigentliche Heißbad vorbereitete und der zugleich auch als Wärmeschleuse diente, damit bei dem regen Verkehr in diesen Räumen die Heißluft des Caldariums nicht etwa in das Frigidarium entwich. Weite Fenster ließen von allen Seiten in die das Caldarium umlagernden drei Konchen mit den großen Wannen das Licht einfallen, so daß der Benutzer der Thermen mit dem Bad in den durch Bodenheizung erwärmten Wannen das in der Sonne verbinden konnte, um dann über das Tepidarium in das Frigidarium zurückzukehren und hier sich durch ein Bad in der halbrunden Piscina oder den in den Flügeln zu den Apodyterien, den Garderoben, liegenden großen rechteckigen Becken abzukühlen, ehe er sich wieder bekleidete. Massageräume ergänzten die Badeanlage, und Bibliotheken standen dem Besucher zur Verfügung, der, wenn es ihm behagte, so lange in dem Thermengebäude bleiben konnte, bis ihn der Gongschlag, der sowohl die Öffnung wie die Schließung des Bades ankündete, hinaustrieb. So gehörten die Säle der Thermen zu den beliebtesten Gesellschaftsräumen der römischen Kaiserzeit, und auch die Großen des Reiches, ja die Kaiser selbst liebten es, sich hier unter das Volk zu mischen.

Nicht weniger eindrucksvoll als die Folge der weiten Räume, von denen nur noch der Plan und die Rekonstruktionszeichnung eine Vorstellung FIG. 40, 41
vermitteln können, wirkte auch das Äußere der Anlage, vor allem für den, der sich ihr von Osten her nahte. Selbst noch in der Ruine erfährt ABB. 53
man etwas von der großartigen Gruppierung der Baumassen, etwa darin, wie sich die drei Konchen mit ihren Bogenfenstern an den rechteckigen Saal des Caldariums legen und wie die wuchtigen Kesselhäuser mit ihren Treppentürmen das Halbrund der Hauptwanne flankieren. Zum ersten Male finden sich an diesem Bau die gestuften Fensterleibun- FIG. 42

ABB. 58 – Das Peristyl des Diokletianspalastes von Spalato. Um 300 n. Chr. *Vgl. S. 199.*

ABB. 59 – Blick vom Palatin auf die Ruinen der Maxentiusbasilika am Forum Romanum. Um 300 n. Chr. *Vgl. S. 202.*

ABB. 60 – Die im Hof des Konservatorenpalastes auf dem Kapitol aufgestellten Reste der Kolossalstatue Konstantins aus der Konstantinsbasilika am Forum Romanum. Um 313 n. Chr. *Marmor. Etwa zehnfache Lebensgröße. Vgl. S. 174, 202.*

Fig. 41 – Der Saal des Frigidariums in den Trierer Kaiserthermen. Um 300 n. Chr. Rekonstruktionsvorschlag von D. Krencker.

gen, die wie ein Vorgriff auf mittelalterliche Portale die Mauer in ihrer plastischen Substanz in Erscheinung treten lassen. Es wäre nicht undenkbar, daß dieser Teil der Thermen, der ja in seiner Verwendung als mittelalterliche Burg und später als eines der Tore der Stadt niemals dem Blick entzogen war, nicht nur mit seinen Fenstern, sondern auch in der Komposition der Massen anregend auf den mittelalterlichen Kirchenbau gewirkt hat.

Die Basilika in Trier

Schlichter, aber nicht weniger großartig ist auch die Erscheinung des weiter nördlich stehenden Saalbaus, der nach den Stempeln der für ihn verwendeten Ziegel und nach Münzfunden in dem Mauerwerk im 1. Jahrzehnt des 4. Jahrhunderts errichtet wurde. Vielleicht ist es dieser
ABB. 55 Bau, der in einer im Jahre 310 in Trier gehaltenen Lobrede auf Konstantin als Basilika und hochaufragender Sitz der Gerechtigkeit bezeichnet wird. Auch hier offenbarten sich dem, der von Norden auf die mächtige Apsis, in der der Thron des Kaisers seinen Platz hatte, und auf die noch aufrecht stehende Westwand blickt, die souveräne Gesinnung des Bauherrn und die Leistung des Architekten, und wieder findet sich in den Blendarkaden, die die übereinandersitzenden Bogenfenster über-

greifen, ein ähnliches Gestaltungsprinzip wie in dem Außenbau der Kaiserthermen, denn auch hier erscheint die Mauer nicht mehr als Fläche, in die die Fenster eingeschnitten sind, sondern als eine in sich gegliederte Masse, die in ihrer Mehrschichtigkeit als solche transparent gemacht wird. In dem Inneren des einschiffigen weiten Saales wird ähnlich wie in dem gleichzeitig entstehenden Saal des römischen Senats, der Curia am Forum Romanum, die um 286 niedergebrannt war und die unter Diokletian wiederaufgebaut wurde, fast ganz auf die Konstituierende der antiken Ordnung, die Säule, verzichtet. Lediglich in den kleinen Ädikulen, die Statuennischen beiderseits der Apsis umrahmten, fand sie Verwendung. Aber diese Rudimente einer älteren Baugesinnung haben für die Proportion des Raumes keine Bedeutung mehr, sondern erfüllen nur noch einen dekorativen Zweck.

Im Zusammenhang mit der Einrichtung der Kaiserresidenz muß Trier auch seine Befestigung erhalten haben, deren bedeutendster erhaltener Bestandteil das Nordtor, die Porta Nigra, ist. Allerdings hat man, besondere Eigentümlichkeiten des Baues mißverstehend, ihn bis in die Mitte des 1. Jahrhunderts n. Chr., die Zeit etwa des Kaisers Claudius, hinaufdatieren wollen. Man hat Unfertigkeiten in der Ausführung des architektonischen Details, die sich vor allem an den Säulenschäften, aber auch an den Gebälken finden, als Rustika angesehen. Aber der

Fig. 42 – Das Caldarium der Kaiserthermen in Trier. Blick von Osten. Um 300 n. Chr. Rekonstruktionsvorschlag von D. Krencker.

ABB. 56 Trierer Bau gehört nicht unter jene Denkmäler der claudischen Zeit,
FIG. 43 über deren Eigenart oben gesprochen wurde. Denn die Unfertigkeit war nicht wie bei jenen beabsichtigt, sondern läßt vor allem im unteren Teil des Baues sich nur so erklären, daß man durch irgendwelche Ereignisse, vielleicht kriegerischer Natur, gezwungen war, die Gerüste vorzeitig zu entfernen. Beruhte bei den Bauten der claudischen Zeit, etwa der Porta Maggiore in Rom, der Reiz des Unvollendeten gerade darin, daß die Säulenschäfte und zum Teil auch die Wandflächen roh gelassen wurden, daß dagegen die Kapitelle, Säulenbasen, Gebälke und Gesimse vollkommen ausgeführt wurden, daß also gewissermaßen eine Spannung entstand zwischen der vollendeten und der unvollendeten Form, so kann man an dem Trierer Bau nicht von einem künstlerischen Prinzip im Hinblick auf die Unfertigkeiten sprechen. Manche Teile sind ausgeführt, manche nicht. In den oberen Geschossen war die Arbeit beim Abbruch der Gerüste weiter gediehen als in den unteren, da man zweckmäßig die Überarbeitung der in Bosse versetzten Blöcke in den oberen Geschossen begann. Überprüft man daher vor allem die Teile, an denen die Arbeit abgeschlossen war, so wird man erkennen, daß sich in der Gliederung des Baues durch Säulen und Gebälk bereits ausgesprochen spätantike Züge finden. Die zu den Gebälken gehörenden Gesimse und die Kämpfer der Bogenöffnungen, die bei Rustikabauten sonst sorgfältig profiliert sind, bleiben ohne jedes Detail und sind auf die einfachste Form gebracht. An Stelle einer Profilierung findet sich eine ungegliederte Abschrägung; ebenso sitzen auf den schon vollkommen spannungslosen zylindrischen Körpern der Säulenschäfte Kapitelle, bei denen man zu Unrecht herumrätselt, ob man sie als korinthisch oder toskanisch bezeichnen soll, das heißt, ob man in ihnen Rohformen eines mit einem Blattkranz umgebenen Korbes oder aber eines runden Polsters zu erkennen hätte. Denn es handelt sich bei ihnen weder um das eine noch um das andere, sondern ebenfalls um eine charakteristische Bildung der Spätantike, um eine Vorstufe des byzantinischen Kämpferkapitells. Zudem erfahren wir, daß die Bewohner Triers, als im Jahre 271 die Franken die offene Stadt überfielen, sich in das östlich von ihr befindliche Amphitheater flüchteten und dieses wie eine Burg verteidigten, ohne die Zerstörung ihrer Heimat verhindern zu können, die sich dann unter den Tetrarchen aus den Trümmern zu neuem Glanz erhob. Auch haben Grabungen in dem Bereich des Tores ergeben, daß dieses in ein Gräberfeld hineingebaut wurde, das bis in die Mitte des 3. Jahrhunderts belegt war. So gehört also auch die Porta Nigra zu jenen Bauten, mit denen Constantius Chlorus die Stadt ausstattete. Sie sollte, wie ein ähnliches Tor im Süden, dem sich ihr von Norden her Nahenden deutlich machen, daß er eine kaiserliche Residenz betrat.

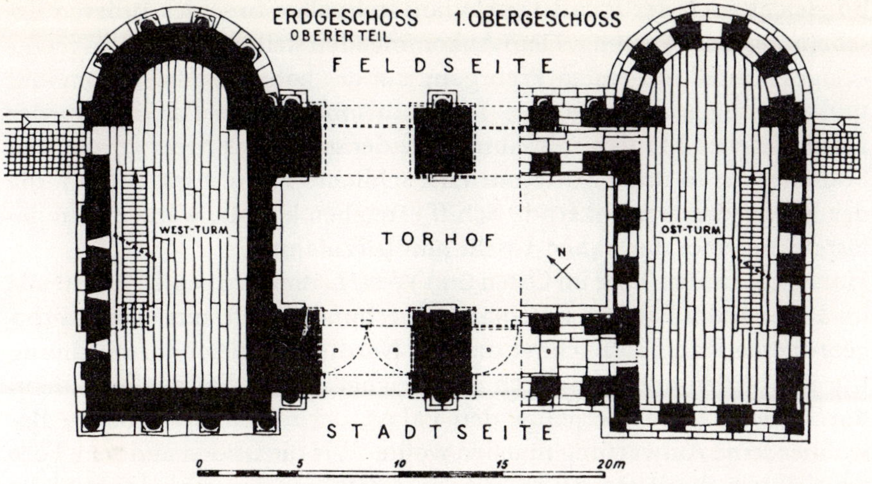

Fig. 43 – Plan der Porta Nigra in Trier.

Unter allen Stadttoren des römischen Reiches ist die Porta Nigra nicht nur das am besten erhaltene; sie ist zudem auch in der Wucht ihrer Erscheinung von hohem künstlerischem Rang. Zwei viergeschossige Baukörper, die gegen die Feldseite halbrund vortreten, flankieren als Türme den eigentlichen dreigeschossigen Tortrakt mit den beiden großen Bogenöffnungen und den beiden Fenstergeschossen. Dem feldseitigen Trakt entspricht ein gleichgestalteter Trakt gegen die Stadt hin, so daß zwischen den beiden Trakten und den Türmen ein Waffenhof entsteht. Doch ist die Porta Nigra mehr als nur eine burgartige Festung innerhalb des mäßig hohen, aber mit zahlreichen Rundtürmen verstärkten Mauerzugs. Dadurch, daß der Bau auch gegen die Stadt hin durch Säulen gegliedert wird und daß die auf ihnen ruhenden schlichten Gebälke als wirkungsvolle Horizontalen Tortrakte und Türme zu einem klar komponierten Ganzen zusammenschließen, erscheint er geradezu selbst wie ein Palast.

Um die gleiche Zeit, in der Saloniki und Trier zu kaiserlichen Residenzen erhoben wurden, hat der Mann, der die neue Ordnung des römischen Reiches geschaffen hat, die allerdings nur so lange Gültigkeit hatte, als er selbst ihre Einhaltung garantierte, sich an der dalmatinischen Küste, unweit seiner Geburtsstadt Salona, den Palast gebaut, in den er sich nach Ablegung des kaiserlichen Purpurs zurückzog. *Spalato* FIG. 44

Nicht nur war Diokletian ein alter Soldat, auch die Zeiten hatten etwas Kriegerisches. Das großartige System der Grenzbefestigungen im Norden und Osten mit seinen Wällen und Kastellen begann unter den ersten Anstürmen der Völkerwanderung zusammenzubrechen.

So gleicht auch der Palast Diokletians in Spalato in seiner äußeren Erscheinung einer Festung. Dem Ankommenden stellt er sich als ein rechteckiges Kastell mit einem Wehrgang auf der hohen Umfassungsmauer und mächtigen Türmen dar. Je ein turmbewehrtes Tor liegt in der Mitte der vier Mauern mit Ausnahme der gegen das Meer gewandten Südseite, die in ihrer Mitte nur eine schlichte Pforte besaß, durch die der Kaiser das hier ankernde Schiff erreichen konnte, wenn es ihn gelüstete, zu einer der nahen Inseln hinüberzufahren.

Haben die beiden Tore im Osten und Westen, die durch eine Querstraße im Inneren des Palastes miteinander verbunden sind, nur einen untergeordneten Rang, so zeichnet sich das Nordtor bei gleicher Anordnung wie die beiden anderen durch eine reichgestaltete Fassade aus; denn durch dieses betrat derjenige den Palast, der seinem kaiserlichen Bewohner seine Aufwartung machen wollte. Wie die beiden anderen Tore wurde auch die Porta Aurea auf ihrer Feldseite von schlichten, heute zerstörten Achtecktürmen flankiert, die als Abschluß der reich gegliederten Fassade von Bedeutung waren. Die fast quadratische Toröffnung, deren horizontalen Sturz eine von einer Archivolte umgebene Bogenöffnung entlastet, flankieren zwei Statuennischen, und an Stelle des schlichten Fenstergeschosses der beiden anderen Tore findet sich hier eine Reihe von sieben Blendarkaden, deren heute verlorene Säulen, wie die der Ädikulen neben dem Tor, auf Konsolen standen. Von Arkaden übergriffene Wandfelder, in denen sich Schießscharten befinden, wechseln mit Nischen über rechteckigen und halbkreisförmigen Grundrissen. Von den Figuren, die einmal in ihnen standen, hat sich nichts mehr erhalten, aber sie werden sicher auf diejenigen abgestimmt gewesen sein, die sich einst auf dem Tore erhoben. Auch von ihnen sind nur vier der einst fünf Sockel in der modernen Ziegelmauer erhalten geblieben, auch sie nicht mehr an ihrem ursprünglichen Ort. Ältere Ansichten des Baues lassen erkennen, daß der größte der Sockel noch bis vor kurzem in der Mittelachse der Fassade stand und einmal von vier Postamenten flankiert war, zwei etwas höheren und zwei etwas niedrigeren. Es ist also die gleiche Anordnung der Sockel, wie sie sich bei dem Denkmal findet, das im Jahre 303 zu Ehren der Tetrarchen hinter der Rednerbühne auf dem Forum Romanum errichtet wurde und das auf dem Relief des Bogens für den Sieger an der Milvischen Brücke, das die Ansprache Konstantins an das auf dem Forum versammelte römische Volk darstellt, erscheint. In der Mitte erhob sich also wohl auch auf dem Nordtor des Palastes von Spalato, wie hinter den Rostra des Forum Romanum, die Statue Jupiters, und neben ihr standen die vier Kaiser der diokletianischen Tetrarchie.

ABB. 57

B.A. 18

B.A. 16

Das Peristyl des Diokletianspalastes von Spalato

Wer dieses Prunktor durchschritten hatte, in dem das religiöse und politische Programm der Tetrarchie anklingt, gelangte durch eine Säulen-

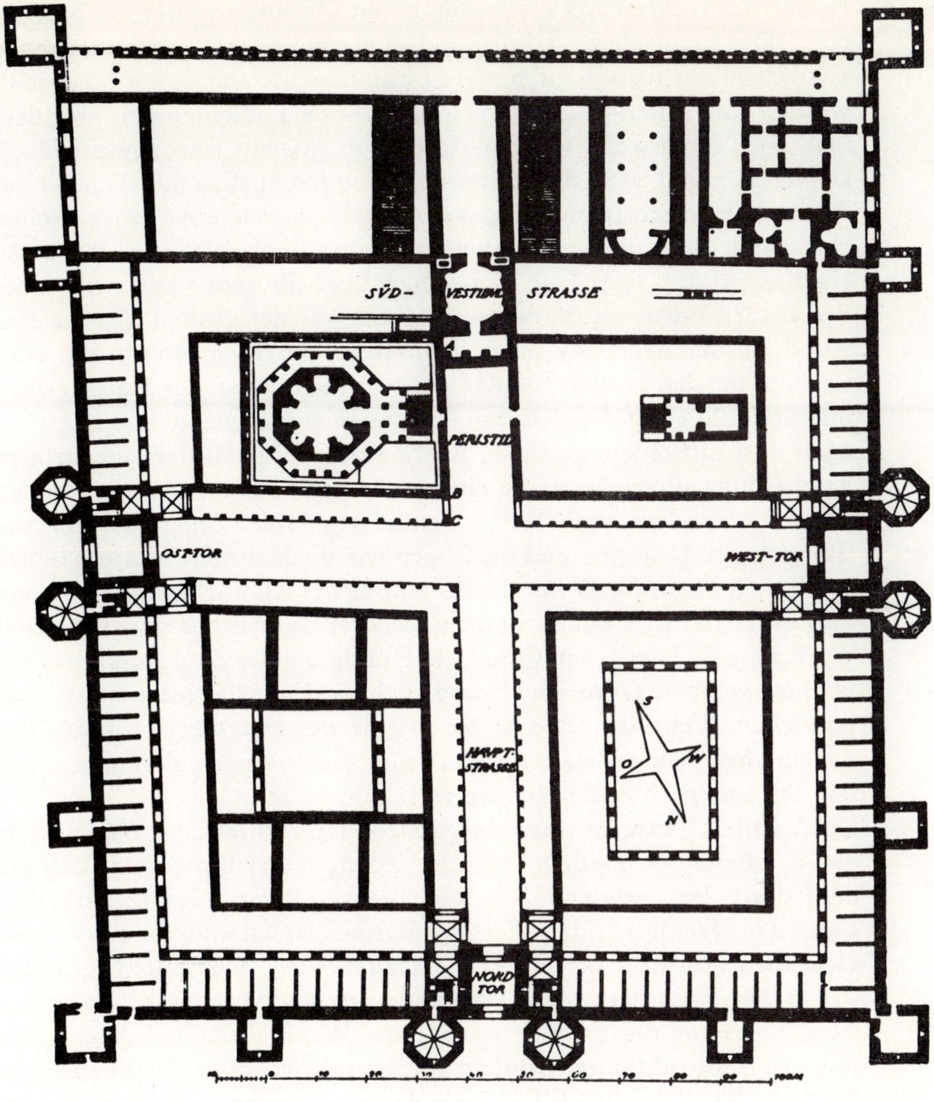

Fig. 44 – Der Diokletianspalast von Spalato. Um 300 n. Chr.

straße auf ein in der Achse des Palastes gelegenes Peristyl. Beiderseits gewährten Säulenarkaden einen Durchblick auf hier stehende Bauten, links auf das mächtige Oktogon des kaiserlichen Grabbaues, der im frühen Mittelalter, als die Bewohner des benachbarten Salona sich vor den Awaren in den Palast flüchteten, in eine Kirche verwandelt wurde. In ihm stand mit einem Purpur bedeckt der Sarkophag des Kaisers. ABB. 58

ABB. 58 Hinter der rechten Arkadenreihe, deren Öffnungen jetzt die Fronten von Häusern aus dem 17. Jahrhundert verschließen, sah man zwischen zwei kleineren Rundbauten, deren Fundamente erst jüngst festgestellt wurden, auf einen noch aufrecht stehenden Podientempel, von dem man noch nicht weiß, welcher Gottheit er geweiht war; soweit wir erkennen können, ist er der späteste noch aufrecht stehende Tempel der Antike. Dem Eintretenden gegenüber erhob sich über einer breiten Freitreppe der Eingangsbau zu den Räumen der kaiserlichen Residenz, ein Kuppelsaal, dem eine viersäulige Vorhalle vorgelagert ist. Über den beiden mittleren Säulen wölbte sich vor der großen Tür zu dem Rundsaal der Architrav unter dem Giebel zu einem Bogen auf. Hier erschien bei den großen Empfängen auf einem Altan der Kaiser selbst, um die Huldigung der sich ihm Nahenden entgegenzunehmen.
Man darf mit einem gewissen Recht vermuten, daß der eigenartigen Erscheinung dieser Vorhalle ein besonderer Sinn zukommt. Für den antiken Menschen symbolisierte der auf den Säulen ruhende Giebel des Tempels den Himmel, und der Bogen wie die Halbtonne hatten in der römischen Triumphalkunst die Bedeutung des Himmelsgewölbes. Wenn also unter der den Bogen umschließenden Giebelfront seines Palastes der Kaiser im feierlichen Ornat die Huldigung des Besuchers empfing, erschien er einem Gotte gleich, und auch sein Haus hatte den Rang einer göttlichen Wohnung. Aus dieser Würde des Herrschers wie aus der Erhabenheit seines Palastes erklärt sich die feierliche Zeremonie, die mit den kaiserlichen Empfängen verbunden war.
Das Vestibül führte zu einem langgestreckten rechteckigen Saal, durch den der Besucher in einen Korridor gelangte, der hinter der Seefront des Palastes lag und der sich in seiner ganzen Länge mit Bogenarkaden gegen das Meer hin öffnete. Erst in jüngster Zeit hat man die gewaltigen Gewölbe freizulegen begonnen, die dazu dienten, den Südteil des Palastes in dem nach dem Meer abfallenden Gelände über das Niveau des Ehrenhofes und der Straßen zu erheben. Wenn es sich bei ihnen auch nur um Substruktionen handelt, die als solche unbenutzt blieben, so läßt sich aus ihnen doch auch die Anordnung der zum größten Teil zerstörten kaiserlichen Privatgemächer erschließen. Neben dem langgestreckten Raum hinter dem Vestibül scheinen sich die Räume für die kaiserliche Palastgarde befunden zu haben, die durch Gänge mit dem Korridor hinter der Seefront verbunden waren. In der Westhälfte des Südtraktes lagen zwei Säle mit Apsiden für den Thron des Herrschers. Westlich des kleineren von ihnen, der wohl für Privataudienzen verwendet wurde, müssen sich die Wohngemächer des Kaisers befunden haben, denn an sie schloß sich nach den jüngsten Grabungsergebnissen im Norden eine Thermenanlage an, die nach der Kleinheit der Räume

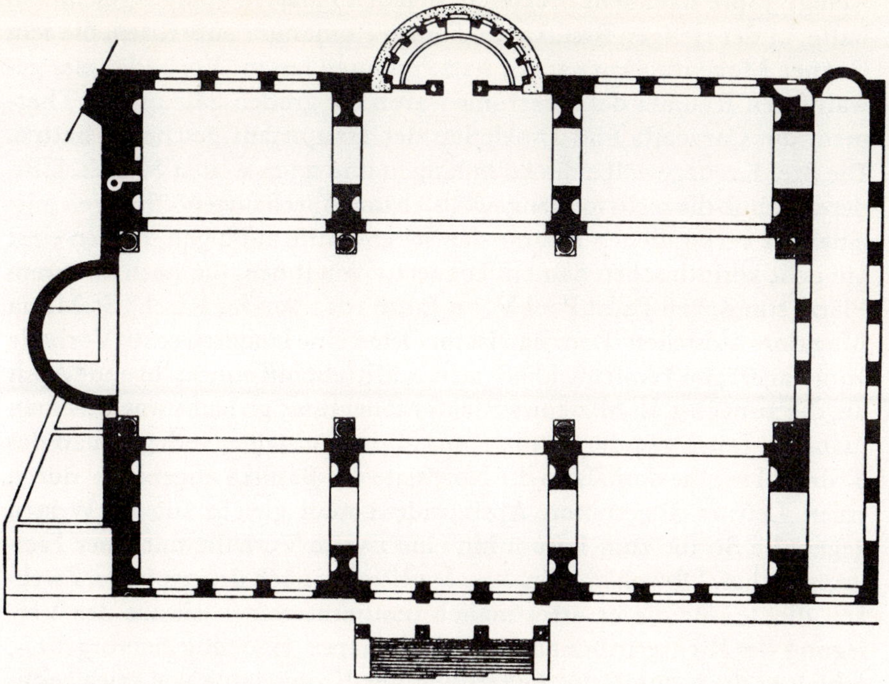

Fig. 45 – Plan der im Jahre 313 umgebauten Maxentiusbasilika in Rom.

nur als das kaiserliche Privatbad angesprochen werden kann. Was sich im Ostflügel des Südtraktes befunden hat, ist noch nicht geklärt. Die Unterbauten eines von kleineren Räumen umgebenen großen quadratischen Saales lassen daran denken, daß hier etwas wie ein großes Triklinium erwartet werden darf, das heißt ein Saal für festliche Gelage, neben dem dann wohl in der Südostecke des Wohntraktes die Küche gelegen haben dürfte.

Wenn in den Heiligtümern der römischen Kaiserzeit, etwa in dem Forum des Augustus oder noch deutlicher in dem des Nerva, das Bild der Gottheit in der Apsis des Tempels das Ziel dessen war, der den von Hallen umschlossenen Platz betrat, so steht hier am Ende des Weges vor dem Zugang zu seinem der Wohnung der Götter angeglichenen Palast die erhabene Majestät des Herrschers, dessen Statue ja schon seit den Tagen des Augustus zunächst im Osten, dann aber auch im Westen des Reiches in den ihm geweihten Tempeln ihren Platz hatte. Daß die kaiserliche Person selbst, nicht nur ihr Bild, göttliche Verehrung genoß, hatte mit Domitian begonnen. FIG. 44

Die Konstantinstatue in der Basilika am Forum Romanum

Vielleicht am eindrucksvollsten kam dieses göttliche Wesen des Kaisers zum Ausdruck in der kolossalen Sitzstatue Konstantins, die die Römer

wenige Jahre nachdem Diokletian sich den Palast in Spalato geschaffen hatte, in der riesigen Basilika am Forum Romanum aufstellten, die sein Gegner Maxentius kurz zuvor hatte erbauen lassen. Vorbild dieses gewaltigsten Raumes des Altertums waren die großen Säle in den Thermen, die Caracalla und Diokletian der Hauptstadt geschenkt hatten. Die drei Kreuzgewölbe des 80 m langen und 25 m weiten Mittelschiffs,
ABB. 59 deren Schub die sechs tonnengewölbten und durch Bogenöffnungen miteinander verbundenen Räume der Seitenschiffe auffingen, ruhten einst auf acht korinthischen Säulen. Die letzte von ihnen, die noch an ihrem Platze stand, ließ Papst Paul V. im Jahre 1611 vor der Kirche St. Maria Maggiore aufstellen. Dem Bau ist im Osten eine langgestreckte Vorhalle vorgelagert; im Westen schließt an das Mittelschiff eine halbrunde Apsis an, die zunächst als Sitz eines Richterkollegiums gedacht war. Als man in ihr im Jahre 313 die Statue Konstantins aufstellte, verlegte man das Tribunal in eine damals an die Nordseite der Basilika angebaute, durch einen Lettner abgetrennte Apsis, indem man gleichzeitig im Westen gegen die Straße zum Forum hin eine zweite Vorhalle mit einer Freitreppe schuf. Obwohl der Saal auch weiterhin noch den profanen Zwekken diente, für die er ursprünglich bestimmt war – wie aus der Verlegung des Richtertribunals in die Nebenapsis eindeutig hervorgeht –, erhielt er doch durch die Aufstellung der Kaiserstatue von etwa zehnfacher Lebensgröße einen neuen Sinn, wie auch die Überlieferung ausdrücklich betont, daß der Raum dem Sieger an der Milvischen Brücke geweiht wurde.

Silbermedaillon Konstantins aus dem Jahre 313 aus der Münze von Ticinum. ***München, Staatliche Münzsammlung.***

Fig. 46 – Silberdenar des C. Julius Caesar Octavianus, ca. 30 v. Chr., aus einer östlichen Prägestätte. Berlin, ehem. Staatl. Münzsammlung. Vgl. S. 80.

Der Kaiser thronte in diesem Saal wie ein riesiges Götterbild. Aber schon kündet sich die große Verwandlung an, die kurz darauf einsetzt; ABB. 60
denn die Statue, von der im Jahre 1487 der 2,60 m hohe Kopf, die beiden Füße, das gewinkelte linke Knie und die rechte, einen Stab haltende Hand in der Basilika gefunden wurde, war nicht mehr ein Kultbild im antiken Sinne. In der Kirchengeschichte des Bischofs Eusebius von Caesarea wird berichtet, der Senat habe dem Sieger an der allervolkreichsten Stätte Roms eine riesige Statue aufstellen lassen. Der Kaiser habe angeordnet, daß ihr das Zeichen in die Rechte gegeben werde, unter dem er gesiegt habe, und dazu habe er folgende Inschrift anbringen lassen:

> »Durch dieses heilbringende Zeichen, welches der wahrhaftige Beweis der Virtus ist, habe ich eure Stadt vom Joch des Tyrannen errettet und befreit, und durch meine Befreiungstat setzte ich Senat und Volk der Römer wieder in ihre alte Erscheinung, in ihren alten Glanz ein.«

Wir können nur ahnen, welches das heilbringende Zeichen war, das diese Statue in der hocherhobenen Rechten hielt und zu dem allem Anschein nach der Kopf sich leicht hinwendete. Vielleicht ist in der Inschrift absichtlich keine genauere Angabe über den Charakter dieses Zeichens gemacht, wie auch in der Inschrift des gleichzeitig entstandenen Ehrenbogens die Kraft, die Konstantin seinen Gegner überwinden ließ, nicht näher benannt wird: er habe auf Eingebung der Gottheit durch die Größe seines Geistes gesiegt. Wenn aber bereits auf einem Silbermedaillon aus dem Jahre 313, das den Sieger an der Milvischen Brücke verherrlicht, der Kaiser auf dem Vorstoß des Helmes die ineinander verschränkten Zeichen X und P, die beiden ersten Buchstaben des griechisch geschriebenen Namens Christi trägt, so wird man mit ziemlicher Wahrscheinlichkeit der Statue in der Basilika die Fahne mit dem Monogramm desjenigen in die Hand geben, der nun an die Stelle der alten Götter tritt. Soll doch nach Lactanz Konstantin auf eine ihm in der Nacht vor der Schlacht an der Milvischen Brücke zuteil gewordene Offenbarung hin seine Soldaten das Zeichen Christi auf ihre Schilde haben schreiben lassen.

Nicht also sich selbst verdankt der Kaiser den Sieg, sondern jener Macht, die nun entscheidend in die Geschicke des römischen Weltreiches eingreift. So bekundet diese Gestalt in den Absichten derjenigen, die sie aufstellen ließen, ein letztes Mal jene Gesinnung, der die Kunst der römischen Kaiserzeit ihre entscheidenden Impulse verdankt, die Überhöhung des Kaisers zu einem Wesen, das den Göttern gleich ist. In dem aber, was der durch die Aufstellung der Statue Geehrte selbst aus diesem Bildwerk machen läßt, ahnt man den Anbruch der neuen Zeit. Noch einmal offenbart sich in dieser Figur, dem größten Bildwerk der Kaiserzeit, daß nach den Wirren und Erschütterungen des 3. Jahrhunderts, die zeitweilig jegliche künstlerische Aktivität gehemmt hatten, die alten Kräfte noch nicht erlahmt sind. Als ein Zeugnis der einstigen Größe Roms stellte man die Überreste der Statue nach ihrer Auffindung auf dem Kapitolsplatz auf, von wo sie Michelangelo in den Hof des Konservatorenplatzes bringen ließ. Anderthalb Jahrzehnte nach ihrer Weihung sollte der Mann, den man durch diese Statue verherrlichte, die Stadt am Tiber durch die Gründung der neuen Hauptstadt am Bosporus ihres Primates endgültig berauben. Das, was wir als die römische Kaiserzeit zu bezeichnen pflegen, ist damit beendet. An die Stelle Roms tritt Byzanz.

QUELLENNACHWEIS

Die Farbbildzentrale Heidelberg stellte uns die Vorlage für die Farbtafel Abb. 13 zur Verfügung; Foto Scala, Florenz, für die Abb. 9, 27, 50, und dem Rheinischen Landesmuseum Trier verdanken wir die Aufnahmen für die Abb. 53, 55, 56. Sämtliche übrigen Farbtafeln wurden nach Originalaufnahmen des Verfassers angefertigt.

Folgende Zeichnungen und Pläne wurden mit freundlicher Erlaubnis des Bayerischen Schulbuchverlages, München, aus H. Kähler »Rom und seine Welt« übernommen. Aus Bd. I: Fig. 1, 4 und 10; aus Band II: Fig. 3, 7, 9, 12, 15, 16, 17, 21, 22, 26, 27, 29, 31, 32, 33, 35, 36, 37, 38, 39, 40, 42, 43, 44 u. 45. Die übrigen Zeichnungen und die Karte wurden nach Angaben des Autors von Heinz Prüstel, Mainz, angefertigt.

1

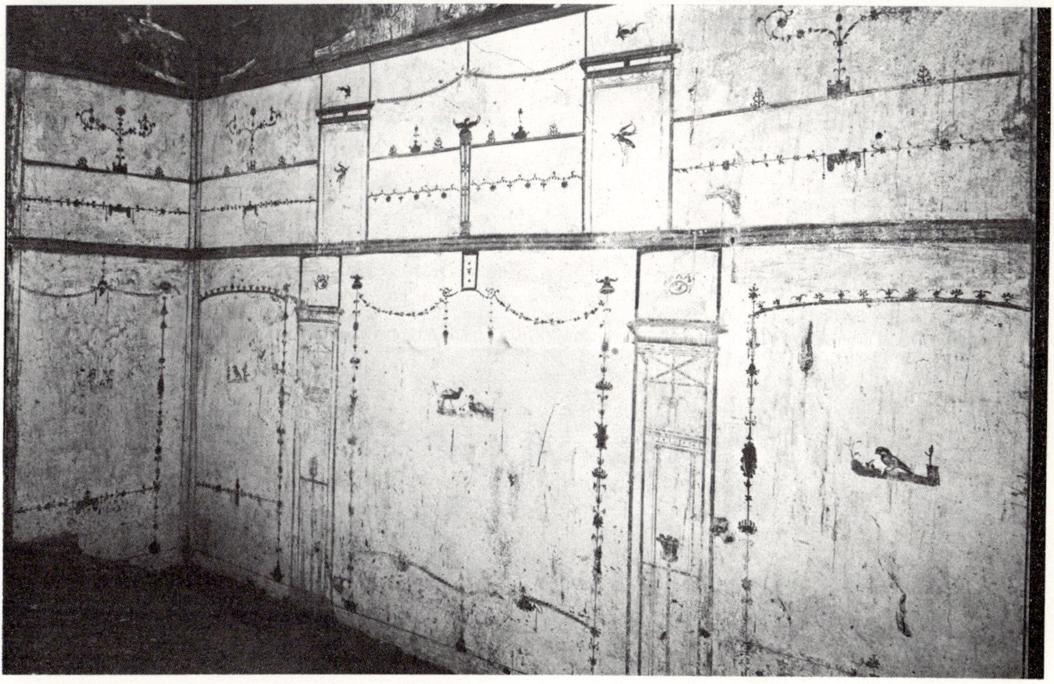

2

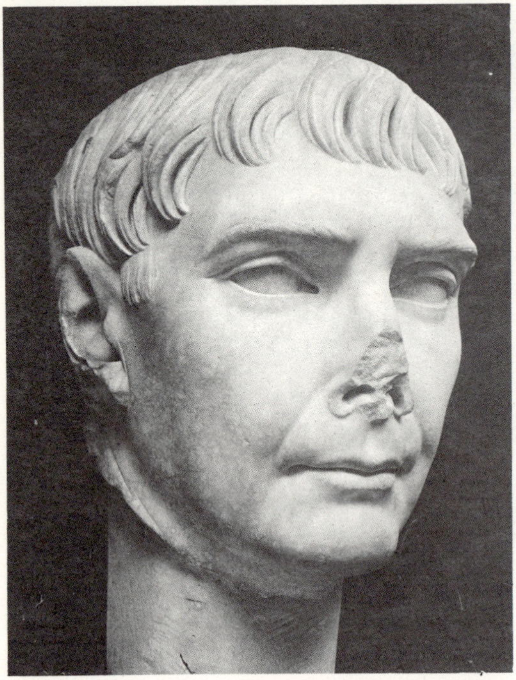
3

4

5

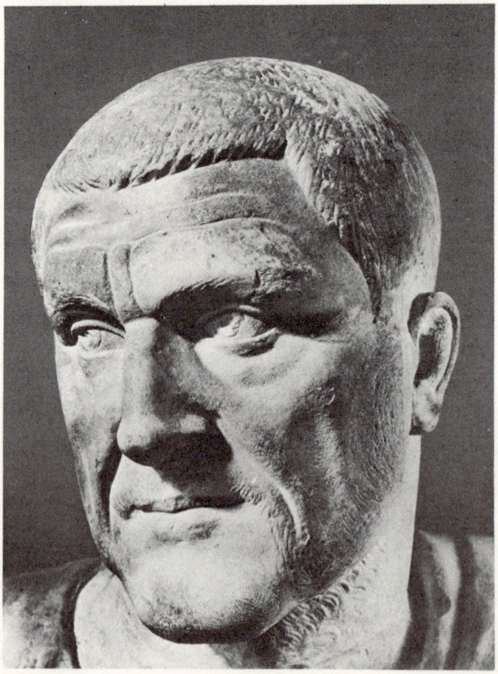
6

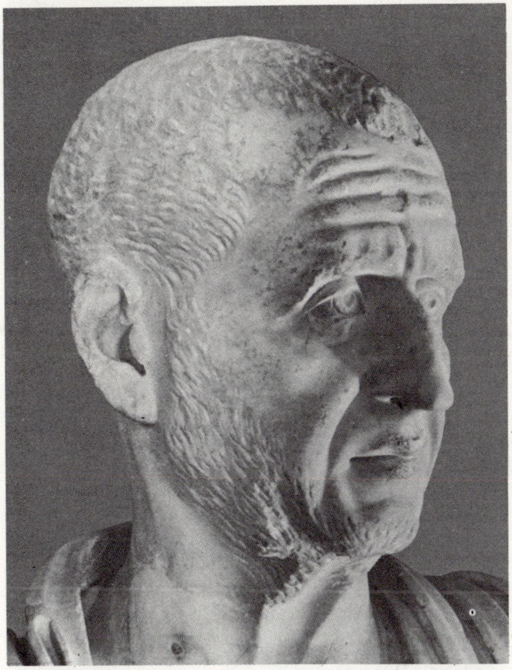
7

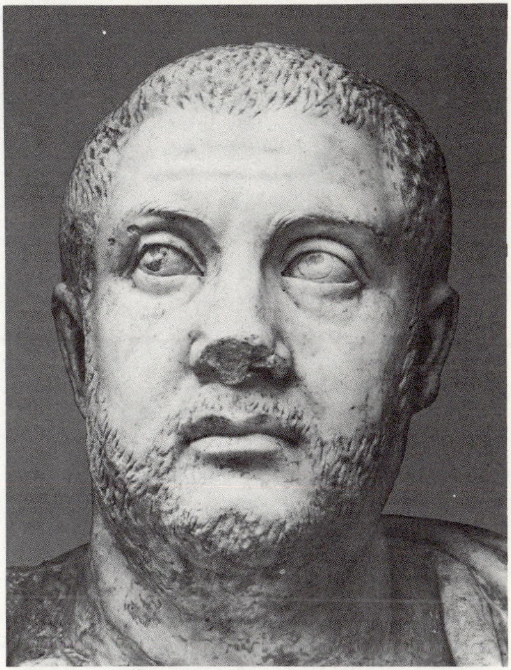
8

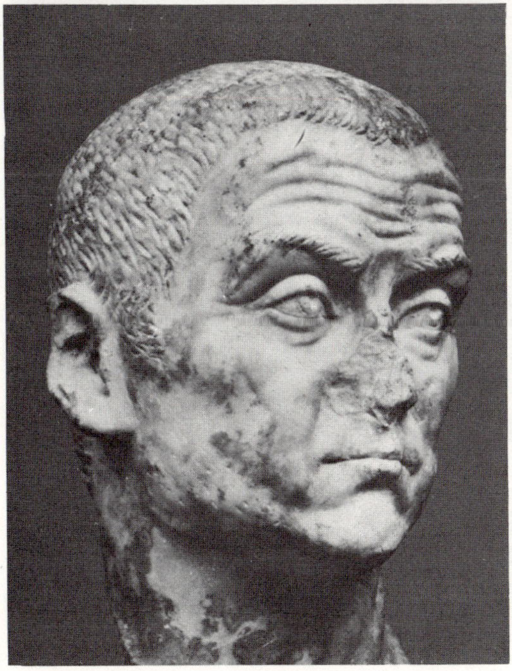
9

10

11

12

13

14

15

16

17

18

19

ERLÄUTERUNGEN ZUM BILDANHANG

(Die Bezeichnung B. A. = Bildanhang verweist im Textteil auf die folgenden Abbildungen)

Wandmalerei in der Domus Aurea in Rom. Sala del Danzatore. 1

Wandmalerei in der Domus Aurea in Rom. Sala degli Ucelleti. 2

Kopf des Trajan. Marmor. Höhe 0,35 m. Ostia, Museo degli Scavi. 3

Kopf des Hadrian. Marmor. Höhe 0,425 m. Rom, Museo Nazionale delle Terme. 4

Kopf des Marc Aurel. Ausschnitt aus dem Relief eines Ehrenbogens aus der Zeit um 176 n. Chr. mit der Darstellung des Triumphs über die Markomannen. Marmor. Höhe des Kopfes etwa 0,195 m. 5

Maximinus Thrax. Um 238 n. Chr. Marmor. Höhe 0,27 m. Rom, Museo Capitolino. 6

Trajanus Decius. Um 250 n. Chr. Marmor. Höhe 0,33 m. Rom, Museo Capitolino. 7

Kopf des D. Caelius Calvinus Balbinus, von der Deckelfigur seines Sarkophags. Marmor. Höhe 0,21 m. Rom, Museum der Praetextatkatakombe. 8

Bildnis eines Mannes. Kopenhagen, Ny Carlsberg Glyptothek. Marmor. Höhe 0,385 m, des Gesichtes 0,175 m. 9

Büste des Kaisers Gallien. Berlin, Altes Museum. Marmor. Höhe 0,37 m. 10

Das Opfer an Apoll nach der Heimkehr der Jäger. Rundrelief von dem hadrianischen Jagddenkmal, wiederverwandt am Konstantinsbogen in Rom. Marmor. Durchmesser 2,36 m. 11

Triumphaler Einzug des Septimius Severus mit seinen Söhnen in Leptis Magna. Relief von einem Ehrenbogen in Leptis Magna. Marmor. Höhe 1,72 m. Tunis, Musée Alaoui. 12

Die Apotheose des Kaisers Antoninus Pius und seiner Gemahlin Faustina. Relief des Sockels der Gedenksäule für den Kaiser. Nach 161 n. Chr. Marmor. Breite 3,38 m. Rom, Vatikanische Museen, Giardino della Pigna. 13

Die Leichenparade für Antoninus Pius. Siehe zu 13. 14

Marc Aurel empfängt einen Boten. Ausschnitt vom Relief der Markussäule. 15

Die Ansprache Konstantins von der Rostra auf dem Forum Romanum nach dem Sieg an der Milvischen Brücke am 18. Oktober 312. Relief über dem linken Durchgang der Nordseite des Konstantinsbogens in Rom. Marmor. Höhe 1,04 m. Um 313 n. Chr. 16

Bruchstück eines Sarkophags, wahrscheinlich des Kaisers Gallien. Um 268 n.Chr. Marmor. Höhe 1,50 m. Rom, Museo Lateranense. 17

Viktorien mit Votivschild. Relief von dem Sockel der Dezennaliensäule für einen der beiden Caesaren des diokletianischen Regierungssystem, Galerius oder Constantius Chlorus. Gefunden auf dem Forum Romanum. Das Fünfsäulen-Denkmal mit der Statue des Jupiter in der Mitte und denen der vier Kaiser zu den Seiten wird auf dem Relief B.-A. 15, vom Konstantinsbogen, hinter der Darstellung der Rostra sichtbar. Rom, auf dem Forum Romanum. Um 303 n.Chr. Marmor. Breite 1,80 m. 18

Sarkophag für Junius Balbus und Maecia Faustina, die Eltern des Kaisers Gordian III. Um 240 n.Chr. Marmor. Höhe 1,49 m. Rom, Museo Nazionale delle Terme. 19

DAS RÖMISCHE IMPERIUM
ZUR ZEIT TRAJANS

Scythae
Sarmatae
Alani
Rha
MARE CASPIUM
Borysthenes
Tanaïs
Hypanis
Tyras
Pyretus
Hierasus
Tisia
Olbia
MAEOTIS PALUS
REGNUM BOSPORI
Porolissum
Napoca
Potaissa
Apulum
DACIA
Tyras
Theodosia
Caucasus
Chersonesus
Roxolani
Sarmizegetusa
Arcidava
Danuvius
Drobeta
Troesmis
Axiopolis
Tomi
Tropaeum Traiani
Durostorum
Viminacum
Ratiaria
Oescus
Colchis
Iberia
Albania
Cyrus
PONTUS EUXINUS
MOESIA
Odessus
Mesembria
Apollonia
Nicopolis
Serdiva
Philippopulis
THRACIA
Bizye
Plotinopulis
Byzantium
Nicomedia
Propontis
Axius
CEDONIA
Tessalonice
Sinope
Trapezus
BITHYNIA ET PONTUS
Amasea
Zela
Nicopulis
Armavira
Artaxata
ARMENIA
Araxes
Arsanias
Armadus
Randeia
Tigranocerta
Amida
CAPPADOCIA
GALATIA
Ancyra
Halys
Melitene
Caesarea
Alexandria Troas
Pergamum
LESBUS
Sardes
Smyrna
ASIA
EUBOEA
MARE AEGAEUM
Apamea
Iconium
LYCAONIA
Ephesus
Laodicea
CARIA
LYCIA
ET PAMPHYLIA
CILICIA
Tarsus
Pompeiopolis
Selinus
Corinthus
Athenae
Sparta
ACHAIA
RHODUS
CRETA
CYPRUS
Samosata
Edessa
Nisibis
Singara
Hatra
Arbela
ASSYRIA
PARTHER-REICH
Dialas
MESOPOTAMIA
Euphrates
Antiochia
SYRIA
Apamea
Palmyra
Dura-Europus
Ctesiphon
Babylon
Tigris
Emesa
Tripolis
Heliopolis(-Baalbek)
Beritus
Damascus
PHOENICE
Tyrus
Caesarea
IUDAEA
Hierosolyma
Gaza
ARABIA
Petra
Aelana
Nabataei
Apollonia
Cyrene
Barca
CYRENE
Alexandria
Sais
Pelusium
Arsinoe
Memphis
Oxyrhynchus
AEGYPTUS
Hermopolis
Nilus
Ptolemais
Thebae
SINUS ARABICUS
ERNUM

ZEITTAFEL

Zeit		Herrscher		Römische Geschichte
50		**Julius Caesar.** Diktator		
			44	Ermordung Caesars
	43	Triumvirat: M. Antonius - C. Julius Caesar Octavianus - M. Aemilius Lepidus	43	Mutinensischer Krieg 1. Konsulat des C. Julius Caesar Octavianus
			42	Schlacht bei Philippi. Tod des Brutus und Cassius
			41	Perusinischer Krieg
			40	Vertrag von Brundisium zwischen M. Antonius und C. Julius Caesar Octavianus
			39	M. Antonius im Orient
			37	Der Legat des M. Antonius, C. Sosius, erobert Jerusalem. Einsetzung des Herodes als König
			36	Partherkrieg des M. Antonius. Sieg des M. Agrippa über Pompejus bei Naulochos
			32	Bruch zwischen Octavianus und M. Antonius
			31	Seeschlacht bei Actium: Sieg Octavians über M. Antonius
			30	Tod des M. Antonius und der Kleopatra
			29	Dreifacher Triumph des Octavianus
	27	Imperator Caesar **Augustus**		16.1.27 Erhebung des C. J. Caesar Octavianus zum Augustus Beginn des Prinzipats. Augustus in Gallien und Spanien.
25				Aufstand der Salasser
			23	Tod des M. Claudius Marcellus
			20	Rückgabe der von Crassus und Antonius verlorenen Feldzeichen durch die Parther

ZEITTAFEL

	Kunst der Stadt Rom		Kunst außerhalb Roms		Literatur - Philosophie - Geschichtsschreibung
				46	Einführung des Julianischen Kalenders
43	Errichtung eines Tempels für Caesar. Vollendung der neuen Rostra. Neubau des Saturntempels an dem Forum			43	Tod Ciceros P. Ovidius Naso geboren
42	Augustusforum und Tempel des Mars Ultor gelobt (Weihe 2 v. Chr.)				
				40	IV. Ekloge Vergils
36	Tempel des Apollo Palatinus von Octavianus gelobt				
				34	Tod des Sallust
32	C. Sosius beginnt den Neubau des Apollontempels am Tiber			32	T. Pomponius Atticus gestorben
				30	Diodoros von Sizilien gest.
29	Aufstellung des Altars und der Statue der Victoria in der Curia Julia. Errichtung eines Bogens für die Schlacht bei Actium auf dem Forum. Weihe des Caesartempels			29	Georgica Vergils Äneïs Vergils Römer-Oden des Horaz Dionysios v. Halikarnass in Rom
28	Weihe des Apollontempels auf dem Palatin. Wiederherstellung von 82 verfallenen Tempeln in Rom. Oktavian beginnt den Bau des Mausoleums im Marsfeld				
27	M. Agrippa beginnt den Bau des Pantheons	27	Bau der Brücke von Narni. Errichtung des Bogens von Rimini	27	M. Terentius Varro gest. Vitruvius Pollio: De architectura
		25	Gründung von Augusta Praetoria (Aosta) Bogen von Aosta	25	Cornelius Nepos gest.
23	Bau des Marcellustheaters am Tiber (vollendet spätestens 17 v. Chr.)				
20	Denar mit Triumphalquadriga. Tempel des Mars Ultor auf dem Capitol Goldener Meilenstein beim Saturntempel				
19	Bogen für die Rückgabe der Partherzeichen auf dem Forum			19	P. Vergilius Maro gest. Albius Tibullus gest.

ZEITTAFEL

Zeit	Herrscher		Römische Geschichte
		18	Mitregentschaft des M. Vipsanius Agrippa
		17	Saecularfeier in Rom
		16–13	Augustus und Agrippa in Gallien
		13	Rückkehr des Augustus aus Gallien
		12	Tod des Agrippa. Augustus übernimmt das Amt des Pontifex Maximus Kriege des Nero Claudius Drusus und Tiberius Claudius Nero in Germanien und Pannonien (15–8 v. Chr.)
		8	Tiberius in Germanien
		2	Ehrentitel Pater Patriae für Augustus
0		1 v. Chr.	Errichtung der römischen Provinz Germania
		2 n. Chr.	L. Caesar, Sohn des Agrippa und der Julia gestorben
		4	C. Caesar, Sohn des Agrippa und der Julia gestorben Augustus adoptiert Ti. Claudius Nero, den späteren Kaiser Tiberius. Kriege des Tiberius in Germanien (4–6 n. Chr.)
		6	Census des Quirinus. Geburt Christi. Tiberius unterdrückt Pannonischen Aufstand (6–9)
		9	Schlacht im Teutoburger Wald. Untergang der Legionen des Quintilius Varus
		10	Feierlicher Einzug des Tiberius in Rom (16. Jan.)
	14 **Tiberius** Julius Caesar Augustus	14	Tod des Augustus (19. Aug.). Bestattung im Mausoleum auf dem Marsfeld
25			
		27	Tiberius zieht sich nach Capri zurück
		29	Tod der Livia, der Gemahlin des Augustus

ZEITTAFEL

	Kunst der Stadt Rom		Kunst außerhalb Roms		Literatur - Philosophie - Geschichtsschreibung
				17	Horaz dichtet zur Saecularfeier das Carmen saeculare
		16–13	Pont du Gard bei Nîmes		
				15	Sextus Propertius gest.
13	Bau der Ara Pacis (vollendet 9 v. Chr.)		Maison Carrée in Nîmes Kryptoportikus in Arles		
		12	Altar der Roma und des Augustus in Lyon		
10	Aufstellung des Obelisken im Campus Martius und im Circus Maximus				
		8	Bogen von Susa	8	Q. Horatius Flaccus gest. C. Cilnius Maecenas gest.
2	Weihe des Augustus-Forums				
		1	Sergierbogen in Pola		
				8	Metamorphosen des Ovid
	Weihe des Tempels der Concordia Augusta. Gemma Augustea. Aufstellung zweier Pfeiler mit dem Tatenbericht des Augustus vor seinem Grabmal. (Res Gestae)		Aufstellung einer Statue des Augustus im Haus der Livia bei Primaporta		
16	Bogen für Tiberius auf dem Forum				
				17	P. Ovidius Naso gest. T. Livius gest.
22	Bau der Domus Tiberiana auf dem Palatin. Ausschmückung der Basilica Aemilia durch den Konsul M. Aemilius Lepidus.				
				25	Strabon gestorben
			Tiberius-Villa in Capri		
				29	Q. Curtius Rufus
um 30	Columbarium in der Vigna Codini		Malereien im Hause des Lucretius Fronto in Pompeji		

ZEITTAFEL

Zeit	Römische Herrscher		Römische Geschichte	
	37	C. Julius Caesar, genannt **Caligula**	40–42	Mauretanien wird römische Provinz Beginn der Unterwerfung Südbritanniens bis an den Humber
	41	Ti. **Claudius** Nero Germanicus		
			44	Thrakien wird römische Provinz
			48	Verleihung des Jus honorum an die Gallier
50				
	54	Ti. Claudius **Nero** Caesar	58–63	Kriege in Armenien
			59	Unterwerfung von Mittelbritannien
			64	Feuersbrunst in Rom. Beginn der Christenverfolgung. Tod des Petrus und Paulus in Rom
			65	Pisonische Verschwörung gegen Nero
			68	Tod des Nero. Aufstand der Bataver (bis 70)
	69	Die drei Kaiser: Ser. Sulpicius Galba, M. Salvius Otho, A. Vitellius		
	69	T. Flavius **Vespasianus**		
			70	Zerstörung Jerusalems. Jüdischer Triumph des Vespasian und Titus
			71–84	Vordringen der Römer bis nach Südschottland, von 77–84 unter Agricola
75				
	79	**Titus** Flavius Vespasianus	79	Vesuvausbruch: Verschüttung von Pompeji, Herkulanum und Stabiae (25. August)
			80	Dreitägiger Brand in Rom
	81	Caesar **Domitianus** Augustus		
			86	Domitian stiftet die Ludi Capitolini
			89–97	Krieg an der mittleren Donau gegen Markomannen und Quaden.
			90	Einrichtung der Provincia Germania Superior und der Provincia Germania Inferior
	96	M. Cocceius **Nerva**		
	98	M. Ulpius **Trajanus**		

ZEITTAFEL

	Kunst der Stadt Rom		Kunst außerhalb Roms		Literatur - Philosophie - Geschichtsschreibung
			Baubeginn der Wasserleitungen Aqua Claudia und Anio Novus		
	Beginn der Hafenbauten in Ostia				
42	Weihe der Ara Pietatis Augustae				
				43	Pomponius Mela
52	Errichtung der Porta Praenestina (Porta Maggiore) Tempel für den Divus Claudius		Fertigstellung der Aqua Claudia und des Anio Novus. Moderne Fassade der Porta Borsari in Verona	um 54	Galaterbrief des Paulus
				um 55	Tacitus geboren
				um 57	Römerbrief und Korintherbrief des Paulus
		63	Erdbeben im Vesuvgebiet. Teilzerstörungen in Pompeji und Herkulaneum		
64	Bau der Domus Aurea				
		um 65	Pompeji: Wiederaufbau des Forums. Haus und Garten des D. Octavius Quartio erhalten ihre letzte Gestalt. Herkulanum: Bau der Casa del Atrio a Mosaico, Casa dei Cervi und Casa a graticcio	65	Tod des Seneca und Lukan
70	Bau des Amphitheatrum Flavium	70–79	Letzte Phase der pompejianischen Wandmalerei: Ausmalung des Vettierhauses	um 70	Entstehung der synoptischen Evangelien
				79	Tod Plinius d. Ä.
	Titusbogen. Baubeginn des Forum Transitorium. Hateriergrabmal. Kaiserpalast auf dem Palatin. Tempel der Fortuna Redux. Porta Triumphalis. Fertigstellung des Colosseums				
				90	Kapitolinischer Dichterwettstreit. Valerius Flaccus gestorben
94	Erneuerung des Pantheons und der Curia Julia				
				95	M. Fabius Quintilianus (Rhetoriker) gestorben
	Vollendung des Forum Transitorium. Denkmal für Nerva auf dem Forum				
				98	Tacitus: De origine et situ germanorum

ZEITTAFEL

Zeit		Römische Herrscher		Römische Geschichte
100			101/02	Krieg gegen die Daker
			105/06	Krieg gegen die Daker
			106	Einrichtung der Provinz Arabia
			108	Dezennalienfeier für Trajan
			114	Krieg gegen die Parther (bis 117) Einrichtung der Provinz Armenia
			115	Einrichtung der Provinz Assyria
	117	P. Aelius **Hadrianus**	117	Verzicht auf die Eroberungen Trajans im Osten. Bestattung Trajans im Sockel der Trajanssäule
			121	Erste Reichsreise Hadrians (bis 125)
125				
			128	Zweite Reichsreise Hadrians (bis 132)
			132	Aufstand der Juden unter Bar Kochba. Jerusalem wird römische Kolonie
	138	T. Aurelius **Antoninus Pius**		
150				
	161	**M. Aurelius** Antoninus, bis 169 zusammen mit L. Aurelius Verus	162	Krieg des L. Verus gegen die Parther (bis 165)
			166	Pest in Rom und im Reich Krieg gegen die Markomannen (bis 175)
175			176	Triumph Marc Aurels über die Markomannen L. Aurelius Commodus wird Mitregent Marc Aurels
	180	L. Aurelius **Commodus**	180	Tod Marc Aurels im Heerlager von Vindobona (Wien)
			191	Feuersbrunst in Rom
	192	P. Helvius Pertinax		
	193	L. **Septimius Severus**		
			194	Tod des Gegenkaisers C. Pescennius Niger Erster Partherkrieg (bis 195)
			195	Widerrechtliche Machtergreifung des Caesar P. Clodius Albinus in Britannien und in Gallien
			197	Zweiter Partherkrieg (bis 199)

ZEITTAFEL

	Kunst der Stadt Rom		Kunst außerhalb Roms		Literatur - Philosophie - Geschichtsschreibung
			Baubeginn des Rundtempels in Baalbek		C. Plinius Caecilius Secundus, Briefwechsel mit seinen Freunden (97–107) und mit Trajan (111–113)
				104	M. Valerius Martialis gest.
106	Erweiterungsbau des Hafens von Ostia				
113	Einweihung des Trajansforums			113	Plinius d. J. gest.
		114	Weihe des Bogens von Benevent Erbauung der Kaiservilla bei Tivoli		
	Errichtung des Mausoleums am Tiber (»Engelsburg«)			120	Plutarch gest. Lukian geb.
		124	Vollendung des Olympieions in Athen, Erweiterung der Stadt. – Hadrianswall in Britannien	125	Apulejus aus Madaura geboren
126	Neubau des Pantheons				
				129	Aristides geb.
135	Weihe des Tempels der Venus und Roma. Jagddenkmal Hadrians				
		138	Bau des Forums von Sufetula Sbeitla Entwicklung Ostias zur Großstadt. Erbauung des Limes in Germanien (Linie Miltenberg – Lorch)	140	D. Iunius Iuvenalis gest.
				160	C. Suetonius Tranquillus gestorben
	Errichtung der Säule für Antoninus Pius und Faustina			160–180	Pausanias' Beschreibung Griechenlands
				Um 170	*Noctes Atticae* von Aulus Gellius
173	Errichtung eines Ehrenbogens für Marc Aurel. Reiterstatue auf dem Kapitolsplatz. Beginn der Arbeiten an der Marcus-Säule				
				178	Herodes Atticus gest.
				180	Lukian gestorben
				189	Aristides gestorben
			Theater und Säulenstraße in Palmyra		
					Philostratos

ZEITTAFEL

Zeit		Römische Herrscher		Römische Geschichte
200			203–04	Septimius Severus in Nordafrika
			208	Kämpfe in Britannien (bis 211)
	212	M. Aurelius Antoninus, gen. **Caracalla**	212	Ermordung Getas durch Caracalla
				Constitutio Antoniniana
			213/14	Kämpfe gegen Alemannen, Chatten und Karpen
			216/17	Krieg gegen die Parther
	217	Die Kinder-Kaiser M. Opellius Macrinus und M. Opellius Diadumenianus	217	Ermordung Caracallas und Selbstmord der Kaiserin Julia Domna
	218	M. Aurelius **Elagabal**		
225	222	M. Aurelius **Severus Alexander**		
			231/32	Krieg gegen die Perser
			233/35	Krieg gegen die Germanen
	235	C. Julius Verus **Maximinus,** gen. **Thrax**		M. Antonius Gordianus I. und sein Sohn M. Antonius Gordianus II.: Gegenkaiser gegen Maximinus Thrax. Nach ihrem Tode die Gegenkaiser M. Clodius Pupienus Macrinus und D. Caelius Calvinus Balbinus
	238	M. Antonius **Gordianus** III.		
			242	Krieg gegen die Perser (bis 244)
			248	Tausendjahrfeier der Gründung Roms
	244	M. Julius **Philippus Arabs**		
	249	C. Messius Quinctus Trajanus **Decius**		
250			250	Beginn der allgemeinen Christenverfolgung
	251	C. Vibius **Trebonianus Gallus**	251	Krieg gegen die Goten. Beginn einer 15jährigen Pestzeit
				Kämpfe gegen Alemannen, Franken, Perser und Mauren
	253	P. Licinius **Valerianus**		
			258–268	Sonderreich des M. Cassianus Latinius Postumus in Gallien
	260	P. Licinius Valerianus Egnatius **Gallienus**		Kampf mit zahlreichen Kronprätendenten und äußeren Feinden. Wiederbefestigung Veronas gegen die Angriffe aus dem Norden. Erstes Toleranzedikt zugunsten der Christen
	268	M. Aurelius **Claudius,** gen. **Gothicus**		Krieg gegen die Goten
	270	L. Domitius **Aurelianus**		Aufgabe Dakiens. Wiederbefestigung Roms
			272	Kämpfe in Syrien und Ägypten. Gefangennahme der Königin Zenobia
			273	Wiedereroberung Galliens
275			274	Triumph Aurelians als Restitutor Orbis. Schaffung des Reichskults für den Sol Invictus
	276	M. Aurelius **Probus**		
				Nach Wiederherstellung der Reichsgrenze am Rhein Ansiedlung germanischer Kriegsgefangener auf römischem Boden

ZEITTAFEL

	Kunst außerhalb Roms	Literatur - Philosophie - Geschichtsschreibung
203 Triumphbogen für Septimius Severus auf dem Forum Romanum		Philostratos
204 Bogen für Septimius Severus und seine Familie im Forum Boarium	Großbauten in Leptis Magna (Forum Severianum) und Sabratha (Theater)	Xenophon von Ephesos: *Ephesiaka* Heliodoros von Emesa Longos von Lesbos
	Um 200 Früheste Katakombenkerne christlicher Gemeinden bei St. Callistus	Athenaius von Naukratis
213 Caracalla-Thermen	Vollendung des Rundtempels in Baalbek	
		Cassius Dio Cocceianus verfaßt eine bis zum Jahre 229 reichende Römische Geschichte in 80 Büchern
		258 Caecilius Cyprianus gest.
		260 Eusebius, Bischof von Caesarea (bis 340) Plotin lehrt in Rom
		268 Nach der Ermordung Galliens Beginn einer Philosophenverfolgung
270–82 Aureliansmauer	Vollendung des Haupttempels von Baalbek	
		273 Cassius Longinus gest.
	Porphyrstatuen der Tetrarchen in Venedig und im Vatikan	

ZEITTAFEL

Zeit		Römische Herrscher		Römische Geschichte
	282	M. Aurelius Carus mit seinen Söhnen M. Aurelius Carinus u. M. Aurelius Numerianus		Krieg gegen die Perser
	284	C. Valerius Aurelius **Diocletianus**	286	M. Aurelius Valerius Maximianus von Diokletian zum Mitregenten (Augustus) ernannt. Aufstand der Bagauden in Gallien. Kämpfe gegen Burgunden, Heruler und Alemannen
			293	C. Galerius Valerius Maximianus und C. Flavius Constantinus, gen. Chlorus, von Diokletian und Maximian zu Mitregenten (Caesares) ernannt
300			298	Sieg des Galerius über den Perserkönig Narseh. Diokletianische Reichsreform und Einführung des Maximaltarifs
			303	Beginn der Christenverfolgungen. Vizennalienfeier der Augusti und Dezennalienfeier der Caesares in Rom
	305	**Galerius** und **Constantius Chlorus**	305	Abdankung Diokletians und Maximians. Galerius und Constantius Chlorus werden Augusti, Flavius Valerius Severus und C. Galerius Valerius Maximinus, gen. Daia, werden Caesares.
			306	Tod des Constantius Chlorus und Ausrufung des Flavius Valerius Constantinus zum Augustus. Widerrechtliche Machtergreifung des M. Aurelius Valerius Maxentius in Rom
			308	Valerius Licinianus **Licinius** durch Galerius zum Augustus der westlichen Reichshälfte ernannt
			311	Toleranzedikt des Galerius für die Christen
			312	Sieg Konstantins über Maxentius an der Milvischen Brücke Feierlicher Einzug Konstantins in Rom
			313	Vereinigung in Mailand zwischen Konstantin und Licinius über die Verwaltung der beiden Reichshälften Toleranzedikt für die Christen. Konzil in Rom zur Beilegung kirchlicher Streitigkeiten in Nordafrika
			316	Tod Diokletians in Spalato
			321	Der Sonntag zum gesetzlichen Feiertag erklärt
	324	Flavius Valerius **Constantinus**	324	Sieg Konstantins über Licinius bei Chrysopolis: Konstantin Alleinherrscher (bis 337). Neben ihm als Caesares seine Söhne Crispus († 326) und Constantinus
			325	Konzil von Nicaea: Verurteilung der arianischen Lehre
			331	11. Mai: Weihe der neuen Hauptstadt Konstantinopolis – Entthronung Roms

ZEITTAFEL

	Kunst der Stadt Rom	Kunst außerhalb Roms		Literatur - Philosophie - Geschichtsschreibung
283	Großbrand in Rom zerstört das Forum Romanum, das Caesarforum und das Pompejustheater			
293	Wiederherstellung des Forum Romanum und der Curia Julia			
298–306	Bau der Diokletiansthermen in Rom	Ausbau der Kaiserresidenzen in Trier und Saloniki. Baubeginn der Kaiserpaläste in Spalato und Piazza Armerina	301	L. Caecilius Firmianus Lactantius Lehrer der Rhetorik in Nikomedeia
		Galeriusbogen von Saloniki	304	Porphyrios von Tyros gest.
			305	L. Cäcilius Firmianus
	Erbauung der Maxentiusbasilika. Neubau des Venus- und Roma-Tempels			
		Erbauung der Nordkirche von Aquileia		
	Baubeginn der Konstantins-Basilika. Konstantinsbogen und Konstantinsthermen	Erbauung der Südkirche in Aquileia	318	Christliches Glaubensbekenntnis des Arius von Alexandria Athanasius von Alexandria (um 295–373).
		Beginn des Baues von Konstantinopolis		
	Bau der Lateransbasilika und des Lateransbaptisteriums			
		Bau der Grabeskirche in Jerusalem Bau der Geburtskirche in Bethlehem		

LITERATURVERZEICHNIS

Im Anschluß an eine Aufstellung der allgemein für das Thema dieses Buches einschlägigen Werke gibt das Literaturverzeichnis zu den auf den einzelnen Seiten behandelten Problemen und Denkmälern eine Auswahl der wissenschaftlichen Literatur. Vollständigkeit konnte nicht angestrebt werden, vielmehr war dem wichtigsten und zugleich leichter Erreichbaren der Vorzug zu geben.
Dem vorliegenden Bande zeitlich unmittelbar vorausgehend erschien die das gleiche Fachgebiet betreffende Darstellung des Verfassers »Rom und seine Welt. Bilder zur Kultur und Geschichte« (im Bayerischen Schulbuch-Verlag, München, Bildband 1958, Erläuterungsband 1960). Auf den zweiten Band dieses Werkes mußte in den Literaturverweisen immer wieder zurückgegriffen werden, unter der Abkürzung »Kähler«. Einige weitere Standardwerke werden in gleicher Weise zitiert (z. B. »Crema« u. ä.), die Abkürzung ist jeweils an der ersten Erwähnung des betreffenden Werkes in Klammern angegeben. Für Zeitschriftenzitate sind folgende Sigel verwandt worden:

BullCom.:	Bulletino della Commissione archeologica comunale di Roma. Rom, 1872 ff.
JdI.:	Jahrbuch des Deutschen Archäologischen Instituts. Berlin 1886ff.
NSc.:	Notizie degli Scavi di antichità. Atti della Accademia nazionale dei Lincei. Rom, 1876 ff.
RM:	Mitteilungen des Deutschen Archäologischen Instituts. Römische Abteilung. Rom, 1886 ff., jetzt Heidelberg.

Zur Geschichte der römischen Kaiserzeit

E. Kornemann, Weltgeschichte des Mittelmeerraumes, Bd. II, München 1948, 1–319

E. Kornemann, Römische Geschichte, Bd. II, Die Kaiserzeit, Stuttgart 1959

L. Friedländer u. F. Drexel, Darstellungen aus der Sittengeschichte Roms, Leipzig 1921

Zur Struktur der römischen Kunst

F. Wickhoff in: Die Wiener Genesis, hrsg. v. Wilhelm Ritter von Hartel u. Franz Wickhoff, Wien 1895, 1–98, = Römische Kunst. Kleine Schriften Bd. III, Berlin 1912

A. Riegl, Spätrömische Kunstindustrie, Wien 1927

H. Kenner, Zum Römischen in der römischen Kunst, Österreichische Jahreshefte 35, 1943, 29 ff.

H. Jucker, Vom Verhältnis der Römer zur bildenden Kunst der Griechen, Frankfurt 1950

H. Kähler, Rom und seine Welt Bd. I, München 1958, 5–44

G. v. Kaschnitz – Weinberg, Das Schöpferische in der römischen Kunst. Römische Kunst I. Hamburg 1961

G. v. Kaschnitz-Weinberg, Zwischen Republik und Kaiserreich. Römische Kunst II. Hamburg 1961

G. v. Kaschnitz-Weinberg, Die Grundlagen der republikanischen Baukunst. Römische Kunst III. Hamburg 1962

Zur Kunstgeschichte der römischen Kaiserzeit

E. Strong, La scultura romana da Augusto a Constantino, B. I. II., Florenz 1923

W. Zschietzschmann, Die hellenistische und römische Kunst, in: Handbuch der Kunstwissenschaften v. F. Burger, hrsg. v. *A. E. Brinckmann*, Die Antike Kunst Bd. II 2, Potsdam 1939

W. Technau, Die Kunst der Römer, Berlin 1940

G. Rodenwaldt, Die Kunst der Antike. Propyläen-Kunstgeschichte Bd. III, 4. Auflage, Berlin 1944

H. Koch, Römische Kunst, Weimar 1949

H. Kähler, Rom und seine Welt, Erläuterungsband, München 1960 (Kähler)

Zur römischen Wandmalerei

K. Schefold, Pompejanische Malerei, Basel 1952

L. Curtius, Die Wandmalerei Pompejis, 2. Auflage, Darmstadt 1960

Zur römischen Architektur

L. Crema, L'architettura romana, in Enciclopedia classica III, Bd. XII, Turin 1959 (Crema)

G. Lugli, La tecnica edilizia romana con particolare riguardo a Roma e Lazio, Bd. I. II., Rom 1957

Zu den Denkmälern und zur Topographie von Rom

E. Nash, Bildlexikon zur Topographie des antiken Rom, Bd. I. II., Tübingen 1961, 1962 (Nash I bzw. II)

G. Lugli, Roma antica. Il centro monumentale, Rom 1946 (Lugli, Centro)

Zum Problem des Übergangs von der Republik zum Prinzipat — Seite 37

W. Kolbe, Von der Republik zur Monarchie, Das Erbe der Alten, 2. Reihe, Leipzig 1931, 43ff.

W. Weber, Princeps, Studien zur Geschichte des Augustus I, Berlin – Stuttgart 1936

A. v. Premerstein, Vom Werden und Wesen des Prinzipats, München 1937

P. L. Strack, Der augusteische Staat, in: Auf dem Wege zum Nationalpolitischen Gymnasium, Heft 6, Frankfurt a. M. 1938, 5ff.

R. Syme, The roman revolution, 2. Auflage, Oxford 1951

Zur Geschichte der augusteischen Zeit

V. Gardthausen, Augustus und seine Zeit, 2 Bde., Leipzig 1891–1904

E. Kornemann, Weltgeschichte des Mittelmeerraumes, Bd. II, München 1948, 1ff.

F. Vittinghoff, Kaiser Augustus, Persönlichkeit und Geschichte Bd. 20, Göttingen 1959

Zur Kunstgeschichte der augusteischen Zeit allgemein

G. Rodenwaldt, Kunst um Augustus, Berlin 1942

R. Herbig, Gedanken über die bildende Kunst in Rom zur Zeit des Augustus, in: Auf dem Wege zum Nationalpolitischen Gymnasium, Heft 6, Frankfurt a. M. 1938, 76ff.

Zu Hadrian und Athen: — Seite 7

P. Graindor, Athènes sous Hadrian, Kairo 1932

Zum Hadrianstor in Athen:

J. Thallon Hill, The ancient city of Athens, London 1953, 210

Zur Hadriansvilla bei Tivoli: — Seite 9

siehe unten zu Seite 139 f.

Seite 9 — Zur hellenistischen Kunst:
H. Kähler, Der Hellenismus und die Entwicklung der römischen Reichskunst. In Vorbereitung
Zum Kopistenwesen:
G. Lippold, Kopien und Umbildungen griechischer Statuen, München 1923

Seite 10 f. — Zu den hier dargestellten Vorgängen:
H. Kähler, Wandlungen der antiken Form, München 1949

Seite 12 f. — Zum römischen Bildnis in republikanischer Zeit:
B. Schweitzer, Die Bildniskunst der römischen Republik, Leipzig-Weimar 1948
V. H. Poulsen, Roman Portraits, Kopenhagen 1962

Seite 14 — Zur Hadriansvilla bei Tivoli: siehe unten zu Seite 139
Zum Tempel der Venus und Roma: siehe unten zu Seite 149

Seite 16 — Zum Bogen von Benevent:
E. v. Garger, Der Trajansbogen in Benevent, Wien 1943.
Kähler 259ff.
Zum Titusbogen: siehe unten zu Seite 112
Zur Maison carée in Nîmes: siehe unten zu Seite 48

Seite 21 f. — Zum griechischen und römischen Theater:
M. Bieber, The history of the greek and roman theater, Princeton 1961
Zum Marcellustheater in Rom: *M. Bieber* a. O. 184 f. *Lugli*, Centro 508 ff. *Kähler* 142 ff. *Crema* 187 ff. *Nash* II 418 ff.
Zum Theater von Sabratha:
G. Caputo, Il teatro di Sabratha. Monografie di Archeologia Libica VI, Rom 1959

Seite 24 — Zum Tempel des Mars Ultor in Rom: siehe unten zu Seite 43

Seite 25 — Zum Jupitertempel auf dem Kapitol und zum römischen Tempel allgemein:
H. Kähler, Rom und seine Welt (Bildband), München 1958, 11
Zum Augustusforum: siehe unten zu Seite 44
Zum Nervaforum: siehe unten zu Seite 105

Seite 25 — Zum römischen Haus: *H. Kähler*, Rom und seine Welt (Bildband), München 1958, 19 ff.

Seite 27 — Zum Augustus von Primaporta: siehe unten zu Seite 74

Seite 35 — Zum Augustuskopf in der vatikanischen Bibliothek:
K. Kluge u. K. Lehmann-Hartleben, Die antiken Großbronzen Bd. II, Berlin-Leipzig 1927, 9ff.
Zum Augustuskopf aus Meroe:
R. C. Bosanquet, On the bronze portrait-head, in: Second report on the excavations at Meroë in Ethiopia, Liverpool Annals of Archeology and Anthropology 4, 1912, 66ff.
Zum Männerkopf aus Caere:
H. Kähler, Ein Männerkopf aus Caere, Die Kunst und das schöne Heim 51, 1953, 250 ff.

Seite 39 — Zum Mausoleum des Augustus:
A. M. Colini u. G. Q. Giglioli, Scavi del Mausoleo d'Augusto, BullCom. 54, 1926, 191 ff.
A. Giglioli, Il sepolcreto imperiale, Capitolium 6, 1930, 532ff.
G. Lugli, Imonumenti antichi di Roma e suburbio Bd. III, Rom 1938, 194
Kähler 144. *Nash* II 38ff.

ZUM HAUS DES AUGUSTUS: SEITE 40
G. Carettoni, Saggi per uno studio topografico della casa di Livia, NSc. 1953, 126ff.
G. Carettoni, Saggi nell'interno della casa di Livia, NSc. 1957, 72ff. *Kähler* 150. *Nash* II 38ff.

ZU DEN MALEREIEN IM HAUSE DES AUGUSTUS: SEITE 41
G. Rizzo, Le pitture della casa di Livia. Monumenti della pittura antica scoperti in Italia III, Roma 3, Rom 1936
P. Romanelli u. G. Carettoni, Nuove pitture del Palatino, Bolletino d'Arte 40, 1955, 208ff.

ZUM FORTUNAHEILIGTUM VON PRAENESTE, ZUM TEMPEL DES HERKULES IN TIVOLI UND ZUM THEATER DES POMPEJUS IN ROM: SEITE 42
F. Fasolo u. G. Gullini, Il santuario della Fortuna Primigenia a Palestrina, Rom 1953
H. Kähler, Das Fortunaheiligtum von Palaestrina Praeneste, Annales Universitatis Saraviensis VII, Heft 3/4, Saarbrücken 1958
J. A. Hanson, Roman theater temples, Princeton 1959
Kähler 80ff. 149. *Crema* 93ff. *Nash* II 423ff.

ZUM CAESARFORUM: SEITE 44
Lugli, Centro 245ff. *Crema* 155ff. *Nash* I 424ff.

ZUM AUGUSTUSFORUM:
C. Ricci, Il foro di Augusto e la casa dei cavalieri di Rodi, Capitolium 6, 1930, 157
Lugli, Centro 258ff. 276ff. *Crema* 358ff. *Kähler* 139. *Nash* I 401ff.

ZU DEN STATUEN DER RÖMER AUF DEM AUGUSTUSFORUM UND DEN ELOGIEN: SEITE 45
Corpus Inscriptionum Latinarum I 1, 2. Auflage, Berlin 1893, 186ff.
R. Paribeni, Iscrizioni del foro di Augusto, NSc. 1933, 455ff.
A. Degrassi, Inscriptiones Italiae XIII 3, Rom 1937, 1ff.

ZUM APOLLONTEMPEL AUF DEM PALATIN: SEITE 47
Identifiziert durch *R. Fagerlind*, The transformations of the korinthian capital in Rome and Pompei, Acta Instituti Romani Regni Sueciae, 2, Lund 1932, 128ff. und *H. Kähler*, Die römischen Kapitelle des Rheingebietes, Römisch-Germanische Forschungen 13, Berlin 1939, 81
Lugli, Centro 434ff. *Nash* II 31.

ZUR MAISON CARRÉE IN NÎMES: SEITE 48
J. C. Balty, Etudes sur la maison carrée de Nîmes, Collection Latomus 47, Brüssel 1960. *Kähler* 140ff.

ZUM TEMPEL DES APOLLON SOSIANUS:
A. M. Colini, Il tempio di Apollo, BullCom. 68, 1940, 1ff.
Lugli, Centro 536ff. *Kähler* 142ff. *Nash* I 28

ZU DEN BAUTEN DER AUGUSTEISCHEN ZEIT IN DER PROVENCE: SEITE 53
H. Kähler, Triumphbogen, Realencyclopaedie der class. Altertumswissenschaft Bd. VII A 1 414ff., dort Nr. 2: Aix-en-Provence, Nr. 3: Aix-les Bains, Nr. 5: Arles, Nr. 9: Carpentras, Nr. 17: Orange, Nr. 20: St. Remy
H. Kähler, Die Torburgen der frühen Kaiserzeit, Jd I. 57, 1942, 1ff. *Kähler* 177ff.
Allgemein: *A. Grenier*, Manuel d'Archéologie gallo-romaine, Bd. I–IV, Paris 1931–1960

ZUM PONT DU GARD: SEITE 54
E. Espérandieu, Le pont du Gard et l'Aqueduc de Nîmes, Paris 1926. *Kähler* 137
ZUR BRÜCKE VON NARNI: *Crema* 146. *Kähler* 136

Seite 56 Zum Bogen von Susa:

F. Noack, Triumph und Triumphbogen, Vorträge der Bibliothek Warburg 1925/26, 175

E. Ferrero, L'arc d'Auguste á Suse, Turin 1901

F. Studniczka, Über den Augustusbogen in Susa. JdI. 18, 1903, 1 ff. *Kähler* 180

Zum Augustusbogen auf dem Forum Romanum:

B. Andreae, Archäologische Funde und Grabungen im Bereich der Soprintendenzen von Rom 1949–1956/57, Archäologischer Anzeiger (Beiblatt zum JdI.) 1957, 150 ff. *Nash* I 92.

Seite 57 Zum Bogen von Rimini:

G. A. Mansuelli, Il monumento augusteo del 27 a. C. Nuove ricerce sull'arco di Rimini.

Zur Münze des Vinicius mit der Darstellung des Augustusbogens:

Nash I 100 Abb. 101

Seite 58 Zu den Statuen auf dem Augustusforum und ihren Elogien:

siehe oben zu Seite 45

Zu den Fasti Capitolini:

A. Degrassi, Fasti Capitolini, Turin 1954

Seite 59 Zum römischen Triumph:

W. Ehlers, Triumphus, Realencyclopaedie der classischen Altertumswissenschaft Bd. VII A 1, Sp. 493 ff.

Seite 60 Zur Ara Pacis Augustae:

G. Moretti, Ara Pacis Augustae, Rom 1948

H. Kähler, Die Ara Pacis und die augusteische Friedensidee, JdI. 69, 1954, 67 ff.

L. Budde, Ara Pacis Augustae, Der Friedensaltar des Augustus, Hannover 1957

K. Hanell, Das Opfer des Augustus an der Ara Pacis, Opuscula Romana 2, 1960, 33 ff.

Th. Kraus, Die Ranken der Ara Pacis, Berlin 1953. *Kähler* 155. *Nash* I 63

Seite 69 Zur Gemma Augustea:

F. Eichler u. E. Kris, Die Kameen im Kunsthistorischen Museum in Wien, Wien 1927, 52 ff. *Kähler* 186 ff.

Seite 73 Zum Augustusbildnis:

O. Brendel, Ikonographie des Kaisers Augustus. Nürnberg 1931

C. Weickert, Augustus, Bild und Geschichte, Die Antike 14, 1938, 202 ff. *Kähler* 130 ff.

Seite 74 Zum Augustus von Primaporta:

E. Simon, Der Augustus von Primaporta, RM. 64, 1957, 46 ff.

H. Kähler, Die Augustusstatue von Primaporta, Monumenta Artis Romanae I, Köln 1959

W. H. Gross, Zur Augustusstatue von Primaporta, Nachrichten der Akademie der Wissenschaften in Göttingen, phil.-hist. Klasse, 1959 Nr. 8

Seite 75 Zum Doryphoros des Polyklet:

P. Wolters, Polyklets Doryphoros in der Ehrenhalle der Münchener Universität, Münchener Jahrbuch der bildenden Kunst, Neue Folge 11, 1934/36, 5 ff.

Zum augusteischen Münzbildnis:

J. Liegle, Die Münzprägung Octavians und die augusteische Kunst, JdI. 56, 1941, 91 ff.

Zu Augustuskopf und Ehrenschild in Arles: Seite 76
F. Benoit, Le sanctuaire d'Auguste et les cryptoportiques d'Arles, Revue archéologique 1952 I, 31 ff.

Zum Relief mit der Darstellung eines Lustrum, in Paris: Seite 77
E. Michon, Les basreliefs historiques romains du Musée du Louvre. Fondation E. Piot, Monuments et Mémoires 17, 1909, 190 ff.
I. Scott Ryberg, Rites of the state religion in Roman art, Memoirs of the American Academy in Rome 22, 1955, 106ff. *Kähler* 198.

Zu den Malereien im Hause des Lucretius Fronto: Seite 78 f.
M. Borda, La pittura romana, Milano 1958, 159

Zur Tiberiusvilla auf Capri: Seite 80
A. Maiuri, Capri, Geschichte und Denkmäler. Führer durch die Museen und Kunstdenkmäler Italiens Nr. 93, 1956, 33 ff.

Zum Fries aus der Basilika Aemilia: Seite 87
A. Bartoli, Il fregio figurato della Basilica Emilia, Bolletino d'Arte 1950, 289ff.
G. Carettoni, Il fregio della Basilica Emilia, Rivista dell'istituto nazionale d'archeologia e storia dell'arte, Neue Serie Bd. 19, 1961, 1ff. *Kähler* 199.

Zum Opferrelief in Paris (sog. Domitius-Ara:) Seite 88
F. W. Goethert, Zur Kunst der römischen Republik, Berlin 1931, 7ff. *Kähler* 102ff.

Zur Apotheose des Augustus in Ravenna:
G. Hafner, Zum Augustusrelief in Ravenna, RM. 62, 1955, 160ff. *Kähler* 201.

Zur Porta Maggiore: Seite 90
Crema 224. *Kähler* 210. *Nash* II 225.

Zum Claudiustempel: Seite 91
Lugli, Centro 374. *Crema* 181. 314. *Kähler* 209. *Nash* I 243.

Zu der claudischen Porticus am Hafen von Ostia:
G. Lugli u. G. Filibeck, Il porto di Roma imperiale, Bergamo 1935, 116ff.

Zur Porta Borsari in Verona: Seite 92
H. Kähler, Die römischen Stadttore von Verona, JdI. 50, 1935, 138ff.
H. Kähler, Die römischen Torburgen der frühen Kaiserzeit, JdI. 57, 1942, 1ff.
Crema 304. *Kähler* 207 ff.

Zur Domus Aurea: Seite 97
A. Boethius, The golden house of Nero, Ann Arbor 1960, 94ff.
H. Kähler, Hadrian und seine Villa bei Tivoli, Berlin 1950, 99ff. *Lugli*, Centro 348ff. 358ff. *Crema* 312ff. *Nash* I 339.

Zu den Malereien in der Domus Aurea: Seite 102
F. Weege, Das goldene Haus des Nero, JdI. 28, 1913, 127ff.
F. W. Wirth, Römische Wandmalerei vom Untergang Pompejis bis ans Ende des 3. Jahrhunderts, Berlin 1934, 39 ff.
M. Borda, La pittura Romana, Mailand 1958, 70ff. 222ff.

Zum Vettierhaus: Seite 102
K. Schefold, Die Wände Pompejis, Berlin 1957, 139ff.
M. Borda, La pittura romana, Mailand 1958, 78ff. 87ff. 229ff.
L. Curtius, Die Wandmalerei Pompejis, 2. Auflage, Darmstadt 1960, 53ff.
Kähler 213 ff.

Zum Fragment einer Wand aus Herkulaneum: Seite 104
M. Borda, La pittura romana, Mailand 1958, 85

L. Curtius, Die Wandmalerei Pompejis, 2. Auflage, Darmstadt 1960, 174.
Kähler 243 ff.

SEITE 105 ZUM FORUM TRANSITORIUM:
P. H. v. Blanckenhagen, Flavische Architektur und ihre Dekoration untersucht am Nervaforum, Berlin 1940. *Lugli*, Centro 273. Crema 276ff. *Kähler* 244ff. 261ff. Nash I 433 ff.

SEITE 107 ZUM DOMITIANSPALAST AUF DEM PALATIN:
P. H. v. Blanckenhagen, Flavische Architektur und ihre Dekoration, Berlin 1940, 66ff.
H. Kähler, Hadrian und seine Villa bei Tivoli, Berlin 1950, 101ff. 105ff. 120ff.
Lugli, Centro 486ff. Crema 316ff. *Kähler* 250ff. Nash I 316ff.

SEITE 112 ZUM TITUSBOGEN:
F. Wickhoff in: Die Wiener Genesis, Wien 1895, 43ff. = Römische Kunst (Kleine Schriften Bd. III), Berlin 1912, 86ff.
F. Noack, Triumph und Triumphbogen, Vorträge der Bibliothek Warburg 1925/26, 184
K. Lehmann-Hartleben, L'arco di Tito, BullCom. 62, 1934, 89ff. *Kähler* 252ff.

SEITE 121 ZUR TRAJANSSÄULE:
C. Cichorius, Die Reliefs der Trajanssäule, Berlin 1896/1900.
K. Lehmann-Hartleben, Die Trajanssäule, Berlin-Leipzig 1926
R. Bianchi Bandinelli, Storicità dell'arte classica, 2. Auflage, Florenz 1950, 211 ff.
Kähler 269. *Nash* I 283.
ZUM TELEPHOSFRIES VON PERGAMON:
H. Winnefeld, Die Friese des großen Altars. Altertümer von Pergamon Bd. III 2, Berlin 1910, 157ff.

SEITE 123 ZU APOLLODORUS VON DAMASKUS:
Enciclopedia dell'arte antica I, Rom 1958, 476ff. (R. Bianchi Bandinelli)
ZU DEN VORBILDERN DES TRAJANSFORUMS IN DER MILITÄRARCHITEKTUR:
G. Rodenwaldt, Gnomon 2, 1926, 339ff. (Besprechung von H. Lehner, Das Römerlager bei Xanten)
ZUM TRAJANSFORUM:
R. Paribeni, Optimus Princeps, Messina 1926, 65ff.
G. Rodenwaldt, Römische Staatsarchitektur, in: H. Berve, Das Neue Bild der Antike II, Leipzig 1943, 356ff.
M. E. Bertoldi, Ricerche sulla decorazione architettonica del Foro Traiano, Rom 1962. *Lugli*, Centro 278ff. *Crema* 358ff. *Kähler* 274ff. *Nash* I 450. II 49

SEITE 135 ZUM FACHWERKHAUS IN HERKULANEUM:
A. Maiuri, Ercolano. I nuovi scavi Bd. I, Rom 1958, 407ff.

SEITE 136 ZU DEN HÄUSERN OSTIAS:
G. Calza u. I. Gismondi, Le origini latini dell'abitazione moderna, in: Architettura e Arti decorativi 1923/24, 5 ff.
G. Calza, Contributi alla storia della edilizia imperiale romana, Palladio 5, 1941, 1ff.
A. Boethius, The golden house of Nero. Ann Arbor 1960, 129ff. *Crema* 458ff.
Kähler 302 ff.

SEITE 139 ZUR HADRIANSVILLA BEI TIVOLI UND IHREN BAUTEN:
H. Kähler, Hadrian und seine Villa bei Tivoli, Berlin 1950, 44ff. 117ff. (teatro marittimo), 55ff. 122ff. (Gartensaal), 64ff. 132ff. (Piazza d'Oro).

E. Hansen, La piazza d'oro e la sua cupola. Analecta Romana Instituti Danici 1, Supplementum, Kopenhagen 1960. *Crema* 466ff. *Kähler* 281ff.

Zum Pantheon: Seite 144

A. v. Gerkan, Das Pantheon, Gnomon 5, 1929, 273ff.

H. Kähler, Hadrian und seine Villa bei Tivoli, Berlin 1950, 91ff. *Crema* 375. *Kähler* 279ff. *Nash* II 171ff.

Zum Tempel der Venus und Roma: Seite 149

G. Snijder, Kaiser Hadrian und der Tempel der Venus und Roma, JdI. 55, 1940, 1ff. *Lugli*, Centro 234ff. *Crema* 382ff. *Nash* II 496.

Zum Tempel des Divus Hadrianus: *Crema* 382. *Nash* I 457.

Zum Bildnis des Antinous: Seite 151

P. Marconi, Antinoo. Monumenti antichi . . . dei Lincei 29, 1923, 101ff.

Th. Kraus, Das Bildnis des Antinous, Heidelberger Jahrbücher 3, 1959, 48ff.

Zum hadrianischen Jagddenkmal (Tondi am Konstantinsbogen): Seite 153

H. Bulle, Ein Jagddenkmal des Kaisers Hadrian, JdI. 34, 1919, 144ff.

E. Buschor, Die hadrianischen Jagdbilder, RM. 38/39, 1923/24, 52ff.

C. Blümel, Ein Porträt des Antoninus Pius aus einem der Rundreliefs vom Konstantinsbogen, JdI. 47, 1932, 90ff.

H.P.L'Orange u. A. v. Gerkan, Der spätantike Bildschmuck des Konstantinsbogens. Studien zur spätantiken Kunstgeschichte Bd. 10, Berlin 1939, 165ff. *Kähler* 187ff.

Zur Engelsburg: *Crema* 484. *Kähler* 13. *Nash* II 44.

Zur Säule des Antoninus Pius: Seite 154

W. Amelung, Die Sculpturen des vaticanischen Museums Bd. I, Berlin 1903, 883ff. *Kähler* 299ff. *Nash* I 270.

Zur gallienischen Renaissance: Seite 156

G. Rodenwaldt, Zur Kunstgeschichte der Jahre 220 bis 270. JdI. 51, 1936, 82ff.

Zur Reiterstatue Marc Aurels: Seite 161

K. Kluge u. K. Lehmann-Hartleben, Die antiken Großbronzen Bd. II, Berlin-Leipzig 1927, 86ff.

H. Siebenhüner, Das Kapitol in Rom, München 1954, 54ff. *Kähler* 316ff. *Nash* I 391

Zu den Reliefs an der Attika des Konstantinsbogens: Seite 162

H. Kähler, Warum lachte der Kaiser? RM. 54, 1939, 265ff.

G. Becatti, La colonna coclide istoriata, Rom 1960, 55ff. *Kähler* 314ff.

Zu den Reliefs eines Triumphbogens für Marc Aurel im Konservatorenpalast:

G. Becatti, siehe oben. *Kähler* 315ff.

Zur Markussäule:

M. Wegner, Die kunstgeschichtliche Stellung der Marcussäule, JdI. 46, 1931, 61ff.

C. Caprino, A. M. Colini, G. Gatti, M. Pallotino u. P. Romanelli, La colonna di Marco Aurelio, Rom 1955

G. Becatti, Colonna di Marco Aurelio, Mailand 1957. *Kähler* 316ff. *Nash* I 276.

Zum Bogen des Septimius Severus in Leptis Magna: Seite 164

R. Bartoccini, L'arco quadrifronte dei Severi a Lepcis, Africa Italiana 4, 1931, 32ff.

J. B. Ward Perkins, The art of the Severan age in the light of the Tripolitanian discoveries, Proceedings of the British Academy 37, 1951, 281. *Kähler* 339

Zu den Bauten von Leptis Magna:

D. E. L. Haynes, The antiquities of Tripolitania, 2. Auflage, London 1959, 71ff.

Seite 165 Zum Bogen des Septimius Severus auf dem Forum Romanum:

H. Kähler, Triumphbogen, Realencyclopaedie der class. Altertumswissenschaft Bd. VII A 1, Spalte 392 ff. *Kähler* 334. *Nash* I 126

Seite 168 Zum Balbussarkophag:

R. Bianchi Bandinelli, Sarcofago da Acilia con la designazione di Gordiano III. Bolletino d'arte 1954, 200ff.

H. v. Heintze, Studien zu den Porträts des 3. Jahrhunderts n. Chr. 5: Der Knabe des Acilia-Sarkophags, RM. 66, 1959, 184ff. (mit unzureichend begründeten Einwänden gegen die eben genannte Arbeit).

Seite 170 Zum sogenannten Plotinsarkophag:

G. Rodenwaldt, Zur Kunstgeschichte der Jahre 220 bis 270, JdI. 51, 1936, 82ff. 102 ff.

Seite 171 Zum Bildnis des 3. Jahrhunderts:

G. v. Kaschnitz-Weinberg, Spätrömische Porträts, Die Antike 2, 1926, 36ff.

H. P. L'Orange, Studien zur Geschichte des spätantiken Porträts, Oslo 1933

H. v. Heintze, Studien zu den Porträts des 3. Jahrhunderts, RM. 62, 1955, 174ff.; 63, 1956, 56ff.; 64, 1957, 69ff.; 66, 1959, 175ff.

Seite 173 Zum Trajanskopf aus Ostia:

W. H. Gross, Bildnisse Trajans. Das römische Herrscherbild Bd. II 2, Berlin 1940, 114ff. 119 ff.

Zum Bildnis Hadrians im Museo Nazionale in Rom:

M. Wegner, Hadrian. Das römische Herrscherbild Bd. II 3, Berlin 1956, 8ff.

Zum Bildnis Marc Aurels:

M. Wegner, Die Herrscherbildnisse in Antoninischer Zeit. Das römische Herrscherbild Bd. II 4, Berlin 1939, 44 ff.

Zum Bildnis des Maximinus Thrax:

H. P. L'Orange, Studien zur Geschichte des spätantiken Porträts, Oslo 1933, 3ff.

Seite 174 Zum Bildnis des Trajanus Decius:

H. P. L'Orange, Studien zur Geschichte des spätantiken Porträts, Oslo 1933, 3ff.

Zum Bildnis eines Mannes aus diokletianischer Zeit:

L. Curtius, Porträt der Tetrarchenzeit, Journal of Hellenic Studies 71, 1951, 48ff.

Zum Bildnis Galliens:

A. Alföldi, Die Vorherrschaft der Pannonier im Römerreich und die Reaktion des Hellenismus unter Gallienus. Fünfundzwanzig Jahre Römisch-Germanische Kommission, Berlin 1930, 11ff.

H. P. L'Orange, Studien zur Geschichte des spätantiken Porträts, Oslo 1933, 6

Zum Bogen von Saloniki:

K. F. Kinch, L'arc de triomphe de Salonique, Paris 1890.

H. U. v. Schönebeck, Die zyklische Ordnung der Triumphalreliefs am Galeriusbogen in Saloniki, Byzantinische Zeitschrift 37, 1937, 361ff. *Kähler* 363

Seite 175 Zu den Sockeln eines diokletianischen Ehrenbogens im Giardino Boboli in Florenz:

H. Kähler, Zwei Sockel eines Triumphbogens im Boboligarten in Florenz, 96. Berliner Winckelmannsprogramm, Berlin-Leipzig 1936

Seite 176 Zum Reliefschmuck des Konstantinsbogens:

H. P. L'Orange u. *A. v. Gerkan*, Der spätantike Bildschmuck des Konstantinsbogens. Studien zur spätantiken Kunstgeschichte Bd. 10, Berlin 1939.

Zur Wiederverwendung älterer Bauglieder und Reliefs in antiken Bauten: Seite 181
H. P. L'Orange u. A. v. Gerkan (siehe zu Seite 175)
F. W. Deichmann, Säule und Ordnung in der frühchristlichen Architektur, RM. 55, 1940, 114 ff.

Zu den römischen Thermen: Seite 182
D. Krencker u. E. Krüger, Die Trierer Kaiserthermen, Augsburg 1929.

Zur Aureliansmauer in Rom:
I. A. Richmond, The city-wall of Imperial Rome, Oxford 1930. *Kähler* 364 ff. *Nash* II 86 ff.

Zum Stadtplan von Saloniki: Seite 185
H. U. v. Schönebeck, Die Stadtplanung des römischen Thessalonike. Bericht über den VI. internationalen Kongreß für Archäologie, Berlin 21.–26. August 1939, Berlin 1940, 478
E. Dyggve, Recherches sur le palais impérial de Thessalonique. Studia orientalia J. Pedersen dicata, Kopenhagen 1953, 59 ff.
E. Dyggve, La region palatiale de Thessalonique. Acta Congressus Madvigiani 1, Kopenhagen 1958, 353 ff.

Zum spätantiken Trier: Seite 186
H. Eiden, Ausgrabungen im spätantiken Trier. Neue Ausgrabungen in Deutschland, Berlin 1958, 340 ff.

Zu den Bauten unter dem Dom und der Liebfrauenkirche in Trier:
Th. K. Kempf, Trierer Domgrabungen. Neue Ausgrabungen in Deutschland, Berlin 1958, 368 ff.

Zu den Trierer Kaiserthermen: Seite 188
siehe die oben zu Seite 182 zitierte Arbeit von D. Krencker und E. Krüger. *Kähler* 370 ff.

Zur Basilika in Trier: Seite 194
W. v. Massow, Die Basilika in Trier, Simmern 1948
W. Reusch, Die kaiserliche Palastaula (»Basilika«), in: Die Basilika in Trier, Trier 1956, 11 ff. *Kähler* 376 ff.

Zur Porta Nigra in Trier: Seite 196
R. Schultze, Die römischen Stadttore, Bonner Jahrbücher 118, 1909, 334 ff.
G. Lugli, La porta nigra di Treveri, Rivista dell'istituto nazionale d'archeologia e storia dell'arte, Neue Serie 18, 1960, 97 ff. (hier die Datierung in claudische Zeit). *Kähler* 377 ff.

Zum Kaiserpalast von Spalato: Seite 197
G. Niemann, Der Palast Diokletians in Spalato, Wien 1910. *Kähler* 382 ff.

Zum Umbau der Maxentiusbasilika in frühkonstantinischer Zeit: Seite 201
H. Kähler, Dekorative Arbeiten aus der Werkstatt des Konstantinsbogens, JdI. 51, 1936, 180 ff.

Zur Konstantinsstatue aus der »Konstantinsbasilika«: Seite 202
H. Kähler, Konstantin 313, JdI. 67, 1952, 1 ff. (mit Plänen des älteren und jüngeren Zustandes der Basilika).

Zum Silbermedaillon Konstantins mit dem »christlichen« Helm:
K. Kraft, Das Silbermedaillon Constantins des Großen mit dem Christusmonogramm, Jahrbuch für Numismatik und Geldgeschichte 5/6, 1954/55, 151 ff.

REGISTER

(Die Kursivzahlen beziehen sich auf die Bildunterschriften)

VERZEICHNIS DER FARBABBILDUNGEN

ABBILDUNGEN IM TEXT

INHALTSVERZEICHNIS